江西科技师范大学2016年度著作出版资助基金项目
The Funder Project of Jiangxi Science & Technology
Normal University Published in 2016

图 科技 师 范 大 学
出版资助

GuanfangFazhanYuanzhuDe
JianpinXiaoguoYanjiu

官方发展援助的减贫效果

研究

熊青龙/著

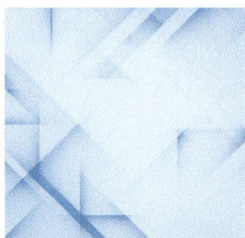

江西人民出版社
Jiangxi People's Publishing House
[全 | 国 | 百 | 佳 | 出 | 版 | 社]

图书在版编目(CIP)数据

官方发展援助的减贫效果研究 / 熊青龙著.—南昌:江西人民
出版社,2017.9
ISBN 978 - 7 - 210 - 09798 - 3

Ⅰ.①官… Ⅱ.①熊… Ⅲ.①对外援助 - 研究 - 中国
Ⅳ.①D822.2

中国版本图书馆 CIP 数据核字(2017)第 250901 号

官方发展援助的减贫效果研究
熊青龙 著
责任编辑:万莲花
封面设计:同异文化传媒
出版:江西人民出版社
发行:各地新华书店
地址:江西省南昌市三经路 47 号附 1 号
编辑部电话:0791 - 86898650
发行部电话:0791 - 86898815
邮编:330006
网址:www. jxpph. com
E - mail:jxpph@ tom. com web@ jxpph. com
2017 年 9 月第 1 版 2017 年 11 月第 1 次印刷
开本:787 毫米×1092 毫米 1/16
印张:17
字数:278 千字
ISBN 978 - 7 - 210 - 09798 - 3
赣版权登字—01—2017—808
定价:45.00 元
承印厂:虎彩印艺股份有限公司
赣人版图书凡属印刷、装订错误,请随时向承印厂调换

目　录

引　言

消除贫困是人类奋斗的主要目标之一。二战以来发达国家对发展中国家提供了大量官方发展援助，以帮助受援方经济发展和减少贫困。然而世界范围内贫困现象依然大量存在，在广大发展中国家尤为严重。21 世纪以来，中国的对外援助规模增长迅速，帮助受援国实现减贫和发展也是中国面临的课题。因此，讨论官方发展援助的减贫效果以及如何提高援助减贫效率显得尤为必要。

首先，书中分析了援助促进减贫的理论机制。阐述了贫困的内涵、测度和致因，分析了援助在减贫中的角色以及援助与减贫的理论关系，讨论了援助促进减贫的路径和传导过程。并利用数理模型分析援助对减贫的影响，讨论援助波动冲击的影响，以加深对援助减贫机制的认识。

其次，本书从实践和实证的角度讨论了官方发展援助的减贫效果。一方面讨论了发达国家的援助减贫实践，另一方面讨论了中国对外援助的减贫实践，然后利用计量实证方法检验了援助在受援国的减贫效果。

最后，书中提出了一些关于如何提高援助减贫效果的建议和思考。主要内容涉及如何接续"后 2015"议程、如何探索新的援助筹资模式、如何制定科学的援助减贫战略和如何改进现有的援助政策。

本书将中国对外援助减贫问题纳入研究的对象，弥补国内在该领域研究的不足。本书更加全面讨论了官方发展援助减贫的理论机制，分析了援助在反贫困中的角色和援助的减贫路径，并尝试构建了数理模型。改进了现有实证研究，考虑了援助的时滞效应，区分了受援国的差异性并收集了最新的数据。讨论了现有援助筹资模式的不足，并提出了基于人均收入水平筹集援助资金的思路。

总之，评价官方发展援助的减贫效果应从理论、实践和实证角度加以分析。从理论上看，援助有利于减少贫困，但其机理也比较复杂。援助可作为一种外部减贫手段,可通过发展(增长)和社会救助两条路径来促进减贫。从国际援助实践视角看,援助能够减少贫困,但其效率有待提高。从计量实证角度看,援助的减贫效果因时效、援助方式和受援国差异而不同。研究表明,援助减贫确实存在时滞效应,多边援助的减贫效果好于双边援助,对于人均收入较高的受援国援助的减贫效果更好,而对收入较低的脆弱国家援助的减贫效果往往差强人意,贫困的持久性客观存在。在有限的援助资源下,要提升援助的减贫效果,需要改进现有的援助减贫政策。比如,应增加对贫困人口基数大、收入相对较高国家的援助比例,增加多边援助比重或使援助更聚焦于减贫和发展,减少援助中的不合理条件,扭转援助复杂化倾向等。对于中国而言,在开展援外工作中应继续保持自身特色,坚持南南合作和量力而行的原则,及时总结经验教训,加强对援助过程的监管并推广国内的减贫经验。

伊布·埃姆塔特家的贫困[①]

在印度尼西亚的一个村庄,伊布·埃姆塔特,一位竹篮工人的妻子。2008 年夏天,她的丈夫因眼睛有点问题而不能工作。伊布只好借了 40 万印度尼西亚盾(购买力平价 74.75 美元),10 万盾为她丈夫买药治病,30 万用于在她丈夫恢复期间购买食品(她 7 个孩子中的 3 个还和他们生活在一起)。他们每月需要支付 10% 的贷款利息。他们所欠的利息越滚越多,不久积累到 100 万盾;于是放债人威胁要拿走他们所有的东西。更糟糕的是,她小儿子得了严重哮喘。他们家已经拿不出钱为儿子买药治病了,因此他待在家里而不能上学。这个家庭似乎掉进了一个典型的"贫困陷阱"之中——父亲的疾病使他们陷入贫穷,导致孩子的病没钱医治,从而耽误上学,他们家的未来也因此笼罩在贫穷的阴影之下。

包括中国在内的全球范围内像这样的贫困家庭千千万万,他们在艰难中挣扎、彷徨和等待,无论是出于同情和关怀、共同发展的需要以及感同身受,都值得让富裕了的、正在走向富裕的或者同样在贫困中挣扎的我们再一次把目光投向穷人与贫困。

---

① 该案例引自:阿比吉特·班纳吉,埃斯特·迪弗洛著,景芳译.贫穷的本质——我们为什么摆脱不了贫穷?[M].北京:中信出版社,2013:41.

第一章　绪论

　　贫困一直是困扰人类全面发展的难题,为应对贫困,国际社会付出了持续努力。援助是帮助受援国应对贫困的工具之一,援助在减贫方面的表现是本研究所关注的焦点。本章主要阐述选题的时代背景、研究意义、相关研究成果、研究思路和研究框架等。

第一节　选题背景与研究意义

　　对许多发展中国家或地区而言,减贫依然是重要的发展问题。2015 年千年发展目标的考核和接续都已经到了关键节点、新兴市场国家对外援助的兴起、重新评估发达国家援助效果的需要,以及中国近年大幅增加对外援助都是本专著的研究背景。本专著的研究具有理论和实践意义。

一、选题背景

　　时光荏苒,21 世纪已走过十几个年头。与一个世纪前相比,世界发生了深刻而复杂的变化,人类在科学技术上突飞猛进,物质生产和消费已极大丰富,然而展现在世人面前的是一个失衡的图景,贫富和南北差距普遍存在,当少部分富裕国家的人民过上了富足而体面的生活时,还有为数众多的低收入人群深受贫困、疾病、饥荒的折磨。世界银行估计,如果按照每天 1.25 美元的生活标准计算,截至 2011 年全球约有 10.1 亿的贫困人口,约占全球人口的16.98%①。而如果按照多维贫困②的角度衡量,全球的贫困人口可能更多。据《2014 年人类发展报告》估计,目前近 22 亿人口容易遭受多维贫困影响,其中包括 15 亿多维贫困人口③。他们挣扎在缺医少药、忍饥挨饿的环境中。根据世界银行的标准(1.25 美元每天)计算,到 2011 年中国的贫困人口绝对数位居世界第二,贫困总人口约为 8414 万④。即使根据我国 2300 元每年(2010 年不变价格)的贫困线,2012 年中国的贫困人口约为 9899 万⑤。无论使用国际还是国内贫困标准,我国仍有数量庞大的贫困人口⑥。

如此众多的贫困人口与实现全世界共同发展格格不入,贫穷也是易滋生动荡、腐败、恐怖主义、传播疾病、犯罪的温床。从这个角度看,贫困威胁到人类的和平和发展,已然是横亘在人类发展面前的一大挑战。消除贫困依旧是全球发展问题的主题之一,也是国际社会今后较长一段时间为之奋斗的目标。

长期以来,国际社会对贫困问题给予了广泛的关注,持续将减少贫困作为国际发展的目标。其中以联合国和世界银行为首的国际组织对消除贫困给予了充分的重视,在世界的减贫事业中一直扮演极其关键的角色。新世纪以来,以联合国为首的国际社会连续发起了一系列的国际发展议程,旨在减少或消除全球贫困。其中,在 2000 年的联合国首脑会议上,189 个国家正式签署《千年宣言》,制定了以减少贫困为首要议题的千年发展目标(Millennium Development Goals,简称 MDG)。千年发展目标就消除贫困、饥饿、文盲、性别歧视、减少疾病传播等问题商定了一套目标和指标,这些目标和指标被置于全球议程的核

---

① 资料来自世界银行 PovcalNet 数据库,http://iresearch. worldbank. org/PovcalNet/index. htm? 5,2015 – 02 – 02.

② 多维贫困从多个维度来评价贫困状况,主要包括健康、教育以及生活标准三个维度,并细化成若干具体指标,能够更加客观全面地评价和考察人的贫困状况。

③ 联合国开发计划署(UNDP).2014 年人类发展报告(中文版)[R].2014:19.

④ 资料来自世界银行 PovcalNet 数据库,http://iresearch. worldbank. org/PovcalNet/index. htm? 5,2015 – 02 – 02.

⑤ 中华人民共和国外交部、联合国驻华系统. 中国实施千年发展目标进展情况报告(2013 年版)[R].2013:8.

⑥ 按照中国科学院的《2012 中国可持续发展战略报告》估计,按照人均 2300 元人民币/年的贫困标准,我国尚有 1.28 亿贫困人口。另外,中国国务院新闻办公室门户网站 2014 年 10 月 17 日报道,到2013 年底,按照国家扶贫标准,我国农村贫困人口仍有 8249 万,参照国际标准还有两个亿;http://www. scio. gov. cn/zhzc/8/4/Document/1383409/1383409. htm,2014 – 10 –18.

心,旨在将全球贫困水平在 2015 年之前降低一半(以 1990 年的水平为标准)[①]。继千年发展目标后,国际社会又陆续推出了一系列国际发展议程,如 2003 年蒙特雷发展筹资会议、2005 年援助有效性巴黎宣言、2008 年阿克拉行动议程和 2011 年援助有效性高级别釜山会议等议程,这些议程围绕减贫事业而展开,主要涉及国际援助的筹资、提高援助有效性、加强全球发展合作等核心内容。

联合国持续呼吁国际社会提供慷慨的国际援助,以帮助贫穷国家走出贫困陷阱。各发达国家积极响应,纷纷提供数量巨大的国际援助,其中以政府提供的官方发展援助居于主导地位。虽然,发达国家所提供的官方发展援助与联合国的目标仍有巨大差距,但是从 1960 年至 2012 年,按照 2012 年可比价格计算,DAC 国家向贫穷国家提供了约 3.2 万亿[②]美元的官方发展援助资金,而含 DAC 国家在内的所有国家共提供了约 4.75 万亿[③]美元的官方发展援助,以帮助受援国实现发展和减贫。然而按照 1.25 美元每天的生活标准,至 2011 年,全球尚有 16.98%[④]的人口处于极度贫困当中,援助并没有达到预期减贫效果,质疑官方发展援助成效的声音不断出现。这不得不令我们重新审视其在减贫方面的有效性问题。不禁要问:官方发展援助的减贫功效究竟如何? 发达国家主导的官方发展援助对世界的减贫究竟发挥了何种作用? 应该如何科学开展官方发展援助工作? 这些疑问也正是拟定本研究的初衷所在。

近些年来,随着新兴经济体的发展壮大,包括中国在内的新兴市场国家也逐渐提供更多的对外援助。数据显示,自 2004 年以来中国对外发展援助呈现高速增长态势,2011 年中国颁布的《中国的对外援助》白皮书指出,截至 2009 年底中国累计对外援助达 2562.9 亿元人民币。根据 2014 年《中国的对外援助》白皮书,2010 年至 2012 年,中国又提供了 893.4 亿元人民币的对外援助。显然,中国正逐步成为对外援助的大国,如何提高援助的减贫效果必然也是我国对外援助所面临的课题。

---

① UN. Millennium Development Goals[EB/OL]. http://www.un.org/millenniumgoals/,2013 - 5 - 10.

② 根据 OECD/DAC 数据计算而来。

③ 根据 OECD/DAC 数据计算而来。

④ 资料来自世界银行 Povcalnet 数据库。

二、研究意义

消除贫困与促进经济发展是官方发展援助的根本宗旨。本研究有助于深入认识官方发展援助的减贫机制,有助于深入考察和检验援助对减贫的实际效果,有助于科学改进和制定援助减贫政策。具体来说,研究官方发展援助减贫效果的意义体现在以下几个方面。

理论意义:

首先,有助于深入认识官方发展援助的减贫机理。至今人们对官方发展援助的减贫机理和减贫传导途径认识还不够清楚,从理论上理清官方发展援助与减贫之间的关系显得尤为必要。历史上,国际社会对官方发展援助与减贫关系的认识也是一个逐步完善的过程。20 世纪 50—60 年代国际社会普遍认为,官方发展援助能够通过促进受援国的经济增长,进而经济增长会减少受援国的贫困,但后来的实践发现绝大多数受援国在接受援助后,经济并没有明显增长,贫困问题依然严重。基于对 50—60 年代援助实践的总结和反思,到了 70 年代,国际社会开始更加强调援助在直接减贫中的作用,主张援助在"提高人类基本需要"和"面向穷人"等方面应发挥建设性作用。80—90 年代,受到经济结构调整思潮的影响,官方发展援助更加注重推动发展中国家的结构调整、善治、公民社会、可持续发展、参与式发展等,其实质还是依赖经济增长来推动减贫的思路,路径调整为"援助→结构调整→增长→减贫",与 50—60 年代强调的"援助→投资→增长→减贫"路径并不存在本质的区别。而在 80—90 年代的援助实践中,结构调整的援助思路是不成功的。进入 21 世纪后,官方发展援助领域又重新聚焦于世界的贫困与减贫问题,并推出千年发展目标,援助理论开始从重点关注经济增长向关注人的全面发展转变。可见,官方发展援助减贫理论在各个历史时期的侧重点并不一致,甚至出现反复,因此科学分析援助减贫机制具有重要的理论意义。

其次,能够更加客观全面评价官方发展援助的减贫效果。实际上,如何评判官方发展援助在帮助受援国实现发展和减贫方面的作用,不仅需要从理论上进行分析,也需要从援助实践和实证检验方面进行,更应该从援助项目对受援国个人、家庭、村落、社区的微观影响角度来评价考察。本书通过对援助减贫实践的考察、援助案例的具体分析、受援国减贫效果的实证检验等方式,能够更加客观认识援助在减贫中的作用,并有助于提炼出援助的减贫机理,为更好指导援助减贫实践提供更符合实际的理论指导。

实践意义:

一方面,通过对西方发达国家主导的援助实践的研究,总结其在帮助受援国实现减贫方面的贡献和不足,为更好改进援助减贫政策和执行援助活动提供有价值的建议。西方发达国家一直是官方发展援助的主导方,在长期的援助实践中,发达国家主导的国际援助形成了一套独有的援助体系。为此,有必要总结发达国家主导的国际援助实践,考察其援助对国际减贫的影响,分析现有援助体系的优点和不足。这些研究对科学判断援助效果、制定或改进援助政策、提高援助的减贫效果等具有重要的意义。

另一方面,通过对中国对外援助实践的研究,分析中国对外援助对受援国减贫的影响,总结其中的经验教训,可为我国未来更大规模对外援助提供政策指导。近些年,中国逐年加大对外援助,积极发展与广大发展中国家的发展合作。中国对外援助模式与发达国家有很大的不同,中国的对外援助经常遭受西方舆论的指责或质疑,质疑中国的援助旨在掠夺受援国的资源和市场,指责中国的援助模式是"新殖民主义"。因此,本研究有利于更加客观考察中国的对外援助活动,有利于总结其中的经验与教训,有利于客观回应西方的质疑,有利于我国改进今后的对外援助工作,且对帮助受援国实现发展和减贫起到积极的作用。

最后,本研究有助于丰富对现有援助减贫政策的讨论和改进。可以丰富关于制定"后2015"发展议程的讨论,丰富关于创新现有援助筹资模式的探讨,有利于促进科学制定和改进援助减贫政策。总之,在国际援助领域聚焦于国际减贫和千年发展目标临近2015年的关键节点之际,本研究有利于帮助提高官方发展援助的减贫效果,也为建立更加科学的"后2015"国际发展目标提供实践指导。

第二节   相关概念与文献综述

长期以来,对官方发展援助的相关研究也受到国际机构、各国政府、学术界、企业、团体和私人的关注,也有越来越多的学者投入该领域进行研究。本研究的主题是"官方发展援助的减贫效果研究",从内容看属于援助有效性或援助效果的研究范畴。

一、相关概念界定

为了更好地研究官方发展援助的减贫效应,首先需要对相关的概念进行界定。

(一) 几个重要的概念

(1)国际发展援助(International Development Assistance, IDA),也称国际开发援助,是联合国发展系统经常使用的概念。对国际发展援助的定义,不同的学者有不同的观点。但是总体来看,国际发展援助是指发达国家或高收入国家、国际组织、社会团体,以提供资金、物资、技术、设备等形式,帮助发展中国家发展经济和提高社会福利的活动[1]。按照国际发展援助提供主体不同,可以将其分为官方发展援助和非官方发展援助,官方发展援助是国际发展援助的最主要组成部分,官方发展援助占据国际发展援助总量的80%左右[2]。

(2)官方发展援助(Official Development Assistance,ODA)的权威定义来自于经济合作与发展组织[3](OECD)。官方发展援助始于二战后的"马歇尔计划",发展援助委员会[4](DAC)自1961年开始统计其成员国流入发展中国家的资金流量,并将这些资金流中的官方和优惠部分称为官方发展援助。后来,DAC于1969年首次对官方发展援助进行定义,指出官方发展援助是指为促进受援国经济发展和社会福利的增加,援助国官方机构(包括政府或执行机构)向发展中国家或多边机构提供的援助资金,包括无偿援助或优惠贷款(贷款应

---

① 李小云,唐丽霞,武晋编著. 国际发展援助概论[M].北京:社会科学文献出版社,2009:2.
② 李小云,唐丽霞,武晋编著. 国际发展援助概论[M].北京:社会科学文献出版社,2009:5.
③ 经济合作与发展组织(OECD)是西方主要资本主义国家协调经济和社会政策的国际组织,成立于1961年,总部设在法国巴黎。截至2014年11月10日,共有34个成员。分别是:澳大利亚、奥地利、比利时、加拿大、智力、捷克、丹麦、爱沙尼亚、芬兰、法国、德国、希腊、匈牙利、冰岛、爱尔兰、以色列、意大利、日本、韩国、卢森堡、墨西哥、荷兰、新西兰、挪威、波兰、葡萄牙、斯诺伐克、斯洛文尼亚、西班牙、瑞典、瑞士、土耳其、英国、美国。
④ 发展援助委员会(DAC)是经济合作与发展组织同发展中国家进行经济合作,特别是向发展中国家提供发展援助的主要政策协调机构。截至2014年11月10日,共有29个成员国,分别是:澳大利亚、奥地利、比利时、加拿大、捷克、丹麦、欧盟、芬兰、法国、德国、希腊、冰岛、爱尔兰、意大利、日本、韩国、卢森堡、荷兰、新西兰、挪威、波兰、葡萄牙、斯诺伐克、斯洛文尼亚、西班牙、瑞典、瑞士、英国、美国。

包含不少于 25% 的赠款部分)①。

官方发展援助是 OECD/DAC 提出的概念,中国一般只使用对外援助的概念,而非 ODA 概念。但为了与 OECD/DAC 国家的援助活动进行对比,本研究使用 DAC 的 ODA 来测算和分析中国对外援助,但行文中我们对中国的援助活动仍使用"对外援助"字眼。

(3)官方发展援助又可分为双边援助和多边援助。双边援助是指援助国与受援国间直接执行的发展援助。而多边援助是援助国向多边发展援助机构(比如世界银行、联合国等机构)提供资金,再由这些多边发展援助机构向受援国提供援助。

(4)发展援助(Development Assistance,DA)是对国际发展援助和官方发展援助的简称,强调对外援助的目的是帮助发展中国家发展经济,严格地说,它不是国际援助领域所使用的概念,而是人们约定俗成的一个简称②。

在本书中,为简化书写,常将官方发展援助简称为援助或国际援助,因此后文如无特别说明,"援助"或"国际援助"都视为官方发展援助。

(二)官方发展援助的动机

虽然官方发展援助的最终目标是促进受援国经济发展、减少贫困、提高当地人民的福祉,而现实中,对援助国而言,提供官方发展援助的目标或动机并不完全单纯,不同的援助动机对减贫而言可能产生不同的效果。比如,基于政治动机所提供的援助对减贫议题关注不够,自然会影响援助减贫效果。因此,梳理援助的动机可帮助深入认识援助行为,进而帮助理解官方发展援助在减贫中的作用。

从官方发展援助的实践看,其动机主要分为经济发展动机和国家政治安全动机,后者在冷战期间表现尤为突出,冷战后官方发展援助的动机逐渐从政治目标转向政治、经济目标并举。具体而言,官方发展援助分为经济发展动机、国际政治安全动机和人道主义动机。

(1)经济发展动机。经济发展动机主要涉及两个方面,一是促进受援国经济发展动机,二是促进援助国经济发展动机。

---

① 资料来自 OECD 网站,http://www.oecd.org/dac/stats/officialdevelopmentassistancedefinitionandcoverage.htm,2014 - 3 - 18.

② 张郁慧.中国对外援助研究(1950—2010)[M].北京:九州出版社,2012:25.

促进受援国经济发展和减少贫困动机。促进受援国经济增长和减少贫困是官方发展援助的终极目标。向受援国提供赠款、贷款、物资、技术等援助,目的是为促进贫穷国家经济社会发展,实现消除贫困的目标,这已经成为国际社会的基本共识。联合国也呼吁工业化国家"给予更慷慨的发展援助,特别是援助那些真正努力将其资源用于减贫的国家"①。

促进援助国经济发展动机。经济利益是一国的核心利益之一,许多援助国在提供援助时同时会考虑本国经济发展的利益,将对外援助与促进本国对外贸易和投资,获取市场和资源等联系起来,以推动本国经济发展。二战结束以后,发达国家提供的援助大多附加各种条件,比如规定用所援助的贷款购买本国商品,以本币作为贷款货币,为本国企业获取援助项目招投标的优惠条件等,这些都能够促进援助国对外贸易和投资的增长。此外,通过对外援助,展开双边经贸合作,以获取受援国的自然资源和市场也是援助国动机。这方面的例子有:①从1979—1989年,日本向中国提供了大量日元贷款,贷款主要运用在中国的能源、运输、交通等基础设施建设,但贷款均是以日本经济利益为导向,符合日本当时经济向外扩张的需要,有助于日本利用中国能源、开拓中国市场。②20世纪90年代以来,中国采取对外援助与经贸和互利合作相结合的形式,对外援助成为中国拓展资源进口渠道,开拓出口市场,促进国内企业走出去的重要手段,中国的对外援助对于加强与发展中国家的经贸关系发挥了重要作用。

(2)国家政治安全动机。冷战时期,官方发展援助往往服务于援助国政治和安全利益,即使是冷战后,政治安全方面的因素仍然影响援助行为,导致援助往往用于支持友好国家或政治盟友。因此,帮助友好国家或盟友发展经济,争取盟国在国际事务上的支持,成为官方发展援助的重要政治动机。比如,二战后美国的"马歇尔计划""9.11事件"后美国将官方发展援助集中在反恐前沿国家,冷战时期苏联向东欧和其他社会主义国家提供的大量经济援助传统殖民地宗主国对原殖民地国家提供的大量经济援助等。另外,援助常常被用于增加援助国在国际事务影响力,成为提高援助国国际地位的有效手段之一。例如,日本在20世纪80年代,随着自身经济实力的增强,谋求大国地位而大量增加对外援助。

---

① 联合国.联合国千年宣言[EB/OL].http://www.un.org/chinese/ga/55/res/a55r2.htm,2013-11-28.

3. 人道主义动机。出于人道关怀,援助方也常向遭受人道危机的国家提供援助。在人类发展的过程中,自然灾难、战乱、疾病是全球所无法完全避免的客观现象,在那些贫穷落后国家表现尤为突出,向遭受自然灾难、战乱、疾病袭击的发展中国家提供基本援助,是官方发展援助的主要援助内容之一。该动机体现了人类社会互帮互助、彼此关爱的精神,表现出对人类苦难的同情和对生命的珍爱。

二、研究述评

由于官方发展援助始于二战后的"马歇尔计划",因此本部分的文献综述逻辑起点是二战结束后。纵观现有的文献,专门阐述官方发展援助减贫的经济理论极少出现,相关的研究成果主要来自发展经济学。

总体看,对官方发展援助的减贫效果的研究大致从两条路径展开,一条是研究援助与经济增长的关系,另一条则是直接研究援助与减贫的关系。前一条路径的研究逻辑是援助通过促进经济增长,进而减少贫困,该路径可表示为:援助→经济增长→减贫。后一条路径的研究逻辑是援助能够直接帮助穷人,直接实现减贫目标,该路径可表示为:援助→减贫。

(一) 援助→经济增长→减贫路径

关于经济增长的文献普遍认为经济增长与减贫是紧密相关的,实证研究也表明快速且持续的经济增长是减贫的主要因素,人们认为经济增长是减贫的关键因素。受经济增长与减贫关系研究的影响,人们推断援助通过提高受援国收入水平,从而减少贫困,于是对"援助→经济增长→减贫"路径下的援助减贫研究,研究重心集中在"援助→经济增长"关系上,主要考察援助对受援国经济增长的影响机制和实际效果。

具体来看,国内外文献对援助与经济增长关系的研究主要包括:援助对受援国储蓄和投资等宏观经济变量的影响,进而讨论援助与经济增长的关系;直接分析援助与经济增长的关系;另外部分文献分析制度和政策质量对援助促进增长的影响。

1. 研究援助通过储蓄和投资等渠道影响受援国经济增长

早期的发展理论认为贫穷国家要实现经济增长需要足够的生产再投资,认为外部援助在提高投资方面能够发挥重要作用。Harrod(1939)和 Domar

（1946）提出国民经济的增长是储蓄率（或资本增量）的函数，指出经济增长率与储蓄率成正比。他们认为低收入国家经济停滞与本国储蓄和投资不足有直接关系，主张低收入国家要实现经济增长需要外部援助。哈罗德和多马所发展的"哈罗德—多马模型"①从理论上论证了资本对受援国经济增长的重要性，在20世纪50—60年代对官方发展援助的实践提供了理论支撑。Lewis（1954）等也认为资本和投资对经济增长至关重要。Rostow（1956，1959）通过对发达国家经验的研究，认为包括低收入国家在内的经济体要维持经济可持续增长需要进行生产再投资，主张提供外部援助资本促进受援国经济增长。Rosenstein - Rodan（1961）根据当时的情况对援助资金的需求进行大致的测算，认为发达国家提供国民收入的1%的资金援助是维持贫穷国家经济发展的必要条件。

另一类研究则是著名的"缺口模型"，其逻辑路线是发展中国家的目标投资和可获得资本存在缺口，这种缺口可以由国外的官方发展援助来弥补。Chenery和Strout（1966）提出两缺口模型，他们认为国际援助通过增加受援国国内储蓄，帮助受援国获取外汇，来减少"储蓄—投资缺口"和"出口—进口缺口"，从而促进经济增长。两缺口模型强调通过引入官方发展援助来弥补发展中国家经济增长的储蓄缺口和外汇缺口，并认为官方发展援助应该投资于受援国生产领域，以帮助受援国实现经济增长。再后来，Bacha（1990）将两缺口模型扩展到三缺口模型，引入了财政缺口，认为一些发展中国家的财政收入不能够满足投资的需要，认为财政缺口与高负债国家往往高度相关，并讨论了应对80年代拉美国家的债务危机，认为援助国有条件的债务减免能够帮助受援国应对财政缺口，从而促进投资。Gottschalk（2000）则利用缺口模型计算了要在2015年实现千年发展目标所需要的外部融资，并认为减贫的资金需求远远超出了官方发展援助资金的供给。

但是也有学者认为，国际援助实际上不是减少了缺口而是扩大了缺口，援助阻碍了经济增长（Bruton，1969）。Easterly（1997）也指出不能用缺口模型来刻画长期的经济增长问题，他认为模型中假设当前的外国援助将进入当前的投资和下年的经济增长是不现实的。Ranaweera（2003）却认为尽管缺口模型存在缺陷，但是这种量化的框架是灵活而实用的，运用它可以为援助双方带来有用

---

① "哈罗德—多马模型"的一个表达公式为：$G = s/v$，其中G为增长率，s为储蓄率，v为资本产出比例，表明经济增长与储蓄率成正比。

的政治对话,使之成为谈判的一个近似的量化方法。有的学者发现国际援助未必能够提高储蓄和投资。例如,Griffin(1970)和 Cornelis(1975)等人的研究发现,国际援助会增加受援国公共支出,导致受援国储蓄减少,从而不利于受援国资本积累。Rahman(1968)和 Weisskopf(1972)也同样发现援助不利于国内储蓄。Papanek(1972)则对援助与储蓄的负向关系进行了一个解释,认为如果援助用于受援国的消费,则援助有可能会减少储蓄。Gong 和 Zou(2001)通过构造了一个跨时的动态模型,推断出在稳态时,国际援助导致受援国消费增加,资本和经济增长下降。龚六堂和邹恒甫(2001)通过理论分析,发现对私人的经济援助会增加私人和政府的消费,但也导致税率和通胀率的提高;对政府的援助会增加私人资本存量、私人消费水平和政府公共消费,同时也导致税率和通胀率下降。Doucouliagos 和 Paldam(2006)发现大部分(约 3/4)援助资金用于受援国公共开支,只有少部分(约 1/4)资金能够促进储蓄和投资,并发现公共开支与经济增长负相关,从而认为援助不利于经济增长。杨东升和刘岱(2006)则利用世代交叠模型研究了援助对受援国资本积累和国民福利的影响,指出除非国外援助的规模等于或高于受援国的人口增长,否则不会改变受援国经济的长期均衡,也不会对受援国的国民福利产生持久的影响。

2. 直接研究援助与经济增长的关系

在对援助与储蓄和投资关系的讨论基础上,许多学者开始关注援助与经济增长之间的关系。Adelman 和 Chenery(1966)利用希腊 1950—1961 年的时间序列数据进行实证分析,发现国外援助促进了希腊的经济增长。Papanek(1973)利用 34 个国家的横截面数据,分别用国际援助、外国投资、国内储蓄以及其他国外输入作为独立的解释变量进行回归分析,发现国内储蓄和援助对经济增长率的贡献超过了 1/3,而且援助对经济增长率的贡献远高于其他自变量。Gupta 和 Islam(1983)使用更加严格的方法,采用联立方程框架并引入大量控制变量,发现援助与经济增长存在显著的正向关系,并估计出 20 世纪 70年代援助对经济增长的贡献比 60 年代是下降的。Rana 和 Dowling(1988)利用亚洲的数据,发现在亚洲援助能够促进经济增长。Levy(1988)利用非洲低收入国家的面板数据,也有类似发现。Mosley(1980)利用 1970—1977 年 83 个国家的数据,采用 2 阶段最小二乘法,检验援助与经济增长的关系,发现虽然统计上并不显著,但是援助和经济增长之间整体呈现负向关系,而如果将样本限定在最穷的 30 个国家,并将援助变量滞后 5 年,则发现援助对经济增长有显著的促进作用。后来，Mosley 等（1987）利用 1970—1980 年 63 个国家的数据，进一步使用不同的估计技术来检验援助与经济增长的关系，即便他们使用不同的时间和样本，没有发现援助与经济增长之间存在显著的统计关系。Boone（1996）利用 1970—1990 年 91 个国家的数据，检验了援助对投资、消费和福利的影响，研究表明援助只是导致政府消费增加，而投资和穷人福利并未得到改善，援助并没有促进经济发展。Elbadawi（1999）指出援助可能导致部分非洲国家实际汇率上升，从而不利于产品出口，进而不利于受援国的经济增长。总之，直到1990 年代末期，援助对经济增长的影响并没有达成一致的结论。

直到进入 21 世纪后，这种争论还在持续。Hansen 和 Tarp（2000，2001）发现，国际援助能够促进受援国的经济增长。他们还发现，援助存在边际收益递减规律，援助与经济增长的关系对估计方法和控制变量的选择比较敏感；而且，在控制了投资和人力资本后，援助对受援国经济增长的促进作用消失，并认为援助是通过投资来影响经济增长。Dalgaard 等（2004）从理论和实证上讨论了援助对经济增长的影响，他们用世代交替模型推断援助影响受援国的长期生产率，影响的规模和方向取决于受援国的政策、结构特征和援助规模。然后他们实证检验了援助与经济增长的关系，发现援助能够刺激经济增长，但是影响效果与气候环境有关。Minoiu 等（2010）、Clemens 等（2012）和 Askarov 等（2015）用计量实证方法，也发现用于经济发展的援助能够促进经济增长。Schabbel（2007）认为援助扮演了催化剂角色，援助最终会导致经济向上增长，进而减少贫困。Abdiweli 和 Hodan（2007）用面板数据模型发现国际援助与国际贸易是决定人均 GDP 水平的关键因素。但是 Doucouliagos 等（2009）则认为国际援助对经济增长影响甚微。Rajan 和 Subramanian（2008）利用横截面和面板数据，验证援助与经济增长之间的关系，发现援助与受援国经济增长不存在显著的正向（或负向）关系，即便是在有良好地理环境和政策的受援国，也不能证实援助能促进经济增长。Adams 等（2014）则发现在 1970—2011 年间，对加纳的援助在短期内对其经济增长有积极影响，而在长期内有负面影响。Bourguignon 和Leipziger（2006）则认为传统通过跨国数据对援助的有效性的检验存在诸多缺陷，这些检验没有考虑不同国家的异质性、援助的多目标性、作用机制的复杂性等因素，从而导致检验结果的混乱，并认为以往对援助与宏观经济增长的关系的结论是不明确的；他们建议应该基于伙伴关系来建立新援助模式，主张新援助模式应该继续提高援助的有效性，增加援助资金，增强援助资金分配的政策选择性,提高受援方的治理能力、改革能力和吸收能力。而 Doucouliagos 和 Paldam (2008) 对 68 份研究文献利用 Meta 分析方法发现援助和经济增长没有显著关系。而 Mekasha 和 Tarp(2013)在 Doucouliagos 等的研究基础上,对一些关键假设进行了修正,同样利用 Meta 分析方法发现援助对经济增长的影响是正向和显著的。许滇庆等(2009)认为外部援助确实能在一定程度上推动穷国经济增长,特别是对小国,外部援助可以起到显著作用,但如果从长时间看,即使外部援助能够在短期内起到作用,也不能够帮助穷国跳出贫穷陷阱。汪淳玉和王伊欢(2010)通过对国际上有关发展援助效果的争论的总结,认为不能简单地用计量经济学方法,研究国际援助与经济增长之间的关系,然后断言援助的有效性与否。汪淳玉和王伊欢认为发展援助效果也有微观和宏观之分,从宏观看,发展援助多数情况可能对整体经济发展并无改善,但是从微观看,发展援助可能取得的效果是明显的。

3. 研究政策和制度因素对援助的经济增长效果的影响

由于援助与经济增长之间关系的研究并未取得一致,部分学者转而关注受援国的政策和制度在援助和经济增长的关系中所起的作用。Burnside 和 Dollar (2000)利用 1970—1993 年 56 国的面板数据,通过引入援助与政策交叉相乘项,分别用 OLS 和 2SLS 方法估计了受援国政策对援助与经济增长关系的影响,研究表明国际援助对经济增长的影响依赖于受援国经济政策,他们发现援助对拥有良好财政、货币和贸易政策的发展中国家的经济增长有正向影响,而援助对没有良好政策的发展中国家的经济增长只有很小的影响。他们的研究结论得到了 Bourguignon 和 Sundberg (2007)的支持。Acemoglu(2003)等也认为良好的制度会导致国际援助效果更好。而 Easterly 等(2003)则对 B—D (Burnside 和 Dollar)在 2000 年的研究提出质疑,他们指出 B—D 的研究结论是不稳健的。随后,Burnside 和 Dollar (2004)重新利用新的数据,并拓展了制度的内涵,采用工具变量技术进行研究,发现制度质量决定援助有效性,而同时发现援助本身与增长并无显著关系。不过,Rajan 和 Subramanian (2008)发现即使是在拥有良好政策环境的受援国,也没有证据表明援助能够促进经济增长。

不过,部分学者也关注援助对受援国制度和政策的影响,认为援助可能导致受援国产生寻租和腐败,进而影响经济增长。Svensson(2000)通过博弈模型来分析受援国的寻租行为,认为援助的增加会导致受援国寻租行为的增加和腐败的发生。Knack (2004)发现援助反过来会影响受援国的政策选择,认为援助实际上导致民主制度的恶化。Rajan 和 Subramanian（2007）通过使用国家风险指数来衡量制度质量后，发现援助会减少发展中国家的制度和治理质量。Economides 等（2008）用理论和实证分析援助对制度的影响，他们使用所建立的内生性增长模型，并经实证检验发现，援助会导致寻租行为，最终会减少援助的经济增长效应。Djankov 等（2008）发现更高的援助水平会损害受援国的政治制度。Kalyvitis 等（2012）利用 64 个受援国 1967—2002 年的数据，发现援助降低了受援国进行民主改革的可能性。最近，Young 等（2014）发现援助有害于受援国的政治和经济制度建设。

（二）援助→减贫路径

由于大量的研究表明援助对经济增长的影响是存在争议的，于是部分学者开始绕开经济增长这一中间媒介，转而直接研究国际援助对贫困的影响。

该路径下的相关研究起步较晚，在世纪之交研究成果才逐渐增多。

1. 直接探讨援助的减贫效应

部分文献用健康和教育等指标来替代贫困进行研究。例如，Boone（1996）使用 96 个国家的数据，发现援助对婴儿死亡率、小学入学率和预期寿命没有显著影响。Masud 和 Yontcheva（2005）用 1990—2001 年 58 个国家的面板数据，检验了援助与婴儿死亡率和文盲率的影响，发现非政府援助减少了婴儿死亡率，但是双边援助并没减少婴儿死亡率和文盲率。Kosack（2003）利用横截面数据，通过使用人类发展指数分析了援助对生活质量的影响，发现援助对受援国生活水平的提高依赖于制度质量。

随着资料可获得性增强，对援助减贫效果的研究也逐步深入。Arvin 和 Barillas（2002）用格兰杰因果关系分析国际援助与贫穷的关系，发现两者关系因受援国的地理和经济特点不同而发生变化，经过对部分样本的检验，发现援助与减贫之间没有显著关系，而对另外一些样本检验中则发现它们之间存在比较复杂的关系。Oyolola（2007）利用 49 个国家的样本，发现总体上援助对贫困没有直接影响。Mohsen 和 Oyolola（2009）利用 1981—2001 年 49 个受援国的面板数据，将外国援助与贫困变量进行直接回归，他们发现如果将援助国利益、人口和婴儿死亡率作为控制变量，外国援助对减少受援国的贫困有正面影响，另外也发现不平等对减贫有负面影响，同时发现经济增长对减贫有强烈影响，他们认为采取减少不平等和增长导向型政策对受援国的减贫是非常有效的。Al-vi 等（2012）利用 1981—2004 年 79 个国家数据，利用动态面板数据技术，发现援助能够减少贫困,并发现多边援助和赠与援助比双边援助和贷款援助对减贫的效果更好。

此外,部分学者重点关注援助在非洲的减贫效果。例如,Oduor 和 Khainga (2009)利用 2003—2008 年肯尼亚 69 个地区的数据,评估了官方发展援助对肯尼亚减贫的影响,发现官方发展援助对肯尼亚减贫影响显著,发现 ODA 支出对最穷的地区的影响比贫穷程度较轻地区的减贫影响更强,并认为过去的官方发展援助过多地偏向于投入最穷地区,而忽视对那些贫困较轻地区的援助,呼吁官方发展援助分配要更均匀化。Olofin(2013)则利用 1975—2010 年西非 8 国的数据,用面板模型检验发现,外国援助和食品援助对减贫有正向影响,同时发现技术援助能够减少贫困。

也有学者指出援助对减贫的负面影响问题。Rajan 和 Subramanian(2005,2009)等认为,长期援助使受援国实际汇率高估,导致受援国经济竞争力下降,从而不利于贫穷国家的减贫。莫约(2010)认为援助导致增长变缓、使穷人更穷,援助并不能消灭体系性的贫困,援助对大部分发展中国家而言,是一场彻底的政治、经济和人道主义灾难。

2. 关于政策和制度的讨论

部分学者分析了政策和制度质量对援助减贫中的影响。Burnside 和 Dollar (1998)实证研究发现援助能够有效减少拥有良好政策的国家的婴儿死亡率。Collier 和 Dollar (2001)实证研究发现援助能够减少具有良好政策和制度国家的绝对贫困和累计贫困水平。Collier 和 Dollar(2002)考察了援助分配政策对减贫的影响,发现援助分配能够在很大程度上影响贫困水平,并指出现行的援助分配模式在减少贫困方面是缺乏效率的,为此设计了一个新的援助分配机制。Kosack(2003)发现援助对贫困的影响依赖于受援国的制度质量,其研究表明援助能够改善民主体制下受援国的生活质量。Mosley 等(2004)发现益贫支出指数、不平等、腐败是决定援助产生减贫效应的关键因素,并建议援助国采取更加灵活政策来提高援助对益贫支出的影响。Chong 等(2009)利用基尼系数和家庭购买力指标,对 1971—2002 的数据,用横截面和面板数据模型实证方法进行分析,发现没有证据显示援助能够减少贫困,但他们发现当考虑制度因素后,国际援助对改善收入分配和减少贫困是有益的,但是这种影响并不是太明显。Matteis(2013)发现聚焦于贫困的援助政策以及受援国具有较好的制度都能够提高援助的减贫效果,主张援助应该更加聚焦于贫困和穷人。

部分学者则从更宽广的视角讨论了应该采取什么样的援助政策,以帮助受援国更好实现减贫目标。萨克斯(2007)认为地理环境、人口增长、疾病、地缘政治、财政陷阱、政府失灵等都是导致贫困的重要原因,认为援助对世界减贫意义重大,呼吁发达国家和国际机构向贫穷国家进行更多援助,并认为援助应该重点投向基础设施、公共建设和人力资本等方面。保罗·科利尔(2008)从战乱陷阱、自然资源陷阱、恶邻环绕的内陆陷阱以及小国劣政陷阱角度分析贫穷的原因,科利尔认为仅仅靠援助是无法转变最底层10亿人的生存处境的,它应该与其他行动相结合,比如军事干涉、完善的法律与章程、恰当的贸易政策以及彼此间的相互协调。伊斯特利(2008)强调援助应该着眼于个体,实现个体生活的改善,而不是改变政府或社会;并指出仅靠外部援助无法终结贫困,只有基于市场经济中个人与公司的本土改革和发展才能实现这一目标,主张为贫困者提供诸如疫苗、种子、化肥、教科书等实物,不使贫困者产生援助依赖,而是帮助他们改善生活。王小林等(2012)认为援助仅仅是解决贫困和发展问题的一个组成部分,援助、投资和贸易在减贫和发展中应该共同发挥作用。Bigsten等(2015)主张应加强援助国间的协调,以提高援助的有效性。

(三)相关研究述评

通过对文献梳理可以发现,关于援助减贫效果的研究主要从两条路径展开:第一条是援助→经济增长→减贫,第二条是援助→减贫。

第一条路径又大致可细分为:A.援助→储蓄、投资→经济增长→减贫;B.援助→经济增长→减贫;C.援助→政策、制度等因素→经济增长→减贫;第一条减贫路径的前提假设是经济增长自然会减少贫困,如果能够证明援助是有助于经济增长的,那么援助必然有利于减贫,直觉上符合经济逻辑,但它并没有考虑经济增长是否一定有利于穷人。

第二条路径是直接研究援助对减贫的影响。该类研究主要分为:A.研究援助与减贫的关系;B.考察制度等因素在援助减贫效应中的作用,以及如何制定更恰当的援助减贫政策。

显然,从已有的文献来看,关于援助与减贫之间的关系尚存在较大争议。比如,关于援助促进经济增长,进而减少贫困的机制尚未达成一致的研究结论,一派认为援助有利于经济增长,而另一派则认为援助对经济增长的作用是有限的,甚至是有害的。关于援助的直接减贫机制同样存在争议,也未能达成一致,在为数不多的实证文献中,部分证据发现援助能够减少贫困,而部分文献则没有发现援助与减贫存在显著关系。

本书认为,现有研究存在诸多不足:

第一,从理论研究看,援助促进减贫的理论机制分析不够全面和深入。一方面,没有总结援助在减贫中的角色,没有说明援助减贫的传导路径。另一方面,大多数文献将宏观与微观分析分割开来,所建立的模型缺乏坚实的微观基础,同时也缺乏对动态和援助波动冲击的讨论。

第二,从实证研究看,还未形成较为一致的结论,还存有较大争议。

首先,关于"援助→经济增长→减贫"路径的研究还存在诸多问题。比如,该路径的前提假设是经济增长必然会减少贫困,实际上经济增长要实现减贫还依赖一些条件,比如公平分配、包容性增长等。同样,对于援助与经济增长关系的实证检验还存在"宏—微观之谜"问题。早在 1987 年,Mosley 就用援助的"宏—微观之谜"来指出援助在微观层面是有效的,而在宏观层面无效的现象。Alvi 等(2012)也认为国际援助总是在有限的贫困地区或部门,即便援助能在微观上减少贫困,也不一定能表现在宏观上的经济增长。国内学者汪淳玉和王伊欢(2010)也认为不能简单地用计量经济学方法研究国际援助与经济增长之间的关系,然后断言援助的有效性与否;他们认为国际援助效果也有微观和宏观之分,从宏观看,援助多数情况可能对整体经济发展并无改善,但是从微观看,援助可能取得的效果是明显的。

其次,现有关于"援助→减贫"路径下的减贫研究还存在不足,所使用方法也较为粗糙。如没能反映千年宣言以来的援助减贫变化,在援助减贫的滞后性、区域减贫差异上也没得到较好反映。另外,目前对贫困的衡量绝大部分只能采用收入贫困指标,无法采用更科学的多维贫困指标。对援助减贫效果的检验更多是从国家宏观层面进行,而缺乏对个人、家庭、社区等微观层面的检验。

第三,从研究视角看,研究还比较单一。现有研究主要从发达国家视角提供的援助展开分析,很少谈及发展中国家的对外援助问题,尤其关于中国的对外援助与减贫的研究更是空白。对于中国的对外援助方面,大部分研究集中于中国对非洲的援助与合作问题,且主要从国际关系、援助模式和管理体系等方面展开讨论,对减贫领域极少涉及。由于相关数据和资料相对缺乏,关于中国对外援助基本以定性研究为主,所得到的结论不够深入,同时也缺乏对西方援助模式与中国援助模式的对比分析。

第四,对于援助减贫政策的讨论还不是十分充分。比如,关于援助减贫资金的筹集政策缺乏充分的讨论,对现行按照国民总收入基准进行减贫资金筹集是否完全合理值得商榷。

第三节 研究思路和方法

通过上文的分析,发现关于援助减贫效果的课题还有进一步深入研究的空间。基于弥补或拓展现有研究不足的考虑,并根据已有的研究条件,拟定如下研究思路和研究方法。

一、研究思路

鉴于现有研究存在的不足,本书尝试更全面总结援助与减贫的理论关系,分析援助作用于减贫的路径,采用数理模型分析方法加强对援助减贫机制的理论认识,增加官方发展援助减贫效果的个案分析,增加从中国角度研究援助减贫问题,采用更合理的实证方法检验援助的减贫效果,拓展对援助减贫资金筹集政策的讨论。具体来看,拟从理论、实证和政策的角度对官方发展援助的减贫效果进行拓展分析。

首先,在对相关文献进行梳理的基础上,拟阐述贫困的内涵、致因和援助的角色,总结援助与减贫的理论关系,分析援助促进减贫的传导路径,从数理上阐述援助对贫困的影响,并分析援助波动所带来的影响。

其次,分别考察发达国家与中国的援助减贫实践。梳理千年发展目标的执行情况,总结发达国家提供的援助在促进减贫方面的表现和不足。收集中国的有关资料和数据,分析中国的对外援助对受援国减贫的影响,并总结其经验与教训。在对西方和中国的对外援助减贫分析中,适当引入微观案例分析,以使论证更加全面客观。

再次,利用计量实证方法检验受援国的减贫效果。力图使检验更加科学和可靠,如考虑援助减贫的时间延迟效应,考虑受援国的差异性,更新数据以反映减贫的最新变化等。

最后,在政策部分,主要从提高援助减贫效果的角度探讨援助政策的改进问题。拟主要讨论如何接续"后2015"议程,讨论如何进行援助资金筹集改革、如何制定科学的援助战略以及如何改进现有援助政策等。

本书的分析框架如图 1—1 所示。

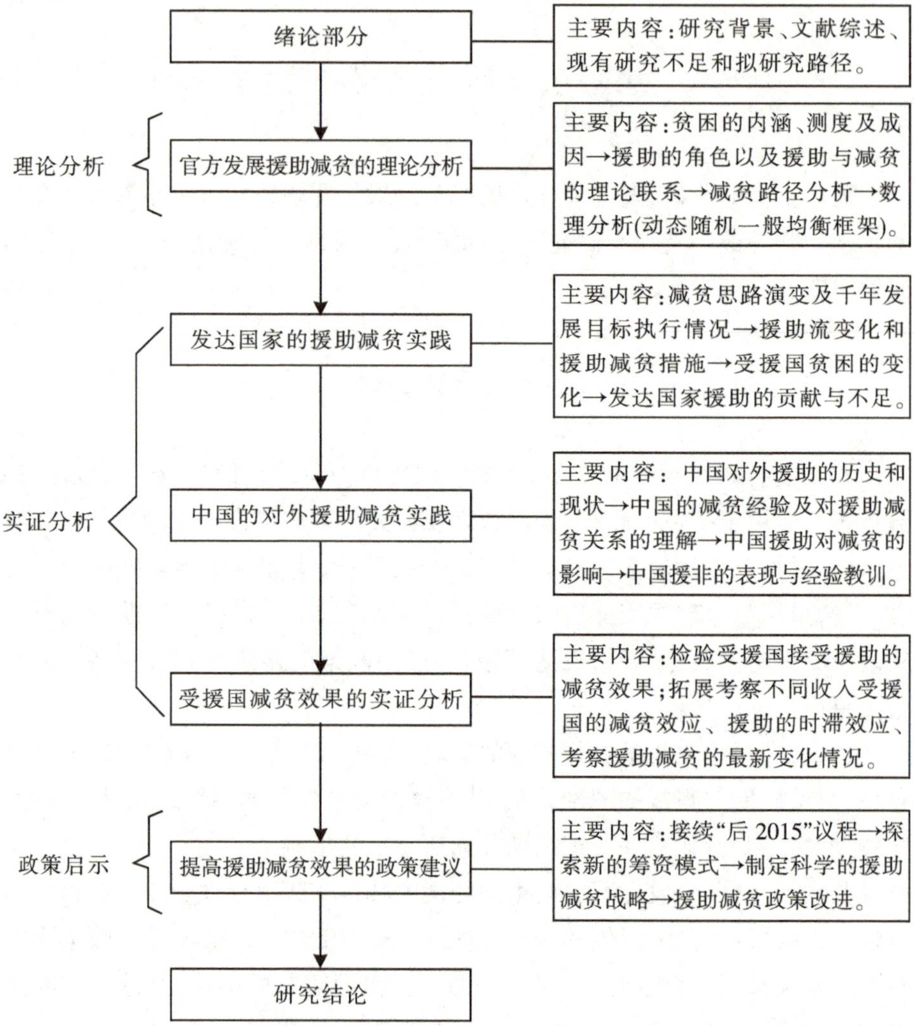

绪论部分
主要内容：研究背景、文献综述、现有研究不足和拟研究路径。
理论分析
官方发展援助减贫的理论分析
主要内容：贫困的内涵、测度及成因→援助的角色以及援助与减贫的理论联系→减贫路径分析→数理分析(动态随机一般均衡框架)。
发达国家的援助减贫实践
主要内容：减贫思路演变及千年发展目标执行情况→援助流变化和援助减贫措施→受援国贫困的变化→发达国家援助的贡献与不足。
实证分析
中国的对外援助减贫实践
主要内容：中国对外援助的历史和现状→中国的减贫经验及对援助减贫关系的理解→中国援助对减贫的影响→中国援非的表现与经验教训。
受援国减贫效果的实证分析
主要内容：检验受援国接受援助的减贫效果；拓展考察不同收入受援国的减贫效应、援助的时滞效应、考察援助减贫的最新变化情况。
政策启示
提高援助减贫效果的政策建议
主要内容：接续“后 2015”议程→探索新的筹资模式→制定科学的援助减贫战略→援助减贫政策改进。
研究结论

图 1—1　本书的主要研究框架

二、研究方法

本书将从经济学的角度，在大量阅读国内外相关文献的基础上，将主要运用宏观经济学、发展经济学、贫困经济学、计量经济学等学科知识，对官方发展援助的减贫效果问题进行深入探讨。

本书拟主要采用理论与实证相结合、整体和个体相结合以及对比研究的方法进行研究。

第一,理论与实证相结合的研究方法。在理论分析方面,主要利用发展经济学、贫困经济学、制度经济学等理论对援助减贫的机制进行研究。比如,利用贫困经济学知识来分析贫困内涵、度量、成因和援助角色;利用发展经济学理论分析援助与减贫的理论关系;利用宏观经济学的相关理论模型,构建一个数理分析框架,来分析援助的减贫机理和冲击影响。而在实证研究方面,收集整理相关的数据资料,利用计量经济学的方法来检验受援国的援助减贫效果。

第二,整体和个体相结合的研究方法。除了从国家宏观层面分析援助的宏观减贫效果外,还采用微观个案的分析方法,选择典型的国际援助案例来分析援助减贫效果,以使研究结论更为可靠。

第三,对比研究方法。对比分析发达国家与中国的援助政策、援助模式、援助方式、援助管理和减贫表现等的差异,并对比检验援助在不同经济发展水平受援国的减贫表现和差异。

第四节　研究难点和创新点

一、研究难点

第一,如何合理地构造一个既简洁又符合现实的数量分析框架非常困难。模型构造时在简洁与符合现实上比较难以取舍。为便于论述简洁、求解方便,模型在构造时在理论基础、设定、条件假设上必须进行简化,但也必然牺牲许多现实性。比如,在本书中所建立的动态随机一般均衡模型没有考虑政府效用、没有考虑受援国的异质性、没有对应的数据进行实证检验等,使得最终的结果只能简化地刻画援助的影响和冲击影响,与实际情况还存在较大的差距,还有待进一步完善和提高。

第二,高质量的微观层面资料和数据比较难以获取。关于官方发展援助的减贫效果,宏观成效和微观成效可能存在较大的差异。而关于个人、家庭、村落、社区等微观层面的资料很难获取,使得很难将研究高质量地推进至微观层面。

第三,中国相关资料和数据的收集面临困难。关于中国对外援助减贫实践,相关资料和数据可获得性不好,只能从宏观上做定性的分析,相应的研究与预期产生偏离,总体上研究不够深入。

二、研究创新点

关于本研究的创新点或贡献,笔者认为可能包括以下几点①:

第一,从理论研究方面看,本书更加全面深入地讨论官方发展援助促进减贫的理论机制。分析了援助在反贫困中的角色,深入分析了援助减贫的路径和传导机制,归纳了援助与减贫的理论关系,并通过数理分析加深了对援助减贫的认识。

第二,在实证研究方面,更加客观检验援助对减贫的影响。首先,在计量实证检验受援国的援助减贫效果时,考虑了援助的滞后效应,考虑受援国收入的差异性,且将数据覆盖至最新。其次,收集了部分微观案例资料,并从微观案例视角进行论证,使讨论更加全面。

第三,从研究角度来看,关于中国对外援助减贫的研究非常少见,尚处于研究的萌芽阶段,本研究也能弥补该领域研究的不足。

第四,讨论了现有援助筹资模式的不足,并提出了基于人均收入水平筹集援助减贫资金的思路,拓展了关于官方发展援助筹资政策改革的思考。

---

① 由于笔者知识的局限性,对本研究价值的评价可能过高,也希望各位专家批评指正。

理论篇

第二章　官方发展援助减贫的理论分析

要研究官方发展援助的减贫效果,首先应该从理论上理清援助与减贫的关系。为此,首先必须要了解贫困的内涵以及导致贫困产生的可能原因,然后需要理解援助究竟能对减贫产生什么作用,其后应该明晰援助通过什么路径作用于减贫,最后应该理解在经济系统中,援助减贫的宏微观联系机制与传导是怎样进行的。

本章首先论述了贫困的内涵、测度方法以及产生原因。其次,阐述了援助在减贫中所扮演的角色,并归纳总结援助与减贫间的几对重要关系。再次,简要分析援助作用于减贫的路径,以及援助在受众间的传导机制。最后,利用动态随机一般均衡(Dynamic Stochastic General Equilibrium,DSGE)模型的分析框架,尝试考察援助是如何影响受援国不同经济主体和不同经济指标的,以期更深入洞察援助与减贫之间的联系。

第一节　贫困的内涵、测度及成因

要真正认识官方发展援助与减贫之间的关系,首先应对贫困的内涵进行界定,并对贫困进行正确度量,其次应该分析导致贫困产生的原因,以便对援助与减贫的关系有准确的评估。

一、贫困内涵的演进与测度

对贫困内涵的界定,经济学、社会学、政治学和人类学等学科都有不同的诠释。

(一) 贫困内涵的演进

历史上,贫困的内涵随着时代不同而不断演化。

贫困一词起源于 12 世纪(Cobbinah 等,2013),近 200 年来随着人类社会的加速发展,贫困的外延在不断扩大。Simon(1999)认为,19 世纪的贫困是对基本"物质需要"缺乏的感知,并能够用食物、衣服和住所等指标来度量。而在 20世纪初至 60 年代,贫困更多是从经济指标上来加以衡量,此时贫困往往是基于人均 GDP 指标来度量,将低于一定人均 GDP 标准的定义为贫困。到 20 世纪60 年代末期,贫困开始由聚焦于经济指标转向于满足"基本需要","基本需要"内涵比"物质需要"更为丰富,"基本需要"包括收入、就业和满足人们生活需要的各种物质(例如食物、住所和公共产品)。到了 70 年代,对贫困的定义在强调基本需要基础上更加关注人的福利,开始将财富平等分配、生活质量、自然环境和其他诸如教育、人均寿命、体面的生活等社会指标纳入考察的视野(UNDP,1990)。80 年代初期,贫困内涵在满足"基本需要"基础上,对"收入剥夺"(Income Deprivation)的关注不断上升。到 80 年代中期,"可持续的生计"(Sustainable Livelihood)被纳入贫困的内涵。到 80 年代末期,文化、性别和妇女权利被纳入贫困内涵的讨论中。

基于对贫困研究的不断深入,贫困的内涵进一步扩大,总体看,从 20 世纪90 年代到 21 世纪初,贫困的内涵从经济福利短缺逐渐延伸至能力剥夺和社会排斥领域。在 90 年代,贫困过于聚焦经济因素受到国际机构和学者的批评,他们提出人类发展的重要性。例如,森从能力剥夺角度分析贫困问题,认为贫困是生存能力和机会的不足[1]。世界银行在其颁布的《1990 年世界发展报告》中指出,贫困不仅指物质的匮乏,而且包括低水平的教育和健康等[2]。1997 年,联合国开发计划署(UNDP)在《人类发展报告》中提出"人文贫困"(Human Poverty)的概念,认为贫困不仅仅是一个经济问题。在认识到贫穷的多维属性后,世界银行进一步扩展了贫困的内涵,明确将贫困的内涵拓展至剥夺和社会排斥层面,认为贫困不仅指物资的剥夺、不良的教育和健康状况,也包括脆弱性和暴露

---

[1] 阿马蒂亚·森著,王宇等译.贫困与饥荒:论权利与剥夺[M].北京:商务印书馆,2001.

[2] The World Bank. World Development Report 1990[R]. Oxford University Press,1990:26.

风险中,以及被政府机构和社会所排斥,导致缺乏发言权和表达需求的能力①。随着对贫困复杂性和多维性的认识的加深,以及全球减贫事业的迫切需要,2000 年国际社会达成了千年发展目标,进一步强调贫困的多维特征,并规定了相应的贫困标准,同时也将识字率、环境保护、健康等社会指标涵盖在内。

　　虽然贫困内涵随着时代的发展而发生改变,然而综合来看,贫困主要涉及三个方面:经济福利、人类发展和社会排斥。据此,贫困可细分为经济贫困、能力贫困和社会贫困三种。

(二) 不同贫困的内涵与测度

1. 经济贫困

　　经济贫困是指缺乏基本的收入来源或生活物资,致使不能达到基本的生活水平。具体而言,经济贫困又可分为收入/消费贫困和资产贫困。

　　收入/消费贫困是指收入或消费支出不能达到最低水平的贫困,它从收入或消费角度来判断贫困状况。衡量收入贫困可从绝对指标和相对指标进行区分,从而可将收入贫困划分为绝对贫困和相对贫困。

　　其中,绝对贫困就是指生活水平低于某一绝对水平,并设定一条绝对贫困线,凡是生活于此贫困线下的人群都属于绝对贫困人口。对于绝对贫困线,世界银行按照基本需要成本方法(cost of basic needs approach)来定义和测量。1990 年,根据当时的研究,由世界银行发布的《1990 年世界发展报告》②制定了两条绝对贫困线,分别是每年 275 美元和 370 美元(按照 1985 年购买力平价计算)。1991 年 Ravallion 等③收集了 86 个国家(包括发达国家和发展中国家)1980—1990 年的消费数据,发现 8 个低收入国家(印度尼西亚、孟加拉国、尼泊尔、肯尼亚、坦桑尼亚、摩洛哥、菲律宾和巴基斯坦)的绝对贫困线是 31 美元/月,更具有绝对贫困线的代表性。1999 年,世界银行按照 1993 年的购买力平价计算,得出 1.08④ 美元的绝对贫困线(也即 1 美元每天绝对贫困线)。2000 年的千年发展目标提出到 2015 年时在 1990 年基础上将每日收入低于 1 美元的人口比例减半的减贫目标。2008 年,Ravallion 等对"1 美元/天"的贫困线进

　　①　The World Bank. World Development Report 2000/2001[R]. Oxford University Press,2000:15.

　　②　The World Bank. World Development Report 1990[R]. Oxford University Press,1990:27.

　　③　Ravallion, M., Datt,G. and Van, D. W. Quantifying Absolute Poverty in the Developing World[R], Review of Income and Wealth,Series 37,Number 4,1991.

　　④　The World Bank. World Development Report 2000/2001[R]. Oxford University Press,2000:17.

行了修订①。2008年,世界银行根据相关学者的研究,按照2005年的购买力平价计算将绝对贫困线调整为1.25美元每天(极端贫困线),于是千年发展目标的贫困标准也调整为1.25美元每天。如无特殊说明,在后文中所引用的绝对贫困线采用1.25美元每天的标准。

在绝对贫困线的基础上,世界银行还使用贫困率、贫困深度和贫困强度三个指标来衡量绝对贫困水平。贫困率,也称贫困发生率,其计算公式为:$H = Q/N$,其中H表示贫困率,Q代表贫困人口总数,N为人口总数。该指标是较早也较普遍使用的一个指标,反映贫困发生的人口比重或规模,但不能反映贫困程度。贫困深度,也称贫困缺口率,其计算公式为:$I = (S - y^*)/S$,其中I为贫困深度,S为贫困线,y^*为贫困人口平均收入水平。该指标反映了贫困程度,但是不能反映贫困人口的规模和占总人口的比重,也不能反映贫困人口内部收入高低不均的状况。贫困强度,同样反映贫困的严重程度,其将贫困深度进行平方,然后进行算术平均,其公式为$P = (1/N) \times \sum [(S - y_i)/S]^2$,其中$N$表示贫困人口总数,$S$表示贫困线,$y_i$表示第$i$个贫困人口的收入水平,该指标实质是对不同贫困程度的人口采用不同的权重,其中权重随着收入的增加而降低。

相对贫困是指生活水平不能达到某种相对水平的贫困,一般而言是指不能达到大多数社会成员生活标准的一种贫困。一般它参照大多数人的收入或消费水平,规定一个相对标准线,低于此相对标准的人就属于相对贫困。例如,一国可将低于该国平均收入50%的人群定义为相对贫困。

资产贫困是指按照资产拥有量指标来衡量贫困状况。资产贫困与收入/消费贫困存在着明显差异。收入/消费贫困往往从财富的流量上反映一个人的贫困状态,而资产贫困可从财富存量上反映一个人的贫困状态。资产贫困概念可作为测量贫困的一个补充概念,它有自身的优点:一是它更能反映出家庭或个人长期贫困或持久贫困状态,以及家庭面对贫困的脆弱性程度;二是由于资产可以通过继承、转让、转移等形式获得,它更能反映家庭或个人在资产形成中所处的社会状态。

2. 能力(或人类)贫困

能力(或人类)贫困是指缺乏获取和享有正常生活、自由支配各种行为的

①　Ravallion, M., Chen, S. and Sangraula, P. Dollar A Day Revisited[R]. Policy Research Working Paper, No. 4620, World Bank, 2008.

能力,这里的能力指诸如营养状况、卫生条件、受教育程度、平均寿命等等。1998 年诺贝尔奖得主阿玛蒂亚·森对能力贫困做了深入的分析,不同于传统的经济贫困,他利用权力的方法来分析贫困和饥荒的产生,认为贫困不仅仅是收入的低下,更是能力被剥夺的表现。

能力贫困从人的能力剥夺角度来分析贫困产生的原因,使得减贫的政策更有针对性。能力贫困引入"剥夺"的分析思路,拓展了致贫原因的范畴,将减贫的措施从经济发展拓展至人和社会发展的高度,主张给予穷人更多发展机会和选择,实现更稳固的减贫。

基于对能力贫困的认识,国际机构越来越从多维的角度来定义贫困和衡量减贫效果。UNDP 在 1990 的《人类发展报告》中提出了人类发展指数(Human Development Index,HDI),在 2010 年的《人类发展报告》中即公布了多维贫困指数(Multidimensional Poverty Index,简称 MPI)。

人类发展指数(HDI)将经济指标和社会指标结合起来,主要从预期寿命、受教育程度和经济发展水平三个维度来反映人们的生活状况。人类发展指数(HDI)的计算包括两个步骤[1],首先是计算各维度指数,在此之前需要定义最大值与最小值,计算公式为:维度指数 = (实际值 - 最小值)/(最大值 - 最小值);第二步是将获得的各维指数进行几何平均,其公式为:HDI = $I_{寿命}^{1/3} \times I_{教育}^{1/3} \times I_{收入}^{1/3}$。但 HDI 只能反映平均发展水平,而掩盖了一国中不同人群之间巨大的差异。

在人类发展指数(HDI)的基础上,多维贫困指数进一步拓展了人类发展指数所包含的维度。多维贫困指数(MPI)映射了人类发展指数的三个维度——健康、教育以及生活标准,并用 10 个子指标来反映,如果一个家庭在 2—6[2] 个子指标上是被剥夺的,那么就是多维贫困家庭。多维贫困指数(MPI)适合分析低发展国家的贫困情况,绝大多数子指标与"千年发展目标"相联系,多维贫困指数的计算方法参见 2010 年的《人类发展报告》[3]。

① 联合国开发计划署.2010 人类发展报告(中文版)[R].UNDP,2010:216.
② 联合国开发计划署.2010 人类发展报告(中文版)[R].UNDP,2010:95.
③ 联合国开发计划署.2010 人类发展报告(中文版)[R].UNDP,2010:221-222.

表 2—1　多维贫困指数(MPI)的维度和指标

指数	维度	指标
多维贫困指标	生活标准	财产(耐用消费品)
		屋内地面
		电
		饮用水
		厕所
		做饭用燃料
	教育	儿童入学率
		受教育年限
	健康	儿童死亡率
		营养

资料来源:根据 UNDP 2010 年《人类发展报告》整理。

3. 社会贫困

经济贫困和能力贫困虽然分别从经济资源短缺和能力剥夺角度阐释了贫困的内涵,然而忽视了贫困家庭所处的社会环境和不利因素。而社会贫困就是从社会排斥的角度来诠释贫困的内涵。

社会贫困就是一种社会关系所有权的不足,表现为被排斥于经济活动和社会进程之外,使得被排斥者陷入贫困。社会贫困的核心要义是"社会排斥"。法国学者较早就提出社会排斥的概念,并用来进行社会学研究。到 20 世纪 80 年代,这一概念成为思考社会政策的重要框架,很快被欧盟所采纳,成为贫困项目的主题。到 1990 年代初期,"社会排斥"逐渐传播到欧盟以外的国家。

表 2—2　贫困的不同内涵和相应测度指标

贫困种类	贫困定义视角	衡量标准	主要测度指标	MDGs8 个子目标主要对应的减贫类型①
经济贫困	从经济收入（或消费）角度定义贫困	货币收入或消费额	贫困人口总数 贫困率 贫困深度 贫困强度	目标 1→减少经济贫困
	从资产占有角度定义贫困	资产占有额	/	
能力贫困	从人类发展能力的剥夺角度（收入、健康、教育等）定义贫困	营养、健康、教育、住房、水、卫生、穿着等	人类发展指数（HDI） 多维贫困指数（MPI）	目标 2、4、5、6、7、8→减少能力贫困
社会贫困	从社会排斥角度定义贫困	社会参与度、发言权、社会保障体系、赋权等	/	目标 3 和目标 8→减少社会贫困

资料来源：笔者归纳整理。

社会贫困更多从社会因素考察贫困产生的原因，大大拓展了经济贫困和能力贫困的边界。在信息和全球化时代的大背景下，贫困不仅体现为收入或能力的不足，还表现为获得社会资源的严重匮乏。然而，社会贫困当前并没有具体的量化标准。

可见，贫困的概念既是动态发展的，同时又是一个综合的概念，至少可从经济资源、能力剥夺和社会排斥的不同角度进行诠释。贫困的不同内涵与测度指标，以及千年发展目标中 8 个目标所对应的减贫内涵总结于表 2—2。

4. 可用于衡量减贫效果的指标

不同的援助行为作用于贫困的不同方面，因此可用不同的指标从不同侧面反映援助的减贫效果。上文所提到的贫困率、人类发展指数、多维贫困指数等指标分别从比较综合的角度来衡量贫困状况，各综合指标分解出的子指标以及

① 目标 1—8 分别是：消灭极端贫困和饥饿；普及小学教育；促进男女平等，并赋予妇女权利；降低儿童死亡率；改善孕产妇保健；与艾滋病毒／艾滋病、疟疾和其他疾病做斗争；确保环境的可持续能力；全球合作伙伴关系建设。资料来自：United Nations. http://www.un.org/millenniumgoals/, 2014-03-15.

其影响因素都可量化为不同指标来衡量减贫效果。

贫困人口总数、贫困率、贫困深度、贫困强度等指标都可以用于衡量经济贫困的改善效果。另外,援助项目经常聚焦于某些具体的目标,比如资助农民购买化肥、改善种子质量、维修农村灌溉设施、直接雇佣贫困者参与援助项目等,这些援助项目目标都是促进贫困家庭或地区增产增收,因此衡量这些项目的具体指标,比如农业化肥使用率、高产种子使用率、灌溉设施的维修率、援助项目提供的就业岗位等指标都可以用于衡量援助对经济贫困的改善情况。

人类发展指数及其三个子项目(预期寿命、受教育程度及经济发展水平)都可以用于衡量贫困的改善情况,对各子项目的分解指标同样也可用于衡量贫困的改善状况。比如,5岁以下儿童死亡率、孕妇死亡率、农村孕妇住院分娩率、疫苗接种率、艾滋病感染率、疟疾发病率等都会影响预期寿命,因此这些指标同样可用于衡量援助的减贫效果。小学入学率、女婴入学比例、儿童受教育年限等指标又会影响受教育程度,同样这些指标可用于衡量贫困的改善状况。其他能够衡量经济发展水平的指标也可用于衡量贫困的改善效果。

多维贫困指数以及其10个子项目(财产、屋内地面、电、饮用水、厕所、做饭用燃料、儿童入学率、受教育年限、儿童死亡率和营养)本身都可用于衡量援助的减贫效果。由于援助项目可以直接用于帮助贫困地区或家庭改善饮用水使用条件、帮助改造家庭地面和厕所卫生、接入电力、赠与生活物资、向婴儿提供奶粉、对入学家庭提供补贴等,因而与此相关的指标都可用于衡量援助的减贫效果。

由于部分援助项目聚焦于减少贫困家庭的被排斥程度,因而这些衡量社会排斥程度的指标都可用来衡量减贫效果,比如社会保障体系对贫困家庭的覆盖程度、贫困者发言权、贫困家庭学生占比、贫困地区被纳入国家的发展计划程度等。

实际上,千年发展目标所确定的8大目标和21个子目标也是从多维的角度,制定援助在经济贫困、能力(人类贫困)、社会贫困方面所力争要达到的减贫目标。这些目标本身就是衡量援助减贫效果的有效指标。

在本书后续的分析中,在探讨全球层面或国家层面的贫困变化时,往往使用贫困率、贫困人口总数、人类发展指数(HDI)和多维贫困指数(MPI)等综合性指标。在进行计量实证分析时,根据数据的可获得性采用贫困率、贫困深度和贫困强度来度量援助的减贫效果。而在进行微观援助案例分析时,更多从千年发展目标下各子指标角度考察援助对减贫的影响,比如某个援助项目下对饮用水的改善,对小学入学率影响等等。

二、致贫的原因

导致贫困的原因是复杂的,主要可分为经济因素、社会因素和综合因素。[①]

(一)致贫的经济因素

发展中国家的减贫经验表明,经济增长和资本形成是减贫的必要条件,人口素质很大程度决定生产效率,决定着贫困人群参与现代经济的程度,教育与医疗发展水平则为提高人口素质提供必要的支持,而恶劣的自然环境、失业和通胀等又往往是减贫的重要制约因素。经济增长、资本积累、人口、教育、医疗卫生、自然环境和其他因素都与贫困紧密相连。

经济增长因素。大规模的贫困往往与经济停滞或不合理的经济增长方式有关。在广大发展中国家,大规模的贫困与长期的经济停滞紧密相关。对于贫穷国家而言,技术进步的停滞、不合理的产业结构、低质量的农业增长、对外部市场严重依赖、不利于穷人的增长等经济因素都会导致大量贫困的产生。因此,快速的经济增长会减少贫困,而停滞的增长会导致贫困的发生。

资本因素。资本的不足严重影响一国的贫困水平。根据现代经济学的观点,资本、劳动、技术进步、管理和制度是实现经济增长的基本要素。资本在生产中具体表现为厂房、机器设备、道路、通讯网络、计算机、交通工具、农具、化肥、种子等形式,对于贫困家庭、村落、社区、国家而言,往往缺乏这些再生产的资本,因此很难提高生产效率。而在贫困国家由于资本积累的不足,以及战乱等因素对已积累资本的破坏,导致经济增长乏力,致使这些国家很难走出贫困恶性循环当中。一定程度上,减贫的过程就是提高贫困人口资本积累水平的过程。

人口因素。人口因素包括人口素质、人口结构和人口规模。在人口因素当中,人口素质是影响贫困的最为重要因素。人口素质主要包括健康状况、教育程度、道德水平、劳动技能等。人口素质越高,迅速摆脱贫困的机会越大;人口素质越低,陷入贫困的机会越大。Schultz(1980)就认为贫困产生的原因在于人力资本的缺乏,呼吁贫穷国家要重视对人力资本的投资。良好的人口结构会有助于摆脱贫困。对于发展中国家而言,经济发展水平还处于初期阶段,在参与

---

① 该部分框架主要参考:安春英.非洲的贫困与反贫困问题研究[M].北京:中国社会科学出版社,2010:18 – 41.

国际分工竞争当中,具有丰裕廉价的年轻劳动力是一种发展优势,而过度老龄化的发展型社会可能拖累经济,从而导致贫困。此外,人口规模会影响一国的人均资源,人口越多人均资源拥有量越低,比如人均耕地、人均淡水等拥有量越低,从而导致贫困。但另一方面,在市场经济下,人口规模大的国家在发展国内产业、吸引外资方面具有规模优势,有利于促进经济发展和实现减贫。

教育因素。教育能够显著提高劳动者的知识、技能和思想水平,教育的缺失会导致大量的文盲以及不合格劳动者,无法从事现代工、农业生产,教育水平的低下是导致贫困的极其重要因素。

医疗卫生因素。发达的医疗和卫生条件本身是福利的一种,而落后的医疗卫生条件本身也是贫困的表现。落后的卫生医疗条件往往伴随着孕妇意外死亡、婴儿夭折、疾病传播、寿命下降等,无法得到有效救治的个人或家庭极易陷入贫困。

自然环境因素。贫困与自然环境密切相关,恶劣的自然地理环境,比如高寒、酷热、干旱、水涝、土地沙漠化、台风等往往对人们的生产和生活产生不利影响,从而容易导致贫困的发生。

其他包括就业不足和通货膨胀等也是导致贫困的主要因素。失业是致贫的重要因素,失业意味着失去经济来源,而贫穷国家往往无法提供充足的就业机会,也没有完善的失业救济措施,致使社会中总有部分因失业而致贫者。通货膨胀也是打击低收入者致贫的重要因素,贫穷国家由于经济、社会、政治等原因,恶性的通货膨胀时有发生,通胀极易形成对低收入者的剥削,致使贫困的发生。

(二)致贫的社会因素

不公平的制度因素。制度因素对贫困的影响往往是体系性和根本性的。马克思和恩格斯认为资本主义私有制、阶级不平等、劳动者被剥削是产生贫穷的根本原因。阿玛蒂亚·森(2001)则把贫穷归咎于权利分配不平等,他认为制度不公、分配不均、缺乏发言权等都是导致贫困的重要原因。对于现代社会,一国内部的分配制度、教育制度、就业制度、财政税收制度、社会保障制度等的不公平会导致资源分配的不平等,进而导致不同地区、不同人群和个人在财富上的分化,使得富者愈富,穷者愈穷。此外,不平等的国际政治经济关系也是导致国家间贫富差距扩大的原因,导致贫穷落后国家居于不利的地位。

贫困文化因素。贫困文化是导致贫穷的重要因素。所谓"贫困文化"就是指贫困阶层所具有的一种独特生活方式,包括行为方式、习惯、风俗、心理定势、生活态度和价值观等非物质形式①。其实,奥斯卡·刘易斯很早就注意到贫困与文化的联系,并对墨西哥家庭的贫困文化进行深入考察,他发现贫困者之所以贫困与其文化有关②。刘易斯认为贫困家庭往往有一种"贫困文化",这些贫困的家庭往往难以改变自己的生活方式,难以走出贫困的恶性循环。实际上,贫困文化的内涵可能更加广泛,它不仅存在于贫困家庭或社区内,它甚至存在于富裕地区或家庭,它可以被理解为对待生活的一种态度,比如吸毒、酗酒、讨厌竞争、好逸恶劳、依赖等。

　　动荡的政治因素。政治动荡、战争、腐败、种族矛盾、暴力犯罪是导致贫困的重要因素,政局的动荡、战争等都会直接破坏生产力,也会产生大量的难民。在动荡的社会人们无心也无力进行有效的生产活动,经济就会陷入停滞或倒退,贫困的产生无法避免。

(三)致贫的综合因素

　　除了从经济和社会角度对贫困进行解释外,也有学者从综合因素的角度对贫困进行解释。例如,冈纳·缪尔达尔(1991)认为贫困不仅是经济因素所决定的,而且是政治、经济和文化等因素综合作用的结果,认为各因素往往是相互联系、相互作用的,并对贫困产生动态影响。他认为贫穷国家的低收入导致人们生活质量低下,营养不良,文化落后,健康状况恶化,从而导致劳动力质量低下、就业困难,劳动力质量低下又导致生产率下降、经济增长乏力,最终又影响收入,造成收入提高困难,这样就形成贫困的循环。

　　而兰德斯(2007)从世界各国贫富兴衰角度,避免单纯从经济角度分析,而是将地理、科技、哲学、宗教、国际政治、传统文化等因素一起考虑。兰德斯认为大自然是不平等的,富裕国家往往有良好的自然条件,而贫穷往往与热带气候有关;他认为财富积累的规律是无情的,认为国家贫富是由多种因素造成的,包括历史、政治、经济和文化上的原因。此外,萨缪尔森(1992)认为财产多少的差别、个人能力的差别、教育和训练的差别都是产生贫困的重要原因。

　　总之,每种理论或观点都侧重于某个或几个角度重点加以阐述,实际上产生贫困的原因是复杂的,既有经济、社会、政治因素,也有地理、历史、文化等原

---

① 吴理财.论贫困文化(上)[J].社会,2001,(8):18.

② Lewis, O. Five Families :Mexican Case Studies in the Culture of Poverty[M]. New York :John Willy & Son, Inc., 1962, c1959.

因,对于某一国或家庭而言,致贫因素也是动态变化的。对于致贫原因的了解,有助于理解官方发展援助在减贫方面所扮演的角色,有助于更加深刻洞察国际援助对于减贫而言能做什么,而不能做什么。

第二节　援助在减贫中的角色及其理论关系分析

在我们了解了贫困的概念、测度和致因后,有必要探讨援助在减贫中的角色以及援助与减贫之间的理论关系,以便更加全面了解援助在减贫中所发挥的作用。总体上,援助在减贫中所扮演的角色是复杂的,既有积极的一面,也有消极的一面,同时也存在一定的局限性。

一、援助在抗击贫困中的角色

由于产生贫困的原因非常复杂,因此对抗贫困需要不同途径和手段的配合。从经济学视角看,促进经济增长和转移支付(社会救济)是两条可用的反贫困途径。

对于促进经济增长和转移支付,其力量可来自内部因素和外部因素。其中,内部因素是指通过贫穷国家自我的内生力量来促进增长或实现转移支付,内部因素包括提升教育和医疗水平、创造就业、技术创新、普及社会保障、改革制度等。而外部因素是指参与国际经济一体化和产业分工,借助国际贸易、国际投资、国际援助等外部力量驱动内部增长或转移支付,从而实现减贫。

对于广大发展中国家而言,本身的经济发展水平较低,贫困人口众多,因此仅仅依靠内部力量很难完成自我减贫(比如撒哈拉南部非洲)。因此,借助外部因素实现减贫是必要的选择。在外部因素中,相对于国际援助,从规模和减贫较成功的国家经验(例如中国)看,国际贸易、国际投资和国际融资对减贫的作用更大。然而国际投资、国际贸易和国际融资等外部因素强调经济利润,偏好于那些经济基础较好、市场潜力大、资源丰富、政局稳定的地区,致使广大贫困国家往往缺乏能力或吸引力深度参与到国际投资、国际贸易和国际融资进程中。事实上,减贫效果不好的国家往往在国际贸易、国际投资和国际融资活动中被边缘化。因此,国际援助对于这些被边缘化的国家而言,其在减贫中的意义就非常突出了(国际援助在反贫困中的角色可参见图2—1)。

从图2—1可以看出,对于减贫而言,可从内、外两种因素通过促进经济增长和对穷人增加转移支付来实现。由于贫困国家容易在全球化的进程中被边缘化,无法深度参与国际投资、贸易和融资活动中,因此国际援助在减贫中所发挥的作用就凸显出来。一方面,国际援助可以作用于一国内部因素,比如投资于经济基础设施、教育、技术培训等领域,来推动受援国经济增长。另一方面,援助可以直接作用于受援国的穷人,通过国际转移支付(社会救济)途径改善贫困群体的生存条件,推动减贫。可见对于外部反贫困力量,国际援助既可通过作用于受援国内部因素来间接推动减贫,又可以通过直接的国际救助(转移支付)来直接减贫,而后者是国际贸易、国际投资或国际融资所缺乏的。

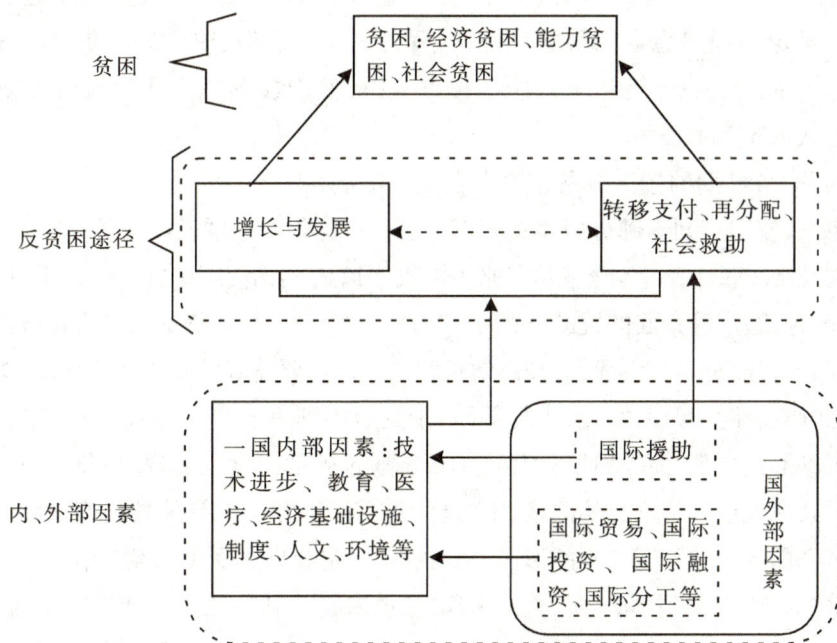

图2—1 国际援助在反贫困中的角色

当然,这里只是区分了国际援助相对于其他因素在减贫中的角色,然而要全面把握国际援助与减贫的理论联系还远远不够,因此下面将更具体探讨国际援助与减贫的关系。

二、援助与减贫间关系的理论分析

通过对以往文献和援助实践的梳理和总结,并进行相应的理论分析,可以归纳出援助与减贫之间存在着重要的理论联系。

1. 援助有助于资本形成,但不必然实现有利于穷人的经济增长

早期援助理论认为,援助通过促进资本形成,进而减少贫困。在官方发展援助的早期,受到当时发展经济学的影响,人们普遍认为投资是拉动经济增长的关键要素,因此主张通过外部援助来提升受援国的投资,希望通过外部的资金介入来弥补贫穷国家的资本、外汇和财政缺口,从而推动受援国家的经济增长,进而通过经济增长的"涓滴效应"最终惠及穷人。对这一减贫思路起支撑作用的理论包括凯恩斯的乘数理论、哈罗德—多马模型、缺口理论和大推进理论①等。可是,经过长达半个世纪的援助实践,发现援助并未通过拉动经济增长的方式来推动减贫。

实际上,早期的援助减贫理论存在以下漏洞:

第一,援助有利于部分资本的形成,但不一定会促进增长。诚然,资本形成在实现经济增长中是十分重要的,那些投入于道路、水电、厂房、设备、通讯、技术培训、教育、医疗等方面的援助,对生产资本、人力资本、技术资本的形成是有帮助的,然而现代经济学告诉我们,经济增长的实现还需要良好的政治经济环境,诸如和平、法律、制度、管理、文化、市场等,对于发展中国家而言,"硬性"的资本容易通过援助形式实现,而"软性"的环境却很难通过外部援助来实现。同时,可能还会存在其他破坏经济增长的因素,比如政治动荡、自然灾害、疾病传播等,因此,外部的援助即便是有利于资本的形成,然而也不一定会促进受援国经济增长。

第二,即使援助能够促进增长,但增长也未必是利贫的。早期理论认为,经济增长会通过经济系统的渗透效应,会向穷人提供更多的发展机会和就业,从而实现减贫。然而,现实的经济系统是复杂的,经济增长促进减贫还涉及公平、收入分配、物价等社会和经济问题,诸多的研究表明,一个经济体的增长,未必会自然惠及穷人。比如,从总体看,某个经济体经济产出是增加的,然而这些增

---

① 大推进理论由 Rosenstein – Rodan 于 1943 年提出,其核心观点是对发展中国家的各部门进行均衡投资,以实现这些部门的均衡增长,从而推动其经济发展。

加的产出可能只是惠及部分富人,而没有在全体成员中平均分配。

所以说,援助要通过资本形成来促进增长,进而减少贫困,还需要诸多条件。首先,应该因地制宜地分析各国不同的致贫因素,有针对性地进行援助,发挥援助在"硬性"资本形成的优势。其次,要提倡包容性增长,实现有利于穷人的增长。

2. 援助短期可以直接减贫,但长效的减贫依赖于经济持续的增长

贫困经济学认为,对贫困的界定既可以是收入上的,也可以是能力上的,以及是以反映权利剥夺特征的社会贫困,这些贫困体现在收入或消费不足、能力的被剥夺,以及社会的排斥。而援助减贫,其最终目标也是提高穷人的福利,这些福利包括他们的健康、教育程度、疾病预防、住房的改善、安全的饮用水、权利的获得等,即减贫可以直接通过提高穷人的福利水平来实现。

因此,从短期看,援助即便无法通过增长的路径来提高穷人的收入,也可以通过社会救助的路径来直接提高穷人的权利和福利,从而实现减贫的目标。首先,对贫困人群的各种援助补贴和物质捐赠能够直接提高穷人的福利水平,达成直接舒缓贫困。其次,在实现能力扶贫和权利扶贫的过程中,有利于减少性别歧视和种族歧视、增加就业机会、改善居住环境、增加营养、减少婴儿死亡率、提升受教育程度、改善卫生医疗条件等,这些对改善穷人的健康状况、提高个人文化素质、增加融入社会发展机会、为社会提供更有效率的劳动力、改变社会陋习、创造市场消费等方面都有莫大的帮助,从而可以促进当地的经济持续而稳定的发展,进而通过经济增长反馈促进穷人的收入提高,进而实现经济上的减贫。总之,短期看援助能够提高穷人的福利水平,能够帮助穷人获得更多的发展机会。

从长期看,有效的减贫依赖于受援国内部经济稳定且持续的增长。虽然援助能够直接提高穷人的福利、赋予穷人权利来直接实现减贫的目标,然而,这种减贫方式终归是外生性的,而不是通过外部援助的力量来转化为受援地区的内在增长能力,一旦减少或停止外部援助,或者经历负面的外部冲击,可能会出现返贫现象。因而要实现长效的减贫必须依赖于受援国内生的经济增长,因此,长期看,援助只能作为受援国实现减贫的催化剂。

3. 援助对减贫的负面效应客观存在

官方发展援助在执行过程中,对减贫也会产生一些负面效应。比如,援助所附加的条件、腐败、援助依赖症、偏向性增长等,这些因素往往不利于受援方的减贫。

援助所附加的部分条件可能不利于减贫。在提供援助时,援助方基于自身利益的考虑,往往提出一些经济和政治条件,比如在提供援助常就项目采购、市

场准入、外汇使用、结构改革等方面对受援方提出各种条件。某些条件可能对受援方企业、产业形成不公平的竞争,也可能逼迫受援方实施不利于己方的改革方案,进而容易伤害受援方的经济,从而不利于减贫的实现。

援助容易滋生腐败,腐败会阻碍减贫。由于受援方法制的不完善,以及恶劣的政治和经济生态,在接受援助时容易发生挪用、私占、寻租、贪污等腐败行为,导致援助资金不能完全用于发展和减贫目标。另外,蔓延的腐败往往会导致对社会公平、公正的进一步破坏,受伤害最大的往往是处于底层的穷人。例如,Chong 等(2009)就发现,在腐败程度更高的国家,随着援助规模的增大,该国的不平等加剧,而在低腐败国家不平等比较稳定。

援助容易导致依赖,援助依赖不利于长效减贫。长期大量的援助会导致受援方产生依赖心理,助长懒惰,破坏勤奋。援助依赖往往通过弱化责任,潜在地破坏受援方公共部门和管理的质量,鼓励寻租和腐败、煽动冲突,缓解改革无效率政策和制度的压力(Knack,2001)。对于家庭而言,援助也容易导致工作积极性下降,陷入持续要求增加福利的援助陷阱。减贫根本的动力应该是依靠穷人自己,只有形成勤奋向上的社会氛围,减贫才能从根本上解决。因此,援助绝不能成为助长依赖的温床,而应成为鼓励劳动、倡导勤劳的有效工具。

援助所引致的偏向性增长对减贫的方面影响不容忽视。援助资源容易过于集中于某些部门,比如建筑、医疗和教育等部门,会拉升其他部门的生产成本,导致产业的偏向性增长,妨碍其他部门的发展,从而对减贫产生负面影响。例如,Rajan 和 Subramanian(2005,2009)认为援助对受援方贸易部门的负面影响是不容忽视的,他们的研究表明,援助会导致受援方的实际汇率上升,不利于贸易出口,抑制了贸易部门的增长,对经济增长产生负面影响。而 Adam 等(2006)发现外部援助所带来的公共基础设施投资的好处以收入分配的恶化为代价,利益主要被城市的家庭获取,而农村地区家庭福利趋于恶化。总之,援助对贸易部门以及非重点援助部门的负面影响不利于这些部门的减贫。

第三节　援助促进减贫的路径分析

官方发展援助要实现减贫的目标,应通过何种路径来实施,也是非常重要的问题。因此,从原理上阐述援助的减贫机制,还必须掌握援助是通过什么路径传递到援助的受众的。其实,这包括了两个问题:一是援助减贫的实施路径是怎样的,二是援助在援助受众之间是如何传导的。

一、援助的减贫路径

在援助减贫的实践史中,援助减贫的思路随着时代的发展而变化,各时期主导实施的援助减贫路径并不完全相同。在 20 世纪 50—60 年代,促进经济增长一直是主导的援助减贫思路,期间,沿着"援助→增长→减贫"的思路,国际社会将促进经济增长进而提高贫困人口的收入视为援助减贫的首要目标,而随着援助实践的深入,发现援助在收入减贫上的效果远不如预期。在反思 20 世纪 50—60 年代的援助实践基础上,到 70 年代援助更加强调"减贫"和满足"穷人的基本需要",援助在强调发展及促增长职能时增加对穷人的救助。80—90 年代,国际社会认为受援国内部的制度、政策等结构性因素是制约援助效果的关键因素,因此强调援助促进受援国的结构改革,进而促进经济增长。经过 20 年的结构调整后,人们发现,直到 20 世纪末期,对非洲的大量援助并未阻止非洲贫困的恶化,当时撒哈拉以南非洲地区的绝对贫困人口从 1981 年的约 2.1 亿增长至 1999 年的约 3.85 亿[①],贫困人口几乎翻了一倍,而贫困率也从 1981 年的约 52.8% 增长至 1999 年的约 59.3%。进入世纪之交,人们开始反思援助减贫的战略思路,主张更加关注穷人的福利和权利,重新聚焦穷人的贫困和发展,提倡将援助转向社会救助的目标上来,千年发展目标的颁布体现了这一转型。

现有的观点普遍认为可以通过两种途径来干预或打破贫困状态:一是间接路径——发展(增长)路径,即通过外部的援助来促进受援地区的经济增长,进而通过经济增长来减少贫困。二是直接路径——社会救助路径,即通过外部的援助,直接帮助贫困人群,从而提高贫困人群的福利和自我发展能力,以实现减贫。

援助减贫的发展(增长)路径的基本思路是通过援助来促进经济增长,实现减贫目标。该路径下援助往往投向与经济基础设施与服务和生产等相关的领域,具体包括交通运输、通讯、能源、金融服务、商业服务、农业、工业、矿业、贸易、旅游、政府债务减免等,旨在帮助受援方提高生产能力,促进经济增长。其所援助的对象主要是政府和企业,通过与受援方的合作,援建(或援助)相关的

---

① 根据世界银行 PovcalNet 数据整理计算而来。

道路、桥梁、通讯设施、金融服务部门、商品市场、物流设备、农业技术、矿产开采，提供贸易便利条件、开发旅游市场、减免政府债务等，帮助发展中国家提高生产能力，实现减贫目标。在该减贫路径下，对交通、通讯、商业服务等基础设施的援助，一方面为促进社会生产提供了必要条件，另一方面满足了家庭和社会成员对公共产品消费的需要，提高了整体福利水平。发展（增长）减贫路径下，对生产部门的援助，比如提供农业技术、援助机器设备、开放援助国市场等为帮助受援方产业发展提供了重要的帮助，为实现经济增长打下了基础。

社会救助路径的基本思路是通过国际救助，直接帮助受援国贫困人群，提高他们的福利水平。在该路径下，援助往往投向社会基础设施与服务和人道主义援助领域，具体包括教育、健康卫生、人口与生育、疾病预防、紧急人道主义援助、重建及安置、粮食援助、政府与公民社会等部门，其首要目标是保障贫困人群的基本生存能力，提高福利和生存技能，实现减贫目标。社会救助路径下，援助的对象往往是个人、家庭和社区，期望通过提高贫困人群的教育、健康、疾病防治、饮用水安全、社区建设水平以及满足人道主义需要，来保障贫困人群的基本权利，进而促进人口素质的提高，实现贫困家庭和社区摆脱贫困。社会救助路径下，虽然其首要目标是保障和提高贫困人群的福利水平，然而其对经济和社会发展的潜在影响不容忽视，比如人口素质的提高、观念的更新、生活方式的改变等都是促进经济和发展，实现长效减贫的根本保证。

对不同部门的援助所产生的减贫效果，其路径理论上也是不同的。参照OECD 的发展援助委员会对援助流入部门的归类，本文将援助按照部门的不同，重新界定了其减贫路径属性，并归纳成表 2—3，该表第 1 列表明了大的减贫路径，第 2、3 列分别是援助的大部门和子部门，第 4 列阐述了援助期望实现的首要目标，第 5 列则简单分析了援助对减贫影响的传递路径。

二、援助在受众之间的传递

援助的受众是指接受援助的对象，其主体是个人、家庭、企业和政府。援助减贫的主要目标是帮助受援国贫困家庭和个人摆脱贫困状态，而在实践中也往往将企业和政府视为接受援助的载体。其中，希望向企业提供必要的设备、技术和市场等，以帮助企业发展，从而带动经济增长、创造就业、减少贫困。另外，通过对受援国政府的资金、物资、债务减免等援助，期望透过政府的统一规划，向家庭和个人提供更好的公共产品,以实现减贫的目标。

图2—2简单描绘了援助在不同受众间的传导路径。

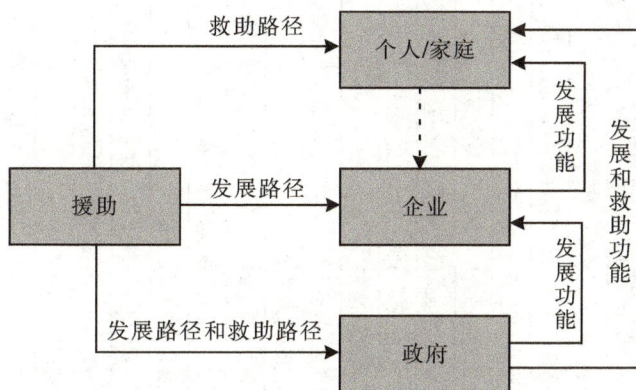

图2—2　援助在受众间的传导路线

部分援助呈社会救济属性,往往直接面向贫困个人和家庭,比如,对贫困个人或家庭提供紧急人道主义、水、粮食、疾病防治、灾后安置、教育、健康卫生、生育等援助。个人或家庭在获得外部援助后,通过消费又影响企业的生产行为,并通过自身素质的提高而影响企业的生产效率,图中的虚线表示了个人和家庭对企业的影响。

部分援助主要呈发展(增长)属性,致力于向企业提供先进的设备、帮助开拓国际市场、提高企业技术和管理水平,以帮助受援国企业和产业的发展,从而实现增长的目标,进而通过就业和转移支付来实现减贫目标。

对于政府的援助,往往同时具备发展(增长)和社会救助的属性。由于政府的特殊地位,外部援助通过与当地政府的合作更容易实现相关目标。政府在提供公共产品、制度和法规建设、宏观环境维护、整体规划等方面具有先天的优势。一方面援助可以通过受援方政府进行社会救助或转移支付,直接惠及贫困人群和家庭,以实现直接减贫的目标。另一方面,援助可以透过受援方政府,帮助培育市场、建设基础设施、培训劳动力、规范法律法规,为企业生产经营活动提供良好的宏观环境,进而促进经济增长和社会发展,并实现减贫目标。

表2—3　分部门的援助减贫路径分析

减贫路径	援助大部门	援助子部门	期望实现的目标	对利贫、减贫的可能传递路径
一、发展(增长)路径	1. 经济基础设施与服务部门	1.1 交通运输	改善交通，服务经济建设	交通改善→促进生产、经济增长，家庭交通享用→减贫
		1.2 通讯	信息接入，服务经济建设	促进信息传播→促进增长，贫困家庭融入现代社会享用→减贫
		1.3 能源	能源安全，满足建设和消费	满足生产和消费能源需要→经济增长，福利提高→增贫
		1.4 银行与金融服务	提高金融服务，促进生产和消费	金融服务→利于改善生产生活，消费的金融约束→增长、利贫
		1.5 商业与其他服务	提高商业服务水平	商品流通→增长、减贫
	2. 生产部门	2.1 农、林、渔业	促进农林渔业发展	农业等发展→促进就业和生产→利贫、减贫
		2.2 工业、矿业和建设部门	促进相关部门发展	援助→促进相关部门增长，增加就业，利贫、减贫
		2.3 贸易政策制度和旅游部门	促进贸易和旅游发展	援助→贸易、旅游→促进增长，就业→减贫
		2.4 其他商品贸易援助	促进贸易	贸易→增长→减贫
	3. 多(跨)部门	3.1 环境保护	保护环境	环境变化→利于长期增长→减贫，环境改善也是福利
		3.2 其他项目	其它目标	直接或间接影响减贫
二、社会救助路径	4. 社会基础设施与服务部门	4.1 教育	提高人口素质	教育提高→人口素质提高→自身减贫，提升国家竞争力
		4.2 健康卫生	提高人口健康水平	健康卫生→福利提高→减贫减病
		4.3 人口及生育	优生优育	优生优育→利于家庭减贫
		4.4 供水设施	饮水安全，生产用水	供水→安全的饮水→福利提高，促进生产→减贫的一种
		4.5 政府与公民社会	和平、安全的社会福利目标	援助→良治→经济增长，家庭福利提高→减贫
		4.6 其他社会基础设施	其他社会福利目标	直接或间接影响减贫
	5. 人道主义援助	5.1 紧急人道主义援助	满足人道主义需要	人道主义援助→基本生存权满足→利贫、减贫
		5.2 重建及安置援助	灾区人民的安置与重建	利于灾民的重建→福利改善→利贫、减贫
		5.3 疾病预防	疾病的防治	援助→疾病防治→福利改善→利贫、减贫，经济增长
		5.4 粮食援助	解决口粮问题	粮食援助→基本生存权改善

续表：

减贫路径	援助大部门	援助子部门	期望实现的目标	对利贫、减贫的可能传递路径
三、其他	6.债务减免及未相关援助	6.1政府债务减免	减缓受援国的债务压力	债务减免→增长，更多资源用于穷人→减贫
	7.其他及未分类部门	7.1援助部门的管理成本	考虑援助的管理成本影响	援助→更多资源用于受援国→利于增长和减贫
		7.2未分类的其它部门	其他经济和社会目标	直接或间接影响减贫
		7.3其他援助	其他经济和社会目标	直接或间接影响减贫

资料来源：笔者归纳整理。

注：大部门和子部门的分类源自 OECD/DAC 的划分方法。

第四节　援助减贫的数理分析

由上文可知,通过援助来帮助减贫大致分为两条路径:第一条是发展(增长)路径,即首先利用援助来促进经济增长,进而通过经济增长来减少贫困。第二条是社会救助路径,即利用外部援助直接改善贫困人群的生活状况,以减少贫困。同时,我们发现,援助的接受主体涉及个人、家庭、企业和政府,他们之间又存在诸多的联系,比如家庭的行为会影响企业,同样企业和政府的行为会影响家庭和个人。因此要掌握援助减贫的原理,必须要考虑援助在不同路径下和不同受体之间的相互影响。因此,如果能够用数理模型分析援助对减贫的影响,并深入观察经济变量之间的传导关系,对指导实际的减贫工作将是有意义的,这也是本节尝试进行的工作。

正如在文献综述部分阐述的一样,对于援助的有效性研究中,一个不容忽视的问题是"宏—微观之谜"的现象。因此,我们必须建立一个能够将微观与宏观变量同时考虑进来的分析框架。而动态随机一般均衡(DSGE)模型具有坚实的微观基础,能够在理论框架内考察援助冲击的影响,并能够与技术冲击进行比较。同时 DSGE 分析方法能够重点考察经济变量之间的传导机制,有利于将援助的经济传导纳入同一框架进行分析。另外,由于援助方自身经济和援助政策的波动,以及援助在各受援国间分配的波动,从而导致受援国所接受的援助金额波动性客观存在(Bulir 和 Hamann,2003,2008)。总之,DSGE 模型具有理论上的严谨性和一致性(刘斌,2008),以及对波动冲击影响有较好的刻画,这些都是本书选用 DSGE 框架进行分析的初始原因。

本节将从家庭和企业微观基础出发,利用 DSGE 分析思路来研究国际援助的减贫机理和经济影响,并尝试将援助的微观效应与宏观效应有机联系起来,通过数理分析的方法增进我们对国际援助减贫效应的认识。

一般通常用贫困率、贫困深度、贫困强度、人类发展指数和多维发展指数来衡量贫困状况,而本模型中没有直接引入这些指标,这也是未来模型可以拓展的一个方向。不过模型中通过引入产出、消费和休闲等变量来刻画援助对减贫的间接影响。当受援国接受援助后,如果其经济产出增加,代表性家庭的平均经济产出(或收入)也会增加,接近或超过贫困线的家庭就越多,贫困深度或贫困率会下降,从而实现经济贫困的减贫;反之亦然。由于消费的种类可以是多种多样的,既可以是一般的基本消费品,比如粮食、衣服、住房、水和电等基本生活物资,也可以是医疗、教育、交通、通讯等更高层次的消费,如果援助导致受援国家庭消费的增加意味着家庭在多维贫困指标中的生活标准、健康和受教育水平方面可得到改善,从而有利于减少能力(或人类)贫困;反之亦然。而休闲的增加会直接增加个人的福利水平,也有利于身心的健康和寿命的延长,援助的增加如果导致家庭休闲的增加,则有利于改善能力贫困中的健康状况,从而促进能力贫困的改善(反映到指标上可以是人类发展指数或多维贫困指数的提高);反之亦然。此外,由于援助减贫的受益对象最终要落实到受援国的贫困家庭或个人,因此援助减贫的效果考察可直接聚焦于微观的家庭或个人,假设援助没能促进产出增加而只要提升了家庭的消费和休闲,即便如此援助也帮助了家庭实现减少能力(或人类)贫困。

可见援助可通过产出、消费和休闲来影响贫困,其传导过程可总结为:(援助→产出(或收入)→贫困率和贫困深度→经济贫困;(援助→家庭消费→生活标准、健康和教育→能力(或人类)贫困;(援助→休闲→健康→能力(或人类)贫困。

一、模型构建

龚六堂和邹恒甫(2001)认为讨论国际援助要区分对私人部门和对政府部门的经济援助。根据现有的国际援助实践,援助从部门分类角度看分别用于家庭、企业和政府三个部门:一是直接援助给贫穷国家家庭,以缓解贫困和提高家庭生活水平为目的,比如教育、健康卫生、人口及生育、供水设施、紧急人道主义、重建与安置、疾病预防和粮食救济等援助;二是以提高贫穷国家发展能力建设为目标,捐助对象或直接为企业,或间接为企业生产服务,通过提高企业资本水平来提升贫穷国家发展能力,比如以提升经济基础设施与服务能力的交通运输、通讯、能源、银行与金融服务和商业服务等援建,以提升生产部门生产能力的设备捐赠、生产技术转移和培训、贸易优惠等。三是通过债务减免形式减少政府的财政支出,相当于受援国政府额外增加一笔财政收入。

假定援助资金从富裕国家流向贫穷国家,国际援助采用无偿形式。设 t 时期受援国接受的援助额为 D_t,用于政府、家庭和企业部门的份额分别为 b_g、b_h

和 b_f。

(一)家庭

参照 RCK 模型(Ramsey—Cass—Koopmans),假设家庭没有异质性问题,将家庭视为永久存活。参照戴维·罗默(2009[①])关于效用函数的设定,代表性家庭成员的效用是由一个关于消费流和劳动流的函数,为简单起见采用对数线性效用函数形式,瞬时效用函数为:

$$u_t(\cdot) = \ln C_t + b\ln(1 - L_t), b > 0 \tag{2.1}$$

C_t 代表 t 时期代表性家庭成员消费;L_t 代表 t 时期家庭成员劳动时间,每日工作时间单位化为 $1, 1 - L_t$ 代表 t 时期家庭成员的休闲时间,b 表示家庭成员对休闲的偏好权重。如果家庭消费和休闲同时增加,显然会改善家庭贫困状况。

家庭每期选择消费、劳动和储蓄,家庭收入来自于工资和储蓄利息,t 时期在无援助时家庭预算约束为:

$$(1 + \tau^C)C_t + S_{t+1} = W_t L_t + (1 + r_t)S_t \tag{2.2}$$

其中 r_t 表示 t 时期利率;相类似,τ^c 表示 t 时期消费税率,且假定各期固定不变。W_t 表示 t 时期工资水平,S_t 和 S_{t+1} 分别表示 t 和 $t + 1$ 时期的家庭储蓄。家庭储蓄构成企业资本的一部分。

用 N_t 代表人口数量,H 代表家庭数量,因而 N_t/H 表示家庭成员数。另外,假定受援国人口以外生速度 n 增长,N_0 表示初始人口规模,则:

$$N_t = N_0(1 + n)^t \tag{2.3}$$

用 β 代表贴现率,如果用 E 表示期望,援助发生后,则家庭在公式(2.5)的预算约束下,最大化效用期望值:

$$U = \max_{\{C_t, L_t, S_{t+1}\}} E\left\{ \sum_{t=0}^{\infty} \beta\left[\ln C_t + b\ln(1 - L_t) \right] \frac{N_t}{H} \right\} \tag{2.4}$$

$$st: (1 + \tau^C)C_t + S_{t+1} = W_t L_t + (1 + r_t)S_t + b_h D_t \tag{2.5}$$

且满足 Non—Pozzi 条件:

$$\lim_t S_{t+1} / \prod_{a=0}^{t}(1 + r_a) \geqslant 0, 且 S_0 > 0.$$

一阶条件得到两个欧拉方程(2.6)和(2.7):

---

① 戴维·罗默著,王根蓓译. 高级宏观经济学(第三版)[M].上海:上海财经大学出版社,2009:131.

$$\frac{C_t}{1-L_t} = \frac{W_t}{b}\frac{1}{1+\tau^c} \qquad (2.6)$$

$$\frac{1}{C_t} = \beta(1+n)E_t\left(\frac{1+r_{t+1}}{C_{t+1}}\right) \qquad (2.7)$$

(二)企业

假设企业处于完全竞争市场,受援国企业间没有差异,生产投入品依然是资本、劳动和技术,用 $Y_t = f(K_t, A_t, L_t)$ 表示生产函数,其中 K_t 表示 t 时期资本, A_t 表示 t 时期技术水平, L_t 表示 t 时期劳动数量,且符合 Inada 条件。π_t 表示 t 时期企业利润, d 代表折旧率,各期折旧率相等且固定不变。企业将技术 A 视为外生给定,技术以速度 g 外生增长。

为了分析经济的传导,假定接受援助后的生产函数为经典的 C—D 形式: $Y_t = A_t K_t^\alpha L_t^{1-\alpha}$,另外,企业每期选择资本、劳动和技术投入,代表性企业以利润最大化为目标,目标函数是:

$$\max\pi_t = Y_t - (r_t + \delta)K_t - W_t L_t \qquad (2.8)$$

由于企业处于完全竞争市场环境,要素获得其全部边际报酬,企业的长期利润为零。援助发生前,企业资本 K_t 等于家庭储蓄 S_t ,援助发生后由于部分援助资金用于企业能力建设,使企业资本 (K_t) 由原来的 S_t 扩大至 $S_t + b_f D_t$ 。此时,企业最大化利润:

$$\max_{\{K_t, L_t\}} \pi_t = A_t K_t^a L_t^{(1-a)} - (r_t + \delta)K_t - W_t L_t \qquad (2.9)$$

厂商最优决策的一阶条件:

$$r_t = a A_t K_t^{a-1} L_t^{1-a} - \delta \qquad (2.10)$$

$$W_t = (1-a)A_t K_t L_t^{-a} \qquad (2.11)$$

(三)政府

受援国政府收入来自国内税收和国际援助,国内实行比例税制,只对消费征税。同时富国政府决定援助金额数量,本书不考虑富国政府如何决定援助金额的过程。G_t 代表 t 时期受援国政府支出,且假定政府购买不直接影响家庭效用。接受国际援助时,政府面临的预算约束为:

$$G_t = \tau^c G_t + b_g D_t \qquad (2.12)$$

(四)冲击来源

模型主要考察国际援助在经济系统中的传导机制,从而希望能够洞察其减贫机理,另外为了考察国际援助冲击与技术冲击的不同影响,本模型假定技术和国际援助是经济冲击的两个来源。

首先考虑技术,设 A^* 是稳态的技术水平,同时技术也会受到外界扰动的影响,因而:

$$\tilde{A}_t = \ln A_t - \ln A^* \tag{2.13}$$

这里 $\tilde{A}_t$ 表示技术波动,被假定为服从一阶自回归过程。即:

$$\tilde{A}_t = \rho_A \tilde{A}_{t-1} + \varepsilon_{A,t}, \quad -1 < \rho_A < 1 \tag{2.14}$$

其中,误差项 $\varepsilon_{A,t}$ 各期相互独立,并服从正态分布,可表示为: $e_{A,t} \sim N(0, \sigma_A^2)$。

同样对国际援助做类似的假定。设 D^* 是稳态的援助水平,同时国际援助也会受到外界扰动的影响,因而:

$$\tilde{D}_t = \ln D_t - \ln D^* \tag{2.15}$$

这里 $\tilde{D}_t$ 反映国际援助的波动,也被假定为服从一阶自回归过程。即:

$$\tilde{D}_t = \rho_D \tilde{D}_{t-1} + \varepsilon_{D,t}, \quad -1 < \rho_D < 1 \tag{2.16}$$

其中,误差项 $\varepsilon_{D,t}$ 各期相互独立,且 $e_{D,t} \sim N(0, \sigma_A^2)$,代表随机冲击。

(五)市场均衡条件

显然,该系统有三个市场。根据瓦尔拉斯定理,只要两个市场到达均衡,第三个市场自然达到均衡状态,于是整个市场均衡时可用商品市场和资本市场均衡来表示,用公式可分别表示为:

$$商品市场均衡:C_t + S_{t+1} + G_t = A_t K_t^a L_t^{1-a} + (1-\delta) K_t + (b_h + b_g) D_t \tag{2.17}$$
$$资本市场均衡:K_t = S_t + b_f D_t \tag{2.18}$$

(六)模型经济的动态特征

对动态问题求解,需要满足其一阶条件、资源约束条件和横截性条件。因此,本模型的解由公式(2.6)、(2.7)、(2.10)、(2.11)、(2.13)—(2.18)所决定,但一般无解析解,不过我们首先可以观察在完全信息下,洞察援助发生后模型经济的某些特征:

(1)受援国家庭贫困变化。从消费者约束方程(2.5),可以发现,在其他条件不变下,接受国际援助后受援国家庭可用资源增加,家庭可有更多资源用于消费或休闲。而公式(2.11)和(2.18)则说明国际援助可以通过提高工资水平使家庭获益。总体看,接受国际援助后,一方面援助可直接用于增加贫穷家庭的消费。另一方面,援助通过资本形式使穷国生产率扩张,导致穷国的工资水平增加,穷国可用于改善家庭福利的资源将进一步增加。所以,援助从理论上讲有利于缓解受援国家庭贫困状况。

(2)家庭当期的消费与劳动选择。将公式(2.11)和公式(2.18)代入公式(2.6),可得:

$$\frac{C_t}{1-L_t} = \frac{(1-a)A_t(S_t+b_fD_t)^aL_t^{-a}}{1+\tau^C}\frac{1}{b} \tag{2.19}$$

从公式(2.19)可知,在其他变量保持不变时,与无援助时相比,同期家庭消费休闲比 $C_t/(1-L_t)$ 上升,如果贫穷家庭维持与无援助时的休闲水平,则消费水平增加。如果家庭要保持原来的消费水平,则家庭减少休闲时间,即增加劳动时间,援助会使贫穷国家将变得更勤快。现实情况可能是家庭会同时增加消费和休闲,比如家庭增加消费比增加休闲更多,显然此时家庭福利增加,贫困得到改善。

(3)家庭跨期消费选择。从公式(2.7)发现,在 β 和 n 确定后,国际援助发生后贫穷家庭的当期消费取决于下期消费和利率的预期变化。若利率上升,则援助发生后穷国家庭更偏好下期消费;若利率下降,则援助后穷国家庭更偏好当期消费。

(4)利率变化。从公式(2.10)发现,获得国际援助后,由于资本增加了 $b_f D_t$,资本边际产出下降,从而导致利率下降。另外,从公式(2.7)发现,在经济处于稳态时,各期消费相等,此时受援国稳态的利率 $r^* = 1/\beta(1+n)-1$。

(5)政府行为变化。从公式(2.12)可知,有国际援助后,政府可支配支出增加。如果政府保持与援助前的支持规模,则政府可以减少消费税率,税收的减少导致家庭的可支配资源增加,从而增加家庭消费,有利于家庭的减贫。

二、数值模拟

到目前,模型刻画了国际援助在受援国各部门之间如何分配和大致的传导过程,并得到了一阶条件和市场均衡条件。由于动态随机一般均衡模型求解的困难,导致无法观察援助发生后不同经济变量具体的数值变化,而只能通过一阶条件观察援助所导致的某些动态特征。

本书的目标之一是希望观察到援助对减贫的影响和传导机制,家庭消费、休闲时间、工资水平和经济产出等变量恰好能反映贫困水平的变化情况,可以通过考察稳态经济下的援助冲击,来观测援助对经济的影响,进而分析对减贫的影响。另外,援助流的波动性和不可预测性是影响援助实现其潜能的原因之一[①]。所以,借助于 DSGE 模型的数值模拟方法,来测度经济在稳态时援助波动对各经济指标的影响和传导,以加深对国际援助的减贫机理的认识。

由于技术冲击是一个非常重要的波动来源,更重要的是,受援国可能同时遭受技术冲击和援助冲击,所以考察它们叠加的经济影响也非常必要。例如许多非洲国家在经历疾病和气候干旱等负冲击时接受大量援助,如何评估在这种负面的技术冲击下援助的经济影响也是一个重大课题。

下文采用 DSGE 模型常用的对数线性化方法,利用 Matlab 软件模拟经济系统在稳态附近的冲击响应。

(一)参数校准

从模型系统可知,需要校准的参数有消费者对休闲的偏好权重 b,贴现率 β,资本弹性 α,消费税率 τ_c,技术冲击的一阶回归系数 ρ_a,援助冲击的一阶回归系数 ρ_d,折旧率 δ,人口增长率 n,援助分别分配给家庭、企业和政府的份额 b_h、b_f 和 b_g。

根据 2012 年 OECD 发展援助委员会的数据,本文将用于社会基础设施以及人道主义援助,包括教育、健康卫生、人口及生育、供水设施、疾病预防、粮食援助等部分的援助视为对家庭部分的援助,则 b_h 值约为 0.41。而将包括用于交通、通讯、金融服务、能源和生产部门的援助视为对企业的援助部分,则 b_f 值约为 0.24。而将债务减免、行政费及其他等援助视为对政府援助部分,则 b_g 值约为 0.35。

据联合国统计,全世界的人口平均增长率为 1.7%,而发展中国家的平均增长率约 2.0%。所以本书视发展中国家的人口增长率约为受援国的平均人口增长率水平,即确定 n 约为 0.02。

折旧率 δ 的确定,国外的年度折旧率一般为 0.1 左右(李浩等,2007),本书选用 δ 等于 0.1。并假定消费者对消费和休闲的偏好权重无差异,即 $b = 1$。

贴现率 β 的确定。由公式(2.7)可知,在稳态时,如果用 r^* 表示稳态时的利率水平,则 $\beta = 1/[(1+n)(1+r^*)]$,如果 $n = 2\%$,假定稳态时利率 r^* 取

---

① 联合国开发计划署. 2005 年人类发展报告(中文版)[R]. 2005:98 - 99.

3%，则 β 约为 0.95。

关于 τ^c 的确定。本书的消费税率 τ^c 可视为政府所控制的收入份额，一般低收入国家的 τ^c 在 0.1—0.3，本书选用 0.2。

由于关于受援国的资本份额 α 的研究较少。而一般发展中国家的资本份额比较高，比如吕朝凤和黄梅波（2011）测算出中国的 α 值为 0.523，不过在 DSGE 文献中劳动和资本份额比例一般是 2∶1（Masahiro，2013），由于中国资本弹性具有其特殊性不太具备参考性，结合一般的研究文献，本文将 α 确定为 0.35。关于 ρ_a 和 ρ_d 的研究也很少，由于肯尼亚具备典型的低收入受援国特征，参照 Masahiro 对肯尼亚的研究成果，本文确定 ρ_a 和 ρ_d 分别为 0.4 和 0.472。经校准后的参数见表 2—4。

表 2—4　校准后的参数

变量	b	β	α	τ^c	ρ_a	ρ_d	δ	n	b_h	b_f	b_g
参数值	1	0.95	0.35	0.2	0.4	0.472	0.1	0.02	0.41	0.24	0.35

（二）脉冲响应

首先，考虑同时存在技术冲击和国际援助冲击影响。假设各存在一个单位标准差的技术和援助冲击，选取模拟期数为 20 期，其脉冲响应函数分别见图 2—3 和图 2—4。分别由图 2—3 和图 2—4 可知，联合冲击下技术冲击与援助冲击的效果并不相同。

第一，技术冲击的影响（见图 2—3）。在 1 单位的技术冲击下，产出 Y，消费 C、储蓄 S、资本 K、劳动水平 L、工资水平 W、利率 r 和政府支出 G 在当期都是上升的，然后各自逐渐回归到稳态值。

第二，援助冲击的影响（见图 2—4）。当经济处于稳态水平，当产生正的 1 单位的援助冲击时，可发现当期产量 Y 是下降的，约在第 2 期下降幅度最大，然后逐步回到稳态值。这个发现似乎出乎意料，即援助对当期的产出具有微弱的负向影响，其相关系数为 -0.05，在国际援助与经济增长的实证研究中 Mosley（1980）也有类似发现。实际上，在后面的模拟中，发现是否同时存在技术冲击以及技术冲击的幅度大小，也会显著影响援助冲击对产出 Y 的影响。

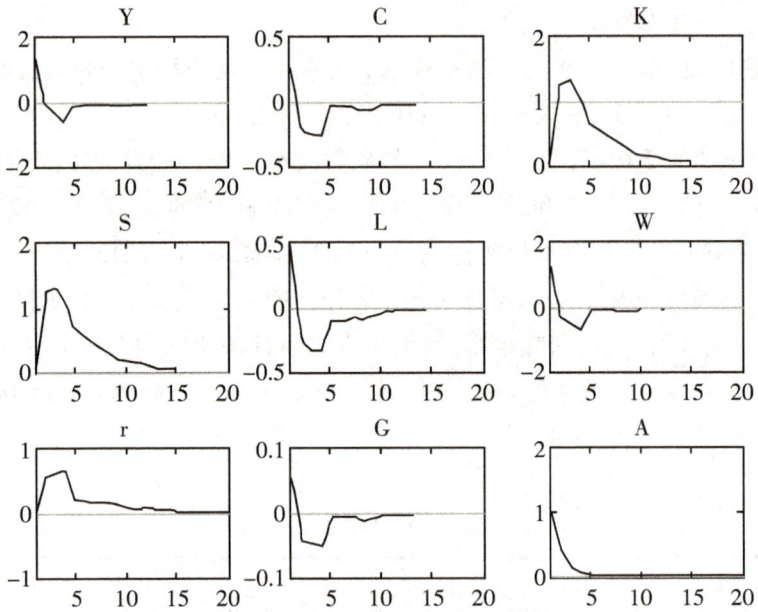

图 2—3　技术冲击影响

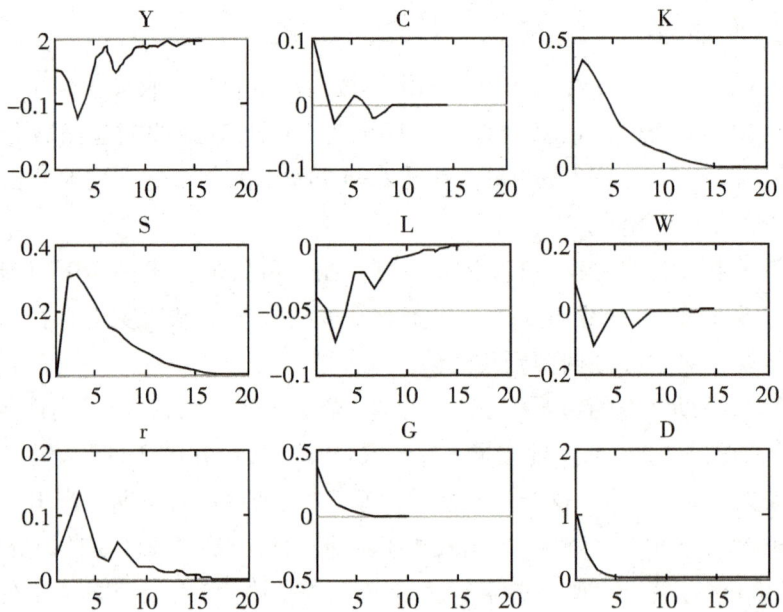

图 2—4　国际援助冲击影响

图2—4也可发现援助冲击会使当期家庭消费 C 小幅增加,相关系数为 0.006,然后逐步回到稳态值。同样家庭成员的劳动时间 L 下降,相关系数为 −0.06,意味着家庭成员会增加休闲时间。由于消费和休闲的增加,则代表性家庭成员的效用增加,即其福利增加,如果用微观家庭的福利水平而不是宏观的经济产出来衡量援助的减贫效果,显然此时援助能减少贫困水平。

另外,也发现国际援助会增加当期的储蓄 S 和资本 K,且 S 和 K 呈驼峰形状,约在第2期达到顶峰,然后回归至稳态。利率 r 也会上升约0.05个单位,而后逐渐回归至稳态值。工资水平 W 在当期有一个小幅的跳升,而后迅速下降至稳态水平以下,然后逐渐向稳态水平回归。国际援助对政府支出 G 的影响最为显著,政府支出会增加约0.4个单位,约在第5个周期回到稳态值。A 和 D 与其他内生变量当期的相关系数见表2—5。

表2—5 A和D与其他内生变量当期的相关系数

变量	Y	C	K	S	L	W	r	G
A	0.41	0.05	0.21	0.21	0.14	0.24	0.08	0.04
D	−0.05	0.006	0.16	0.06	−0.06	−0.02	0.074	0.82

从表2—5可知,此时技术冲击和援助冲击对当期的产出 Y、劳动时间 L 和工资率 W 的影响是正好相反的,正向的技术冲击会增加产出、劳动时间和工资水平。而国际援助冲击却减少产出、劳动时间和工资水平。

其次,考察只有国际援助冲击的影响。假设冲击为1个单位的标准差,同样选取20个模拟周期,其援助冲击的脉冲响应见图2—5。

由图2—5可知,在一个单位的援助冲击下,经济产出 Y 会上升约0.03个单位,约在第2个期达到最大,而后逐渐回归至稳态值。从当期看,援助对经济产出 Y 会有正向影响,其相关系数为0.3534,此结论类似于相关的实证研究(Burnside 和 Dollar,2000;Clemens,2004;Bourguignon 和 Sundberg,2007;Minoiu 和 Reddy,2010;Mekasha 和 Tarp,2013),他们发现援助对经济增长存在正向促进作用。另外,可以发现,援助对经济产出存在的影响存在延迟效应,所以在做实证回归时可将援助变量取滞后值。

消费 C 会上升约0.2个单位,然后逐渐向稳态值回归。劳动时间 L 会下降约0.03单位,约在第2个时期回升至稳态值上方,而后在稳态值附近震荡,并逐渐回归至稳态。总体看,存在援助冲击后,当前家庭消费上升、劳动时间下降,家庭成员福利上升,贫困得到改善。

资本 K 会上升约 0.5 个单位,约在 2 期达到最大值,然后逐渐回归至稳态值,总体呈现驼峰形状。储蓄 S 当期上升幅度较小,而后迅速上升,约在第 2 期达到最大值 0.5 附近,其后逐渐回归至稳态值。

当期工资水平 W 会上升约 0.25 单位,其后向稳态值回归。在援助冲击下,利率水平会下降,结论符合前文公式(2.10)的结论。由图 2—5 可知,利率当期下降约 0.06 单位,其后逐渐向稳态利率水平回归。政府消费支出 G 当期会增加 0.4 单位,且增加幅度较大,此结论类似于 Boone 在 1996 年的发现,他发现国际援助促进了政府支出规模的增加。

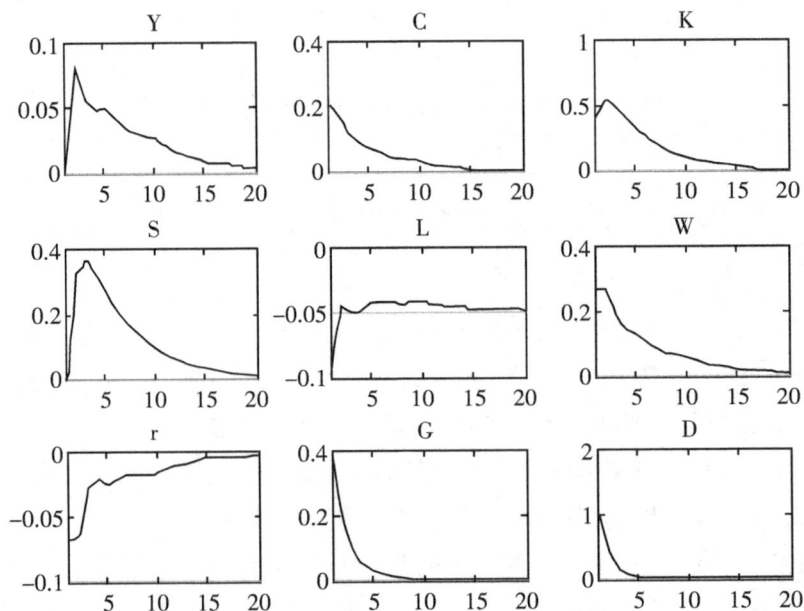

图 2—5　无技术冲击时国际援助冲击的影响

三、敏感性分析

从上文的脉冲响应图形可知,在有技术冲击和无技术冲击时,国际援助冲击下的各变量响应是不一致的,因此有必要研究不同变量的脉冲响应的敏感性问题。由于本书重点关注援助对经济产出 Y,家庭消费 C 和劳动时间 L 的影响机制(工资 W 最终会影响家庭消费或劳动时间,因此不单独列出分析),所以下文分别考察援助在技术 A 和援助 D 的各种不同幅度冲击组合下 Y、C 和 L 的反应。表2—6是在不同 A 和 D 的冲击组合下,当期 Y、C 和 L 与援助 A 的相关系数。

当无技术冲击时,援助冲击从0.01逐渐增加至1个标准差,当期产出 Y 都是增加的,消费 C 也是增加的,劳动时间 L 是下降的,上文图2—5也基本反映了这一事实。为了进行敏感性分析,将休闲偏好系数 b 取值在0.2—1.2、资本弹性 α 取值在0.34—0.6之间、消费税率取值在0.1—0.3之间、ρ_d 的取值在0.35—0.8之间调整并进行数值模拟,发现援助对产出、消费和休闲的影响是正向的,其结果是稳健的,结论是比较可信的。数值模拟表明,如果用经济产出 Y 和家庭福利(C 和 L)的变化来衡量援助的利贫性,显然援助是有效的(类似的结论见 Arvin 和 Barillas,2002;Collier 和 Dollar,2002;Mosley 等,2004;Mohsen 和 Oyolola,2009;Olofin,2013)。此外,从模拟结果可以观察到,当要检验援助的减贫效应时,既可以用宏观的经济产出,也可以用微观家庭的消费(包括教育、卫生、食品、水、社会服务和娱乐休闲等)来作为被解释变量。

当技术冲击分别为0.01、0.1个单位时,援助与当期 Y、C 和 L 的相关系数符号同没有技术冲击时符号一致。当技术冲击的幅度逐渐增加至1个单位标准差时,援助的冲击影响会发生变化。当技术冲击在0.8—1个单位之间时,如果援助冲击较小时,消费 C 会下降,当援助冲击增至约0.2个单位以上时,消费 C 会上升。其中当技术冲击约增加至0.8个单位以上时,援助对产出 Y 的影响由正变负,即正的援助冲击会减少产出。模拟结果表明,在稳态水平附近,援助冲击与产出的关系,其结论或正或负,其检验结果将受到技术冲击的显著影响,而影响技术进步的因素众多,包括科技、教育、制度、政策、气候和环境等,同时考虑到实证时存在样本、时间和统计方法等问题,可见要检验援助与经济增长的关系将很难得到一个一致的结论。众多有关援助与经济增长的实证检验的文献也有类似结论,本文对这些不同实证结论可能提供了一个理论解释。

综上可知,当不存在或没有大的技术冲击时,增加援助会使产出、消费和休闲增加,即援助能够减少贫困。由表2—6可发现,当技术冲击较大时,如同时增加援助,则该国的经济产出反而会下降。根据所模拟的结论,不妨假设当一个受援国经济开始处于稳态水平时,如果要促进受援国产出的增加,当受援国技术进步停滞,则应增加外部援助,而当技术进步迅速,则应该减少外部援助。另外,值得注意的是,援助冲击几乎会使劳动时间下降,意味着援助可能会使受援国家庭减少劳动时间,增加休闲,说明援助会使受援国家庭产生依赖,从而变得更加懒惰。

表2—6　援助冲击与当期Y、C、L的相关系数符号

D A	0.01	0.1	0.8	1
0	+／+／－	+／+／－	+／+／－	+／+／－
0.01	+／+／－	+／+／－	+／+／－	+／+／－
0.1	+／+／+	+／+／－	+／+／－	+／+／－
0.8	－／－／－	－／－／－	－／+／－	－／+／－
1	－／－／－	－／－／－	－／+／－	－／+／－

注:A和D分别表示技术冲击和援助冲击,"+"代表正相关,"－"代表负相关。第1—3个符号分别表示Y与D,C与D,L与D的相关系数符号。

四、分析结论

第一,现有文献主要从援助→经济增长→减贫,援助→减贫两条路径展开研究,并且大多从实证的角度进行研究,所得到的结论也非常不一致。本书认为现有的理论研究大多未区分"援助—增长—减贫"路径与"援助—减贫"路径,没有建立统一的研究框架,且将宏观与微观分割开来,所得到的结论缺乏可信的微观基础。

第二,本节运用DSGE研究范式,从微观家庭和企业出发,并引入政府部门,构建了一个3部门的动态随机一般均衡模型,阐述了援助的减贫机制。并利用所求解得到的一阶条件,考察了国际援助对受援国经济的动态影响。模型表明,当其他变量保持不变时,国际援助会增加家庭的可用资源,提高劳动报酬、增加家庭消费,同期家庭消费休闲比 $C_t/(1-L_t)$ 上升,显然援助有利于减少贫困。所以,从微观家庭角度看,国际援助有利于缓解受援国家庭贫困状况。

第三,利用数值模拟技术,综合考察了经济处于稳态水平时,援助冲击与技术冲击对经济的影响。通过数值模拟,得到了一些更有益的洞察,它们是:

（1）研究表明，当有与没有技术冲击时，援助的影响效果是不同的。当不存在技术冲击时，正的援助冲击会增加产出、消费和休闲，即援助一方面会促进经济增长，另一方面会增加家庭福利，从而达到减贫的目标。

（2）数值模拟表明，技术冲击的幅度会影响援助的减贫效果。当不存在或没有大的技术冲击时，增加援助会使产出、消费和休闲增加，援助既能减少经济贫困也能减少能力贫困。当存在大的技术进步时，援助会减少产出；当技术进步停滞时，援助能够增加产出；这一结论具有强烈的政策含义：当受援国技术进步停滞，则应增加外部援助，而当技术进步迅速，则应该减少外部援助，两种政策都会促进受援国的经济增长。

（3）模型表明援助对家庭成员劳动时间产生负向影响，即援助会减少劳动时间，换句话说：援助会减少社会的勤奋度。对于一个经济不发达的经济体而言，未富先懒并不是一件好事。所以在进行援助时，要注意援助对劳动的负向激励问题，尽量避免援助的负面影响。

（4）模型表明，无论是从援助的动态影响，还是从经济稳态附近的援助冲击看，援助总体上会增加家庭消费和休闲，提高了受援国家庭的福利水平，促进了受援国的减贫。总之，援助虽不一定带来收入的增加，然而援助会提高受援国家庭的消费和休闲，实实在在地减缓了家庭的贫困。

此外，需要指出的是：由于模型只能是对现实的简单模拟，以及假设条件的存在，这些必然会影响研究的科学性。所以，在今后的研究中，应该使模型更加符合官方发展援助的现实特征。进一步的研究拓展方向包括：引入开放部门、国家和家庭的异质性、政府的效用和贫困指标等等。

实证篇

第三章　发达国家的援助减贫实践

长期以来,发达国家一直是官方发展援助的最重要提供方,仅 DAC 国家提供的官方发展援助就占据世界全部官方发展援助的近 70%①。现行的国际援助体系也由西方发达国家主导。因此,对援助减贫的实践效果的研究主要应从发达国家提供援助的视角展开。

本章首先从宏观上介绍发达国家提供援助帮助减贫的基本状况,包括减贫思路演变、千年发展目标执行情况及后续议程;同时介绍了援助参与方、援助流变化、减贫措施和受援国的贫困变化。其次,本章也从微观视角通过对典型援助案例的研究分析了援助在减贫中的多样化影响。最后,本章分析了发达国家的援助对受援国减贫的贡献以及存在的不足。

第一节　千年发展目标执行情况及其后续议程

官方发展援助的减贫思路随时代而变迁。千年发展目标在援助减贫历史上具有举足轻重的地位,它是在总结二战后至 20 世纪末期间国际发展与减贫经验教训的基础上而提出的,它是目前国际社会实现减贫目标的参照基石。自2000 年以来,为了更好实现千年发展目标,国际社会又推出了一系列的发展议程,其核心目标是为了更好贯彻执行千年发展目标。

---

① 按照 2012 年可比价格,从 1960—2012 年 DAC 援助额占总援助额的 67.6%,数据来自 OECD/DAC。

一、援助减贫思路的演变

官方发展援助始于二战后的"马歇尔"计划,而作为一个专业名词,最早由OECD的发展援助委员会(DAC)于1969年提出的,目的是统计其成员国提供援助数额。从1945—2015年,官方发展援助已历经70载,其援助目标从早期的促进经济增长,逐渐向纾缓贫困转变。早在20世纪50—60年代,官方发展援助强调通过援助促进受援国的经济增长,通过经济增长的涓滴效应来提高低收入人群的收入水平。而经过20年的援助实践,发展中国家的贫困依然是最大的发展问题,于是在70年代,国际社会将国际减贫作为发展援助的重要目标。随着冷战的深入,到80年代援助着重强调受援国进行结构改革,核心是对发展中国家进行私有化、自由化和市场化的经济改革,期间也提出了许多有代表性的发展理念,包括善治、公民社会、可持续发展和参与式发展等。到1990年代,随着冷战的结束,推动"结构性"改革依然是援助的重要目标,人口、环境和贫困开始成为发展援助的主要关注领域。

自21世纪以来,世界贫困问题依然非常严峻,在撒哈拉以南非洲尤为严重,国际社会在总结半个世纪发展援助实践的基础上,提出了以减贫为首要目标的千年发展目标,使官方发展援助再一次聚焦于贫困问题和人道主义救助上。纵观官方发展援助的演变历史,其主要目标、援助主体和援助理论都经历了不同的发展阶段,具有鲜明的时代特征,现将其简单总结于表3—1中。

表3—1   官方发展援助减贫思路的演变

时间	主要目标	援助主体变化	影响援助的主要理论
二战—20世纪50年代末	战后重建、难民救助、经济增长	以美国为主导,双边援助为主,多边援助开始参与援助	大推进、经济起飞理论、哈罗德—多马模型、涓滴理论等
20世纪60年代	推动第三世界经济增长、发展和稳定	欧洲国家加入援助国行列,多边发展援助兴起	缺口理论、经济二元主义、人力资本、农业的作用等
20世纪70年代	强调减贫、提高人类基本需要、援助重点面向穷人	多边援助作用更加突出,石油输出国成为新的援助国	多维目标模型、农村综合发展理论、依附理论、适用技术等

续表：

时间	主要目标	援助主体变化	影响援助的主要理论
20 世纪 80 年代	推动发展中国家的结构调整，善治、公民社会、可持续发展、参与式发展理论的提出	西方发达国家、主要的国际组织、石油输出国家	内生增长模型、贸易增长理论、新制度主义、一般均衡模型，强调市场、生产要素的作用等
20 世纪 90 年代	结构性调整依然推行，人口、环境和贫困等问题重新受到关注	西方发达国家、主要的国际组织、石油输出国家	制度与政策的作用，市场与政府的作用、腐败经济学、增长的源泉等
2000—至今	聚焦于贫困和人道主义救助，可持续发展理念	新兴市场国家开始成为援助国	益贫式增长、包容性增长、绿色增长、治理和公民社会理论、以权力为基础的发展、经济社会均衡发展模型

资料来源：李小云和唐丽霞等（2009），并经笔者归纳整理。

二、千年发展目标的内容与进展

上世纪末，虽然国际社会付出了大量努力，世界贫困问题依旧普遍而严峻，消除贫困逐渐成为国际社会的共识。在 2000 年的联合国首脑会议上，189 个国家正式签署《千年宣言》，发布了千年发展目标（ Millennium Development Goals，MDGs），旨在将全球贫困水平在 2015 年之前降低一半（以 1990 年的水平为标准）[①]。千年发展目标的核心议题是消除贫困，其建立的 8 大目标和 21 项子指标以消除贫困为核心，重点关注人的生存和发展。千年发展目标提出以后，以发达国家为核心的援助方也紧紧围绕千年发展目标开展援助工作，帮助发展中国家实现发展和减贫。

为了对千年发展目标执行的进展进行审查和评估，联合国定期发布《千年发展目标报告》，以监控执行进展和总结经验，督促各责任方履行职责和加强

---

① United Nation. Millennium Development Goals［EB/OL］. http://www. un. org/millenniumgoals/, 2013 – 1 – 10.

合作。联合国的监控显示,千年发展目标在不同地区、不同指标的落实上很不平衡(千年发展目标的进展情况可参见表3—2)。

表3—2　千年发展目标2013年进度表

目标	非洲		亚洲				大洋洲	拉丁美洲和加勒比	高家索和中亚
	北非	撒哈拉以南	东亚	东南亚	南亚	西亚			
目标1:消除极端贫困与饥饿									
将极端贫困人口减半	低度贫困	非常高度贫困	中度贫困*	中度贫困	非常高度贫困	低度贫困	非常高度贫困	低度贫困	低度贫困
生产性而且体面的工作	大量缺少体面工作	极大量缺少体面工作	大量缺少体面工作	大量缺少体面工作	极大量缺少体面工作	大量缺少体面工作	极大量缺少体面工作	中度缺少体面工作	中度缺少体面工作
将挨饿人口减半	低度饥饿	非常高度饥饿	中度饥饿	中度饥饿	高度饥饿	中度饥饿	中度饥饿	中度饥饿	中度饥饿
目标2:普及小学教育									
普及小学教育	高入学率	中度入学率	高入学率	高入学率	高入学率	高入学率	—	高入学率	高入学率
目标3:促进男女平等并赋予妇女权利									
女童平等接受小学教育	近于平等	近于平等	近于平等	平等	平等	近于平等	近于平等	平等	平等
在有酬就业者中妇女比例	低	中等	高	中等	低	低	中等	高	高
妇女在议会中平等占有席位	低代表性	中等代表性	中等代表性	低代表性	低代表性	低代表性	很低代表性	中等代表性	低代表性
目标4:降低儿童死亡率									
将5岁以下儿童死亡率降低2/3	低死亡率	高死亡率	低死亡率	低死亡率	中等死亡率	低死亡率	中等死亡率	低死亡率	中等死亡率
目标5:改善产妇保健									
将产妇死亡率降低3/4	低死亡率	很高死亡率	低死亡率	中等死亡率	高死亡率	低死亡率	高死亡率	低死亡率	低死亡率
接受生殖保健服务	中等接受率	低接受率	高接受率	中等接受率	中等接受率	低接受率	高接受率	中等接受率

续表：

目标6：与艾滋病毒/艾滋病、疟疾和其他疾病作斗争									
遏制并扭转艾滋病毒/艾滋病的蔓延	低感染率	高感染率	低感染率	低感染率	低感染率	低感染率	低感染率	低感染率	中等感染率
遏制并扭转肺结核的蔓延	低死亡率	中等死亡率	低死亡率	中等死亡率	中等死亡率	低死亡率	高死亡率	低死亡率	中等死亡率
目标7：确保环境的可持续力									
将无法获得安全饮用水的人口比例减半	高覆盖面	低覆盖面	高覆盖面	中等覆盖面	高覆盖面	高覆盖面	低覆盖面	高覆盖面	中等覆盖面
将无法获得基本卫生设施的人口比例减半	高覆盖面	很低覆盖面	低覆盖面	低覆盖面	很低覆盖面	中等覆盖面	很低覆盖面	中等覆盖面	高覆盖面
改善贫民窟居民的生活	中等贫民窟居民比例	很高贫民窟居民比例	中等贫民窟居民比例	高贫民窟居民比例	高贫民窟居民比例	中等贫民窟居民比例	中等贫民窟居民比例	中等贫民窟居民比例	—
目标8：全球合作促进发展									
互联网用户	高使用率	中等使用率	高使用率	高使用率	中等使用率	高使用率	低使用率	高使用率	高使用率

进度表分两个层次。各个单元格中的文字说明每个具体目标的完成程度。根据以下图例，不同颜色表示实现目标的进程：

	表示目标已经实现或预期在2015年实现。		表示没有进展或有恶化。	
	表示保持现有趋势进展不足以实现目标。		表示缺少数据或数据不足。	

* 东亚贫困进展仅根据中国数据评估。

资料来源：联合国. 千年发展目标：2013 年进度表［EB/OL］. http://mdgs. un. org/unsd/mdg/Home. aspx,2014 - 7 - 26.

　　根据联合国的监控，千年发展目标在几个领域取得举世瞩目的成就。首先，在消除极端贫穷与饥饿目标上已提前实现①。中低收入国家进步显著，贫困水平大幅下降。据世界银行的相关估计，发展中国家人均生活水平低于1.25美元（按照 2005 年价格计算）标准的总人口，从 1990 年的约 43.57% 下降到 2011 年的 16.98% ,2011 年生活在极端贫困环境下的人数比 1990 年减少了约

———————

① 联合国.2013 年千年发展目标报告（中文版）［R］.2013:4.

9.2 亿①。另外,在提供安全饮用水、改善贫民窟居民生活状况、阻止 HIV / AIDS 扩散、降低疟疾和其他疾病的发病率方面成就突出,这些子目标在 2015 年前也已经实现或即将实现。根据 2013 年《千年发展目标报告》②资料显示,从 1990 年至 2010 年,全球约 21 亿人获得改善的饮用水,新增艾滋病毒感染者在减少,疟疾死亡人数减少了约 110 万,超过 2 亿贫民窟居民的生活条件得到改善,营养不足的人口比例从 23.2% 下降到 14.9%。

虽然千年发展目标在部分领域取得重大成就,然而按照当前进展速度,相当部分的具体目标将不能如期实现。国际社会在总结十几年来的目标执行情况基础上,普遍认为不能如期实现的目标包括:初中教育性别平等、产妇死亡率、普及生殖保健、普遍提供艾滋病毒 / 艾滋病治疗、可持续发展和环境资源的流失、减少生物多样性损失;不现实或不能量化的目标包括:充分就业、完全公正的贸易和金融体制、满足内陆、小岛和最落后国家的特殊需要、维持债务的可持续性、普及基本药物和新技术。

千年发展目标在不同地区的执行情况存在很大的差距。根据《千年发展目标 2013 年进度表》的资料,东亚地区表现最好,在 16 个子目标中 14 个能如期实现。其次依次是东南亚、北非、拉丁美洲和加勒比、高加索和中亚、南亚、西亚、撒哈拉以南非洲、大洋洲(具体参见表 3—3)。在撒哈拉以南非洲地区,全部 16 个子目标中只有 2 项能够实现,14 项不足以实现;而在大洋洲地区,16 个子目标中 1 项能够实现,12 个不足以实现,1 个在恶化,2 个缺乏数据。如果简单按照 144 个③监测样本计算,千年发展目标能够如期实现的占比为 43.75%。

总之,即便在得到大量外部援助的情况下,千年发展目标的落实情况并不平衡。这种不平衡与各地区或各国的经济、社会、政治、自然环境发展状况存在强烈的联系。此外,千年发展目标的实施不利也与其缺乏广泛协商、部分目标缺乏量化考核等因素有关④。

---

① 资料来自世界银行 PovcalNet 数据库。
② 联合国.2013 年千年发展目标报告(中文版)[R].2013:4.
③ 一共 16 个子指标,共 9 个地区,共 16×9 = 144 个样本。
④ 黄梅波,唐正明.2015 年后国际发展议程——目标、责任及中方立场[J].国际展望,2014,(4):35 - 38.

表 3—3 千年发展目标不同地区执行情况

	目标已经实现或预期在 2015 年实现	保持现有趋势不足以实现目标	没有进展或有恶化	缺少数据或数据不足	目标实现比例（％）
北非	9	6	1	0	56.25
撒哈拉以南非洲	2	14	0	0	12.5
东亚	14	1	1	0	87.5
东南亚	10	6	0	0	62.5
南亚	7	9	0	0	43.75
西亚	3	11	2	0	18.75
大洋洲	1	12	1	2	6.25
拉丁美洲和加勒比	9	7	0	0	56.25
高加索和中亚	8	5	0	1	50
合计	63	71	7	3	43.75

资料来源：《千年发展目标 2013 年进度表》，并经笔者整理计算。

尽管千年发展目标不能如愿实现，但其影响深远。其意义在于凝聚了国际力量来降低全球的贫困水平，为全人类的共同进步提供了框架性的目标。千年发展目标已经成为能够引起国际社会共鸣的有效沟通工具，它改变了国际政策环境，也深深影响各国内部政策的制定。千年发展目标的执行使得数以亿计的人群得以摆脱极端贫困、饥饿、文盲和疾病的折磨，帮助提高发展中国家能力建设。

三、千年发展目标的后续援助议程

为了更好地实现国际发展目标，国际社会继千年发展目标推出后，陆续推出了一系列国际发展议程，如"蒙特雷共识""援助有效性巴黎宣言""阿克拉行动议程""釜山有效发展合作""联合国发展合作论坛"和"可持续发展"等。这些议程的推出旨在推动千年发展目标的有效执行，以期确实帮助广大发展中国家减少贫困和促进发展。

（一）后续援助议程的主要内容与定位

1. 以筹资为焦点的蒙特雷共识

《千年宣言》签署后,国际社会发现千年发展目标的实现需要庞大的资金,于是扩大援助资金来源成了国际社会共同的呼声。鉴于此,联合国于2002年3月在墨西哥的蒙特雷举行了关于发展筹资的国际会议,各国政府首脑就国际发展筹资达成了《蒙特雷共识》。《蒙特雷共识》指出,应拓展国际发展融资方式,增加发展资金来源,动员贫穷国家国内经济资源,增加外国直接投资和私人资本流入,开放市场和促进国际贸易,增加国际援助、加强国际合作,减轻外债负担,加强国家货币、金融和贸易系统的统一性和一致性。《蒙特雷共识》还规定了发达国家和发展中国家应该建立一种"新型伙伴关系",全面落实联合国千年发展目标中提出的各项发展目标。《蒙特雷共识》一个重要贡献就是其产生了一个可以量化的目标:敦促发达国家将其提供的官方发展援助增加到占其国民总收入的0.7%。

后来,为了总结和审查蒙特雷筹资大会决议的执行情况,联合国于2008年在多哈举行了"审查蒙特雷共识执行情况的发展筹资问题后续国际会议",会议通过了《关于发展筹资的多哈宣言》[1]。该次会议重申《蒙特雷共识》的目标和承诺,评估了发展筹资的进展和挑战,审查了蒙特雷共识的执行情况。会议认为国际援助在一些领域取得了一些进展,但是不平等情况在加剧。会议认为全球贫穷率的降低与公私部门资金流动紧密相关。

2. 以巴黎会议为代表的"有效援助"议程

自1960年至2012年,以发达国家主导的官方发展援助已有大约4.7万亿美元[2]的资金从援助国流入受援国。尽管资金数额庞大,但众多的事实表明援助效果并不如预期的显著。于是援助有效性问题开始受到关注,学术界也对此展开了广泛而深入的研究,所得出的结论也迥然不同。比如,Minoiu等(2010)学者认为援助能够促进受援国经济增长,Bourguignon等(2007)认为援助要发挥对经济增长的作用取决于受援国的政策和制度;此外,莫约(2010)则认为:援助导致增长变缓、使穷人更穷,援助对大部分发展中国家而言,是一场彻底的政治、经济和人道主义灾难。可见援助是否有效是一个尚存争议的问题。进入21世纪后,对援助有效性的关注开始上升到政策层面。在2002年的蒙特雷筹

---

① United Nation. Doha Declaration on Financing for Development[EB/OL]. http://www.un.org/esa/ffd/doha/documents/Doha __Declaration __FFD.pdf,2013 - 1 - 17.

② 资料来自OECD/DAC,按照2012年可比价格计算的全部国家提供的官方发展援助额。

资大会上,国际社会就已经提出有效援助议题。在 2003 年的罗马会议上有效援助的理念得到进一步强化,在 2005 年召开的巴黎会议使"有效援助"精神被全面系统化。

第一届有效援助高层论坛于 2003 年 2 月在罗马召开,该次会议汇聚了 40 多个多边、双边发展机构和 28 个受援方,会议上通过了《罗马宣言》①,"有效援助"的理念在该次会议上得到进一步的强化。《罗马宣言》提出提高"发展有效性"和增加"援助协调"的理念,承诺基于伙伴关系国家的优先顺序分配援助资源,主张审查和修改援助的政策、程序和做法使得援助与伙伴国家的内部体系更加协调,主张建立一种适合不同国家环境的援助实践标准和规则,主张通过委托合作和增加灵活性来促进援助效果的提高,主张应积极认识援助协调对提升援助有效性的益处,主张以国家为主导使援助程序和实践更加合理化,主张增强与伙伴国家的伙伴关系并一道提高政策的关联性、质量和国家分析工作的有效性,认为援助应该符合受援国预算和减贫战略,强调在全球和地区项目中推广援助协调的方法。

2005 年 3 月,OECD 在巴黎召开了关于援助有效性的国际高层论坛。会上,100 多个国家和组织签署了《关于援助有效性的巴黎宣言》。《巴黎宣言》②的目标是通过提高援助的效率和效果,使国际援助更加符合受援国的具体需要,改进受援国的主事权,加强同盟和协调,强调结果导向型管理与援助方和受援方的诚信合作。《巴黎宣言》提出了反映提高援助有效性的五项原则,它们是:自主性原则(Ownership)、同盟原则(Alignment)、协调原则(Harmonisation)、结果导向型管理原则(Management for Results)、相互问责制原则(Mutual Accountability)。为了达成这五项原则,《巴黎宣言》还提出了 12 个具体指标,并规定了目标实现的时限,后来还补充了数量指标。

2008 年,在加纳首都阿克拉举行了援助高层论坛,也称阿克拉行动议程。大会重新审视了《巴黎宣言》的执行情况,进一步完善了援助有效性理念。大会建议加强发展中国家的主人翁意识,拓展国家间的发展合作对话,加强发展中国家的能力建设,建立更加有效和包容性的发展伙伴关系,提高援助效率和

---

① OECD. Rome Declaration on Harmonisation [EB/OL]. http://www.oecd.org/dac/effectiveness/31451637.pdf,2014 - 10 - 28.

② United Nation. Paris Declaration on Aid Effectiveness [EB/OL]. http://www.who.int/medicines/technical __ briefing/tbs/parisdeclarationengl.pdf,2013 - 12 - 26.

减少援助成本。

2011年11月在韩国釜山召开了第四届援助有效性高层论坛,160多个国家和地区的代表在会上通过了《釜山宣言》,提出了要关注发展中国家的国际援助方式,强调国际援助政策应从关注"援助有效性"向"发展有效性"转变,重视多样化援助主体的新合作伙伴关系,明确了南南合作与南北合作的不同关系。为实现上述目标,宣言提出四大行动计划:深化和扩大主人翁意识、加强取得具体且可持续成果的努力、加强南南合作和三方合作的援助、加强发展合作对援助的催化剂作用。

3. 加强国际发展合作的国际议程

国际社会发现援助要想实现预期目标,除了扩大援助融资和提高援助效果外,还迫切需要加强全球发展合作,于是加强国际发展合作也成为诸多发展议程或论坛所关注的议题。

例如,联合国发展合作论坛(UN Development Cooperation Forum①)是国际发展合作的重要平台,旨在促进有效和连贯的国际发展合作,并促进全球对话和伙伴关系建设。联合国发展合作论坛在理事会高级别框架内,每两年举办一次,从2008年至2014年已举行了四届。联合国发展合作论坛汇集各方意见,对国际发展合作新趋势进行高质量的分析和研判,并促进各发展行为体之间的协调一致。

为应对2008年爆发的国际金融危机,2010年G20(20国集团)在韩国首尔召开了金融峰会,此次会议成功将"发展议题"引入,成立了G20发展工作组,使得G20成为另一个关注国际发展合作的多边高级别论坛。G20发展工作组的目标是在20国集团框架内讨论和协调国际发展合作问题,减少贫困,促进国际协调发展。

即便是2011年的釜山会议不仅涉及发展有效性,同时也涉及援助发展合作。釜山会议认为单独依赖援助不能够打破贫困循环,强调援助只是发展融资的方式之一,强调与私人部门、社会团体的合作关系,倡导分享伙伴的发展经验。而始于2006年的OECD全球发展论坛(Global Development Forum),也注意到全球伙伴关系建设的重要性,并试图将新兴援助国和受援国都纳入同一讨

---

① United Nation. UN Development Cooperation Forum[EB/OL]. http://www.un.org/zh/ecosoc/new-funct/2008dcf.shtml,2013-3-26.

论平台中来。

4. 可持续发展目标的提出

千年发展目标的执行使得数以亿计的人群得以摆脱极端贫困、饥饿、文盲和疾病的折磨,也帮助提高了发展中国家的能力建设。在千年发展目标执行十几年之后,国际环境发生了巨大变化。然而,地球生态系统的脆弱性表明人类发展面临着生态环境的制约,更高水平的发展需要人们重新审视现有发展目标的合理性。于是国际社会逐渐从强调"减少贫困"的千年发展目标向关注经济、社会和环境协调发展的可持续发展目标(Sustainable Development Goals, SDG)转变。

2012 年 6 月 20—22 日,"联合国可持续大会"在巴西里约热内卢召开,该次峰会是可持续发展的重要里程碑。本次会议达成了一份重要的成果文件——《我们希望的未来》①,这份文件集中反映了国际社会关于可持续发展的共识。具体来说,这些共识主要包括以下几个方面:主张实现经济、社会和环境的全面且可持续的发展;认同消减贫穷是可持续发展的要求;重申里约原则,特别是"共同但有区别的责任"原则;主张绿色经济是实现可持续发展的重要工具;督促启动可持续发展目标的政府间机制和进程,为制定后 2015 年国际发展目标框架提供重要指导;重申要求发达国家履行承诺,向发展中国家提供援助并转让环境技术;倡导以科学的精神在就业、能源、城市、粮食、水、海洋和减灾等领域面对不断出现的挑战,以建设性的行动促进可持续发展。

在里约 +20 峰会中,各国关于可持续发展目标还存在诸多分歧。首先,各国就"共同但有区别的责任"的理解分歧较大。发达国家不愿对发展中国家进行过多援助承诺;而发展中国家则认为发达国家对可持续发展负有主要责任。其次,各国在如何构建可持续发展目标上也存在分歧。例如,发达国家有意突出环境保护的目标;而中国和 77 国集团呼吁可持续发展应以减贫为优先目标②。

虽然关于可持续发展目标留有尚待解决的分歧,但可持续发展目标为制定

---

① United Nation. The Future We Want[EB/OL]. http://www. uncsd2012. org/thefuturewewant. html, 2013 - 2 - 19.

② Alex, E. and David, S. Beyond the Millennium Development Goals Agreeing to a Post - 2015 Development Framework[EB/OL]. http://post2015. org/2012/04/24/beyond - the - millennium - development - goals - agreeing - to - a - post - 2015 - developmen - framework/, 2013 - 3 - 16.

未来国际发展目标打下了坚实基础,强化了可持续发展的基本共识,其内容丰富、成果显著。

(二)各议程的相互联系

深入分析千年发展目标颁布以来的国际援助领域的各项国际议程,可以发现它们虽然推出时间不同,定位不同,但是它们之间又存在着重要的发展逻辑和功能联系,梳理其内在的逻辑和功能关系,能够帮助我们更好地认识当前的国际援助体系(见图3—1)。

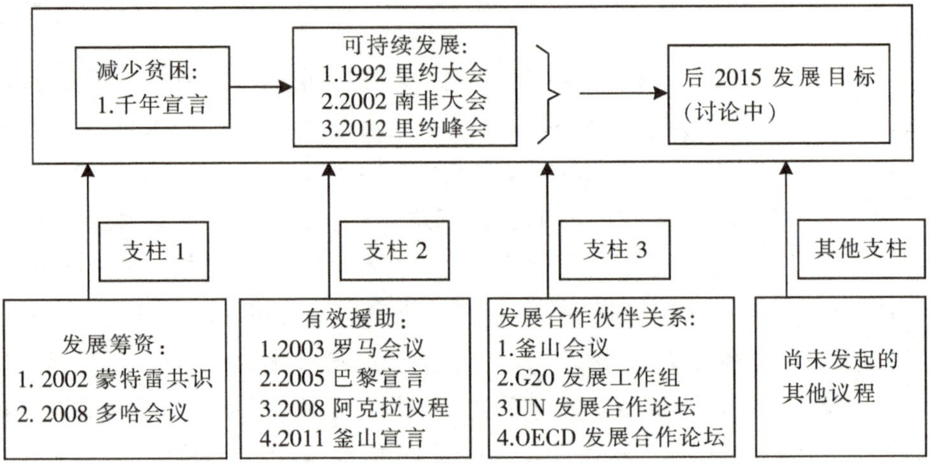

图3—1　主要国际援助议程的发展逻辑和功能关系

上世纪末,世界贫困问题依旧严峻,人们盼望在新世纪建立更加美好未来,而这首先需要树立发展援助的目标,于是国际社会将减少贫困作为新千年国际发展的首要目标。千年发展目标提出了国际援助体系的奋斗目标和关键指标,吹响了消除贫困的号角,成为新千年以来后续国际援助议程的基石和里程碑。

消除贫困离不开资金的支持,资金筹集随即成为实现千年发展目标的关键议题。发展筹资成为实现千年发展目标的基本要素之一,筹资从保证援助数量角度构成了消除贫困、实现千年发展目标的重要支柱。2002年召开的蒙特雷筹资大会就国际援助资金来源展开了广泛的讨论,重申了第三次联合国最不发达国家问题会议(2001年5月召开)提出的发达国家提供国内总产值的0.7%的官方发展援助。

基于援助效果的历史事实,人们发现,要实现MDGs所规划的目标,不仅要强调扩大援助资金数量,更要重视提高援助的质量。于是,国际援助议程开始关注援助"有效性"问题,新千年以来,国际社会先后在罗马、巴黎、阿克拉和釜山召开了四次有重大影响的关于援助有效性的国际会议。它们将国际援助从单纯关注资金的筹集转向同时关注援助的效果,将"有效援助"理念从"援助有效性"(巴黎会议)提高到"发展有效性"(釜山会议)的层次,将注重"投入有效"提高到强调"结果有效"的阶段(贺文萍,2011)。以上四次会议形成了"援助有效性"议程的主体,使得有效援助成为提高援助质量、实现消除贫困目标的又一重要支柱。

国际援助的实践表明,对于消除贫困,伙伴间的有效合作比单纯的援助更加有效。这里的合作不仅包括援助国之间的合作,也包括援助国与受援方的合作,还包括非政府组织、公民社会对援助的参与。于是国际援助议程开始引入"全球发展合作伙伴关系"议题,釜山会议、G20发展工作组、联合国发展合作论坛和OECD发展合作论坛都成为讨论全球发展合作伙伴关系的重要平台。全球发展合作伙伴的提出虽然来源于有效援助议题,但是它的内涵却远远大于援助本身,所以发展合作伙伴关系构成了消除贫困目标的另一有效支柱。

贫困问题尚未解决,地球环境、生态和资源问题却持续恶化。近年来国际社会认识到,在关注贫困问题同时,也应重视其他社会和环境问题。在此背景下,国际社会开始反思千年发展目标,同时可持续发展目标被提上议程。可持续发展目标比千年发展目标的内涵更加丰富,前者不仅强调消除贫困,也强调环境和社会的可持续发展。可以说,可持续发展目标是千年发展目标向更高层次演化的结果。可持续发展目标的实现,同样也离不开发展筹资、有效援助和全球发展合作伙伴关系三个基本支柱的支撑。

千年发展目标离2015年执行期限已非常临近,据预测,许多目标都难以如期实现,加之不断涌现诸如环境等发展挑战,国际社会迫切需要重新制定新的发展目标。于是"后2015"发展议程成为当前国际社会讨论的热点。由于发展目标的连续性和继承性,前述三个支柱也必然构成"后2015"发展议程的基础,考虑到"后2015"发展议程的复杂性,未来可能还需要其他新的支柱来支撑它的实现。

第二节　援助参与方、援助流变化和援助减贫措施

上一节分析了千年发展目标的执行情况,本节将着重介绍发达国家主导的援助体系的主要参与方、援助流的变化以及在减贫方面所采取的援助措施特征。

一、官方发展援助参与方

官方发展援助的援助主体包括援助方和受援方,援助方主要有多边援助机构和双边援助机构,而受援方主要是指那些接受援助的发展中国家。

(一)多边援助机构

多边援助机构是指向受援方提供多边发展援助的组织或机构,主要包括联合国系统、世界银行、国际货币基金组织、区域性多边发展组织等。

联合国(UN)发展系统,主要提供技术援助和紧急援助。在联合国组织内,联合国开发计划署(UNDP①)和联合国贸发会(UNCTAD②)这两个机构在经济增长和减贫中扮演核心角色。联合国开发计划署致力于民主治理、减贫、灾害预防和恢复、能源供应、HIV/AIDS 和环境等问题。而联合国贸发会致力于将发展中国家整合进全球的贸易体系,主要为发展中国家和转型国家提供技术援助。除以上两个组织外,还包括联合国环境规划署、联合国妇女发展基金、联合国儿童基金会、世界粮食计划署、世界卫生组织、联合国教科文组织等。

世界银行集团((World Bank Group,WBG),主要提供金融援助和技术援助,包括低利息贷款、无息贷款和赠与,其援助一般用于发展中国家的教育、卫生、基础设施、通讯等部门,以帮助发展中国家实现经济增长和减贫。世界银行集团(WBG③)主要由国际复兴开发银行(IBRD)和国际开发协会(IDA)两大机

---

① UNDP:United Nations Development Programme.

② UNCTAD:United Nations Conference on Trade and Development.

③ WBG:World Bank Group;IBRD:International Bank for Reconstruction and Development;IDA:International Development Association;MIGA:Multilateral Investment Guarantee Agency;IFC:International Finance Corporation;ICSID:International Center For The Settlement of Investment Disputes.

构构成,其附属机构还包括多边投资保证机构(MIGA)、国际金融公司(IFC)和国际投资争端解决中心(ICSID)。国际复兴开发银行成立初期致力于欧洲战后的重建,现在更侧重于帮助中低收入国家的开发建设。国际开发协会则侧重于向低收入国家提供优惠贷款,这些优惠贷款一般没有利息,并且贷款时间较长。

国际货币基金组织(International Monetary Fund,IMF)。历史上,国际货币基金组织集中于帮助发展中国家应对贸易赤字和经济波动,20世纪90年代以后,IMF的政策越来越向减贫倾斜,并加强与世界银行等机构在发展问题上的协调。

区域性发展组织。区域性发展组织主要包括区域发展银行和区域性超国家组织。区域发展银行主要包括亚洲开发银行(ADB)、美洲开发银行(IADB)、非洲开发银行(AFDB)和欧洲复兴与开发银行(EBRD)①,这些区域性的银行致力于本地区国家的经济和社会发展问题。区域性超国家组织主要包括欧盟和石油输出国组织等。欧盟成员国长期以来提供了大量的官方发展援助,是国际援助的主要来源方,其成员国也多是OECD国家。自20世纪70年代以来,由于石油收入快速增长,OPEC国家的对外援助也逐渐增长。

(二)双边援助机构

双边援助机构是代表DAC援助国政府对外提供援助服务的专门机构,一般具有自己的政策、援助方针、机构和管理人员。比较有名的双边援助机构有美国国际开发署(USAID②)、英国国际发展部(DFID③)、德国经济合作部(BMZ)等。目前常设有双边援助机构的国家主要是OECD成员国和石油输出国组织④成员国。OECD国家的双边援助长期占据世界官方发展援助的绝大部分,在OECD的机构内,设有发展合作理事会(DCD)和发展援助委员会

---

①　ADB:Asian Development Bank;IADB:Inter – American Development Bank Group;AfDB:African Development Bank;EBRD:European Bank for Reconstruction and Development.

②　USAID:United States Agency for International Development.

③　DFID:The Department for International Development.

④　石油输出国组织现有12个成员国,分别是:沙特阿拉伯、伊拉克、伊朗、科威特、阿拉伯联合酋长国、卡塔尔、利比亚、尼日利亚、阿尔及利亚、安哥拉、厄瓜多尔和委内瑞拉。

（DAC）[①]。其中，发展援助委员会现有 29[②] 个成员，由其成员提供的官方发展援助约占全球总额的 67%[③]。

（三）受援国和地区

当前的官方发展援助体系中，不同的国际组织和援助国家都有不同的受援国划分标准，但总体上 OECD 的发展援助委员会的划分标准影响最大。历史上，发展援助委员会（DAC）对受援国或地区名单不断进行调整，几乎所有的发展中国家或地区都接受过官方发展援助。

早在 1961 年，DAC 为了统计援助相关数据而制定受援成员列表，在早期，DAC 收集的成员包括：除南非之外的所有非洲国家或地区；除美国和加拿大之外的所有美洲国家或地区；除澳大利亚、日本和新西兰之外的所有亚洲和大洋洲的非社会主义国家；欧洲的塞浦路斯、直布罗陀、希腊、马耳他、西班牙、土耳其、南斯拉夫。在 20 世纪 70 至 80 年代，亚洲的社会主义国家，尤其是中国和越南开始接受大量援助，于是开始统计这两个国家的受援数据。冷战结束后，许多东欧国家开始接受援助，同时随着东亚的经济增长，其逐渐减少对国际援助的需求。后来，出于新形势的变化，DAC 修改了受援成员列表。1993 年开始使用两部分的受援成员列表，第一部分的受援国或地区以传统的发展中国家为主，第二部分则以较发达的发展中国家和东欧国家为主，对第二部分的援助通常被视为官方援助，但不计入官方发展援助统计中。从 2005 年开始，DAC 把第二部分受援名单取消，改为单一受援名单制。受援成员列表每 3 年更新一次。如果受援国或地区连续 3 年[④]达到高收入门槛，则被自动排除受援国地位。

在 2012 年的受援名单中，共有 148 个成员，包括全部的最不发达国家和中低收入国家。其中最不发达国家（Least Developed Countries，LDCs）按照联合国的定义，共有 48 个成员。中低收入国家则按照世界银行公布的人均 GNI 水平划分，按照 2010 年可比价格计算，人均 GNI 低于 1005 美元的低收入成员有 6 个，人均国民收入在 1006—3975 美元的中低收入成员 40 个，收入在 3976—

① DCD：Development Co-operation Directorate；DAC：Development Assistance Committee.
② 截至 2014 年 11 月 10 日，29 个成员分别是：澳大利亚、奥地利、比利时、加拿大、捷克、丹麦、芬兰、法国、德国、希腊、冰岛、爱尔兰、意大利、日本、韩国、卢森堡、荷兰、新西兰、挪威、波兰、葡萄牙、斯洛伐克、斯洛文尼亚、西班牙、瑞典、瑞士、英国、美国、欧盟。
③ 根据 OECD/DAC 数据计算而来。
④ OECD. The DAC List of ODA Recipients（2012 年 1 月）［EB/OL］. http://www. oecd. org/dac/stats/daclist，2014 – 10 – 3.

12275 美元的中高收入成员 54 个。在 2012 年的列表中,智利、墨西哥、土耳其等经合组织国家也被列入受援国名单中,新兴市场国家中的中国、巴西和南非等国家也名列其中(最新受援国或地区名单参见附表)。

二、援助流及其特征

官方发展援助流变化包括援助规模、地区分布、受援国分布及受援部门分布等。

(一)官方发展援助总规模

根据 OECD 的统计数据,按照 2012 年的可比价格计算,从 1960 年到 2012 年,全部国家向发展中国家提供的官方发展援助总支出额约为 47466.9 亿美元,其中多边援助约为 11651.2 亿美元,而双边援助约为 35815.8 亿美元,而在全部的援助中 DAC 国家提供的官方发展援助约为 32104.7 亿美元。从图 3—2 可知,全部国家提供的官方发展援助额呈现持续上升状态,按照 2012 年的价格,1960 年的援助额约为 300 亿美元,而 1961 年猛增至 440 亿美元,此后较平稳增长,到 1991 年时援助额到达 1159 亿美元,形成一个阶段性的高峰。而从冷战结束后,直到 20 世纪末援助额有一个下降的过程,进入新世纪后,受到千年发展目标的影响,援助额又开始以较快速度增长,到 2006 年援助额达到峰值的 1937 亿美元,此后受到金融危机的影响,援助额有所回落,2012 年时全部援助额为 1568 亿美元。而根据援助来源看,双边援助占据总援助的绝大部分,多边援助占据少部分。1960 年双边援助占总援助的 94%,直到 1976 年其比重依然维持在 80% 以上,后来随着多边援助的兴起,双边援助的比重才逐渐下降,不过其比重普遍在 70% 以上。而多边援助与多边援助差距最小的年份是 2006 年,该年多边援助额到达历史峰值的 841.7 亿美元,占据总援助额的 43%,该年双边援助占总援助的比重为 57%。

总体看,DAC 国家提供的援助额占据全部援助额的绝大部分,从 1960 年直到 1970 年,DAC 国家提供的援助额占全部援助额近 80% 以上,后来由于其他 OECD 国家以及石油输出国家、新兴市场国家逐渐成为援助国,致使 DAC 所提供援助的比重逐渐下降,不过 DAC 国家提供的援助比重普遍维持在 60% 以上。2005 年,按照 2012 年的可比价格计算,DAC 国家提供的援助额达到 1109 亿美元的峰值。

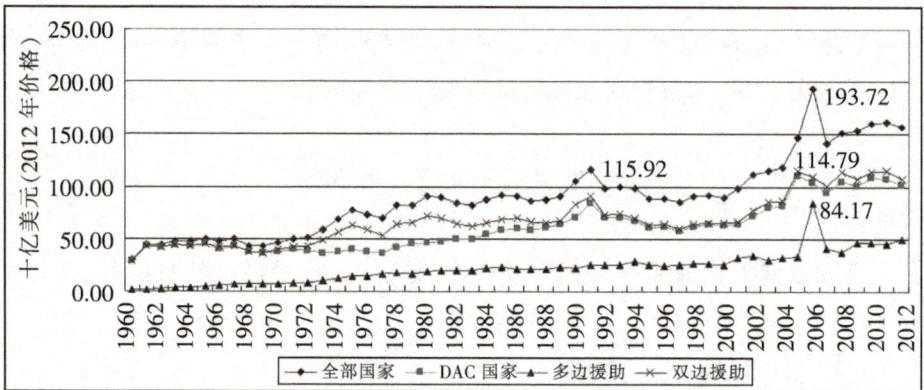

图3—2　全部国家及 DAC 提供的 ODA 变化图(1960—2012 年)

资料来源:OECD/DAC。

注:其中官方发展援助按总支出额计算,以 2012 年价格计。

表3—4　全部国家及 DAC 提供的 ODA 变化表　　　　单位:亿美元

年份	全部国家提高的 ODA	DAC 国家提供的 ODA	所有国家提供的多边 ODA	所有国家提供的双边 ODA	DAC/总援助	多边援助/总援助	双边援助/总援助
1960	300.22	285.06	15.16	285.06	0.95	0.05	0.95
1961	439.78	426.82	12.96	426.82	0.97	0.03	0.97
1962	441.12	422.58	18.55	422.58	0.96	0.04	0.96
1963	471.79	439.53	32.27	439.53	0.93	0.07	0.93
1964	470.98	432.89	38.09	432.89	0.92	0.08	0.92
1965	501.33	457.80	43.53	457.80	0.91	0.09	0.91
1966	473.62	402.49	50.78	422.84	0.85	0.11	0.89
1967	494.72	432.84	61.87	432.84	0.87	0.13	0.87
1968	436.81	372.11	64.70	372.11	0.85	0.15	0.85
1969	426.55	363.35	63.20	363.35	0.85	0.15	0.85
1970	464.87	372.21	68.12	396.75	0.80	0.15	0.85
1971	502.82	395.40	78.36	424.46	0.79	0.16	0.84

续表：

年份	全部国家提高的 ODA	DAC 国家提供的 ODA	所有国家提供的多边 ODA	所有国家提供的双边 ODA	DAC/总援助	多边援助/总援助	双边援助/总援助
1972	503.96	392.11	75.71	428.25	0.78	0.15	0.85
1973	581.12	370.10	95.72	485.39	0.64	0.16	0.84
1974	683.27	380.45	121.13	562.14	0.56	0.18	0.82
1975	773.15	402.64	139.66	633.48	0.52	0.18	0.82
1976	726.86	379.20	140.87	585.99	0.52	0.19	0.81
1977	701.24	366.04	165.34	535.90	0.52	0.24	0.76
1978	818.22	420.35	174.45	643.78	0.51	0.21	0.79
1979	822.34	455.63	165.19	657.15	0.55	0.20	0.80
1980	905.29	469.00	190.76	714.54	0.52	0.21	0.79
1981	899.90	478.37	202.31	697.60	0.53	0.22	0.78
1982	837.67	495.25	199.03	638.64	0.59	0.24	0.76
1983	814.61	498.29	200.30	614.31	0.61	0.25	0.75
1984	873.03	543.42	215.77	657.26	0.62	0.25	0.75
1985	918.64	591.80	231.40	687.24	0.64	0.25	0.75
1986	905.55	596.46	211.19	694.36	0.66	0.23	0.77
1987	867.51	591.38	204.83	662.68	0.68	0.24	0.76
1988	871.08	611.76	214.19	656.89	0.70	0.25	0.75
1989	910.64	636.44	232.69	677.95	0.70	0.26	0.74
1990	1053.26	707.78	219.91	833.35	0.67	0.21	0.79
1991	1159.21	841.58	253.50	905.70	0.73	0.22	0.78
1992	988.63	707.81	253.21	735.43	0.72	0.26	0.74
1993	992.71	708.76	256.31	736.41	0.71	0.26	0.74
1994	983.14	673.62	285.69	697.45	0.69	0.29	0.71
1995	887.73	611.38	257.96	629.77	0.69	0.29	0.71
1996	888.57	621.64	246.61	641.96	0.70	0.28	0.72
1997	855.09	571.76	259.21	595.89	0.67	0.30	0.70

续表：

年份	全部国家提高的ODA	DAC国家提供的ODA	所有国家提供的多边ODA	所有国家提供的双边ODA	DAC/总援助	多边援助/总援助	双边援助/总援助
1998	907.66	617.73	262.44	645.21	0.68	0.29	0.71
1999	918.76	637.89	262.17	656.59	0.69	0.29	0.71
2000	901.05	628.58	252.62	648.43	0.70	0.28	0.72
2001	985.34	642.03	321.19	664.15	0.65	0.33	0.67
2002	1114.39	720.54	338.78	775.61	0.65	0.30	0.70
2003	1147.94	799.48	294.51	853.44	0.70	0.26	0.74
2004	1186.42	816.62	325.46	860.96	0.69	0.27	0.73
2005	1474.32	1109.27	326.38	1147.93	0.75	0.22	0.78
2006	1937.21	1039.77	841.65	1095.56	0.54	0.43	0.57
2007	1416.90	942.52	410.61	1006.28	0.67	0.29	0.71
2008	1512.17	1049.19	375.92	1136.25	0.69	0.25	0.75
2009	1536.77	1010.43	463.95	1072.82	0.66	0.30	0.70
2010	1602.86	1079.75	462.07	1140.79	0.67	0.29	0.71
2011	1610.60	1069.67	458.86	1151.74	0.66	0.28	0.72
2012	1567.52	1015.12	494.04	1073.48	0.65	0.32	0.68

资料来源：OECD/DAC。

注：其中官方发展援助按总支出额计算，以2012年价格计。

虽然DAC所提供的援助占总的援助额较大比例，然而DAC国家所提供的援助额占GNI的比重远远低于联合国所呼吁的0.7%标准（见图3—3）。从该图中可知，DAC所提供的ODA占GNI的比重在60年代较高，基本维持在0.4%—0.5%，比如1960年是0.51%，1962年是0.54%，而后逐渐下降，到1968年降至0.41%。70和80年代，其比重基本在0.3%—0.35%区间运行，而到90年代其比重有一个明显下降的过程，范围基本在0.2%—0.3%。新世纪以来，比重有一个回升过程，近年来该比重基本在0.3%附近波动，2011、2012和2013年分别为0.31%、0.29%和0.30%。

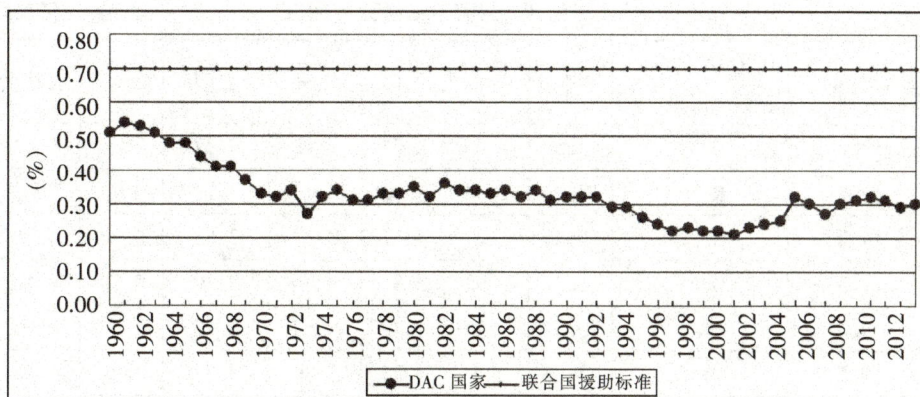

图3—3　DAC国家提供的ODA占GNI比重(1960—2013年)

资料来源:OECD/DAC。

　　G7国家一直是提供援助的主体,其各国所提供的援助额参见图3—4。在G7国家中,除少数年份外,美国长期以来提供的ODA绝对数额最大,2005年达到峰值的318.9亿美元。其次,日本所提供的援助额也较大,有6年所提供的援助额一度超越美国。资料显示,从1960年至2013年,按照2012年的可比价格计算,美国、日本、德国、法国、英国、意大利和加拿大各总计提供官方发展援助为9769.6、5058.2、4138.9、4595、3202.5、1506.3和1863.4亿美元。进入21世纪后,美国所提供的援助额在G7国家中依然处于领先位置,日本、德国、法国、英国的援助额大体接近,而意大利和加拿大相对较少。2013年7国提供的援助额总计达到956.1亿美元。

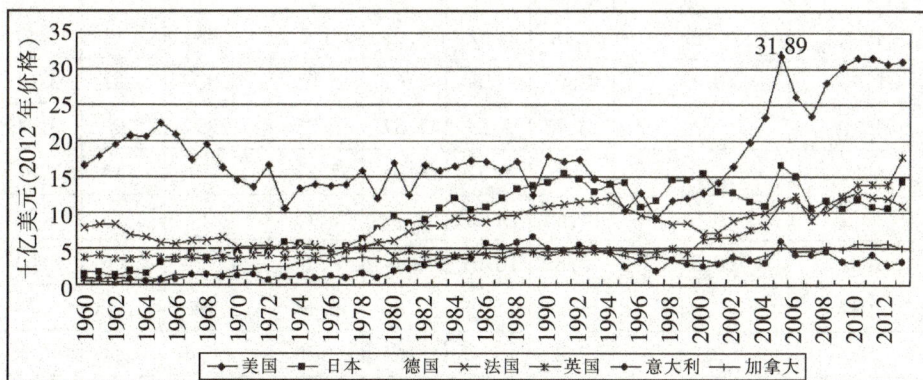

图3—4　G7国家援助额(1960—2013年)

资料来源:OECD/DAC。

表 3—5　G7 国家援助额变化情况　　　　　　　单位:十亿美元

年份	DAC 国家 ODA 占 GNI 比重(%)	美国	日本	德国	法国	英国	意大利	加拿大
1960	0.51	16.57	1.76	2.61	7.92	3.77	1	0.52
1961	0.54	17.97	1.68	3.93	8.43	4.13	0.76	0.51
1962	0.53	19.45	1.27	4.17	8.39	3.68	0.96	0.36
1963	0.51	20.76	1.95	3.87	6.9	3.59	0.78	0.56
1964	0.48	20.57	1.55	4.42	6.69	4.15	0.5	0.65
1965	0.48	22.56	3.1	4.25	5.89	3.77	0.6	0.78
1966	0.44	20.84	3.45	3.79	5.68	3.73	0.77	1.49
1967	0.41	17.48	4.42	4.51	6.12	3.73	1.47	1.44
1968	0.41	19.52	3.84	4.83	6.1	3.51	1.37	1.38
1969	0.37	16.36	4.45	4.74	6.68	3.83	1.17	1.47
1970	0.33	14.52	4.37	4.23	5.18	3.6	1.24	2.12
1971	0.32	13.64	4.51	4.61	5.36	4.18	1.42	2.29
1972	0.34	16.62	4.51	4.42	5.48	4.1	0.71	2.55
1973	0.27	10.58	5.83	4.73	4.97	3.75	1.18	2.59
1974	0.32	13.42	5.78	5.56	5.31	4.16	1.23	3.07
1975	0.34	13.92	5.59	5.91	5.29	3.98	0.9	3.56
1976	0.31	13.82	4.98	5.5	5.1	4.16	1.2	3.18
1977	0.31	13.98	5.44	5.27	4.99	4.74	0.94	3.59
1978	0.33	15.8	6.34	5.98	5.2	5.08	1.51	3.87
1979	0.33	12.07	7.8	7.61	5.91	5.92	0.93	3.61
1980	0.35	16.87	9.55	7.57	6.23	3.89	1.97	3.31
1981	0.32	12.5	8.52	8.05	7.37	4.77	2.15	3.38
1982	0.36	16.69	9.03	8.18	8.18	4.2	2.65	3.22
1983	0.34	15.82	10.61	8.4	8.24	4.12	2.66	3.63
1984	0.34	16.47	11.98	8.04	9.18	3.99	3.77	4.19
1985	0.33	17.23	10.47	8.61	9.28	4.2	3.64	4.3
1986	0.34	17.18	10.78	8.01	8.77	4.05	5.78	4.41
1987	0.32	15.97	12.07	7.46	9.63	3.72	5.16	4.47

续表:

年份	DAC 国家 ODA 占 GNI 比重(%)	美国	日本	德国	法国	英国	意大利	加拿大
1988	0.34	17.16	13.26	7.74	9.62	4.56	5.93	4.94
1989	0.31	12.51	13.71	8.47	10.59	4.53	6.66	4.49
1990	0.32	17.9	14.23	9.01	10.86	3.99	5.05	4.55
1991	0.32	17.12	15.56	9.89	11.3	4.56	4.79	4.57
1992	0.32	17.4	14.69	9.72	11.64	4.51	5.61	4.59
1993	0.29	14.7	12.96	9.08	11.72	4.66	5.09	4.61
1994	0.29	14.11	13.99	8.52	12.15	4.95	4.48	4.51
1995	0.26	10.26	14.2	8.14	10.76	4.7	2.59	4.08
1996	0.24	12.82	10.76	8.58	9.6	4.62	3.48	3.46
1997	0.22	9.25	11.79	7.6	9.18	4.64	1.96	3.95
1998	0.23	11.69	14.51	7.31	8.36	5.06	3.51	3.54
1999	0.22	11.99	14.62	7.52	8.56	4.5	2.86	3.48
2000	0.22	12.76	15.56	7.98	7.09	6.27	2.47	3.41
2001	0.21	14.33	12.94	8.06	7.31	6.53	2.92	3.08
2002	0.23	16.41	12.77	8.05	8.88	6.61	3.86	4.03
2003	0.24	19.75	11.5	8.47	9.61	7.55	3.26	3.52
2004	0.25	23.21	10.93	8.46	10.04	8.3	2.93	4.06
2005	0.32	31.89	16.58	11.25	11.65	11.18	5.94	5.29
2006	0.30	26.06	15.04	11.49	11.94	12.42	4.14	4.73
2007	0.27	23.5	10.62	12.21	9.95	8.82	4.04	4.8
2008	0.30	27.97	11.79	13.08	10.17	11.04	4.58	5.44
2009	0.31	30.27	10.54	11.57	12.08	12.28	3.15	4.92
2010	0.32	31.49	11.83	12.94	12.89	13.93	3	5.64
2011	0.31	31.46	10.72	13.22	12.2	13.9	4.07	5.49
2012	0.29	30.69	10.6	12.94	12.03	13.89	2.74	5.65
2013	0.30	31.08	14.49	13.33	10.85	17.75	3.1	5.01
总计	——	976.96	505.82	413.89	459.5	320.25	150.63	186.34

资料来源:OECD/DAC。

注:按照 2012 年价格和汇率计算。

　　受援方所接受的援助额占本地区的 GNI 比重,一定程度上反映了援助对受援地区的影响能力。总体看,发展中国家所接受援助占 GNI 比重呈现逐渐下降趋势,20 世纪 60 年代比重在 2%—3%,70 年代至 90 年代中期其比重在 1%—2%,而后又有下降,其比重在 0.6%—1.2% 波动(参见图 3—5)。而从不同地区所接受援助占本地区 GNI 比重看,非洲地区的比重最大,美洲、欧洲和亚洲的比重相对较小。其中北非的波动较大,从 60 年代到 90 年代中期,经历了三次较大的波动,最大比重一度超过 8%,而进入 21 世纪后,北非地区所接受援助占 GNI 比重呈现平稳下降态势,平均比重低于 1%。撒哈拉以南非洲长期所接受援助占 GNI 比重较高,20 世纪 60 到 70 年代末期,其比重维持在 3% 附近,而进入 80 年代后,比重逐渐上升,到 90 年代中期,一度接近 7%,从 1990 年至 2010 年,其比重在 4%—6% 波动,2010 年后随着撒哈拉以南地区经济总量的增长,该比重略微下降。另外,美洲所接受的援助比重长期低于 1%;自 1967 年有相关统计以来欧洲地区所接受的援助比重呈现波动状态,波动范围基本在 0%—2%;亚洲接受的援助比重逐渐下降,在 60 年代,比重基本在 2%—3%,而后一路降低,进入 21 世纪后,其比重基本在 0.2%—0.6%。

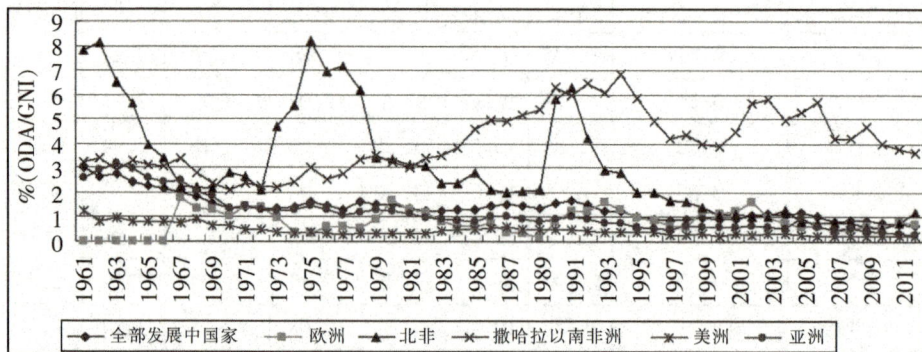

图 3—5　不同地区所接受援助占 GNI 比重趋势变化
资料来源:OECD/DAC。

表3—6　不同地区所接受援助占 GNI 比重趋势变化表　　　　单位:%

年份	全部发展中国家	欧洲	北非	撒哈拉以南非洲	美洲	亚洲
1961	3	—	7.81	3.26	1.24	2.6
1962	2.65	—	8.12	3.42	0.82	2.92
1963	2.74	—	6.53	2.92	0.99	3.18
1964	2.44	—	5.68	3.3	0.81	2.94
1965	2.26	—	3.95	3.14	0.81	2.56
1966	2.13	—	3.39	3.08	0.82	2.4
1967	2.02	1.79	2.29	3.42	0.78	2.5
1968	1.81	1.33	2.22	2.78	0.94	2.07
1969	1.57	1.32	2.15	2.35	0.65	1.85
1970	1.36	1.04	2.8	2.08	0.62	1.35
1971	1.41	1.43	2.62	2.38	0.51	1.43
1972	1.33	1.41	2.09	2.28	0.47	1.28
1973	1.37	0.95	4.69	2.21	0.38	1.22
1974	1.39	0.4	5.53	2.45	0.31	1.29
1975	1.63	0.34	8.18	3	0.37	1.44
1976	1.43	0.57	6.94	2.53	0.32	1.32
1977	1.32	0.59	7.19	2.73	0.28	1.08
1978	1.61	0.56	6.21	3.33	0.31	1.17
1979	1.5	0.91	3.42	3.51	0.31	1.32
1980	1.52	1.68	3.36	3.24	0.31	1.26
1981	1.35	1.27	3.14	3.02	0.3	1.15
1982	1.26	1.2	3.06	3.38	0.34	0.97
1983	1.24	0.82	2.35	3.49	0.42	0.9
1984	1.27	0.64	2.39	3.82	0.46	0.88
1985	1.29	0.58	2.78	4.59	0.5	0.83
1986	1.46	0.74	2.1	4.97	0.52	1.04
1987	1.5	0.36	2.01	4.88	0.57	1.02

续表：

年份	全部发展中国家	欧洲	北非	撒哈拉以南非洲	美洲	亚洲
1988	1.45	0.31	2.03	5.19	0.51	0.89
1989	1.36	0.18	2.11	5.37	0.5	0.83
1990	1.57	0.81	5.8	6.29	0.48	0.9
1991	1.66	1.23	6.3	5.97	0.51	1.05
1992	1.49	1.24	4.23	6.46	0.43	0.89
1993	1.26	1.61	2.91	6.11	0.39	0.73
1994	1.22	1.27	2.81	6.83	0.36	0.76
1995	1.04	0.99	2	5.85	0.37	0.57
1996	0.93	0.88	2	4.92	0.4	0.54
1997	0.84	0.66	1.67	4.19	0.27	0.49
1998	0.93	0.58	1.61	4.35	0.27	0.64
1999	0.95	1.22	1.39	3.98	0.33	0.6
2000	0.89	1.13	1.08	3.87	0.24	0.59
2001	0.94	1.25	1.13	4.45	0.31	0.6
2002	1.1	1.61	1.03	5.67	0.29	0.63
2003	1.12	0.95	1	5.81	0.33	0.59
2004	1.06	0.76	1.29	4.96	0.32	0.56
2005	1.2	0.59	0.83	5.29	0.26	0.97
2006	1	0.65	0.75	5.69	0.24	0.58
2007	0.83	0.45	0.75	4.22	0.19	0.51
2008	0.85	0.48	0.76	4.21	0.22	0.54
2009	0.84	0.63	0.59	4.69	0.23	0.43
2010	0.74	0.55	0.53	4	0.23	0.36
2011	0.69	0.81	0.74	3.75	0.21	0.32
2012	0.62	0.72	1.21	3.61	0.19	0.26

资料来源：OECD/DAC。

（二）援助分配

从地区分配看,非洲、亚洲和拉丁美洲一直是重点的受援地区,其中非洲和亚洲又占据绝大部分,见图3—6显示。数据显示,1988年以前,投放在亚洲的援助比重一直高于非洲的比重,而后受非洲贫困地区大饥荒的影响,援助额逐渐由亚洲向非洲转移,近年来对非洲的援助比重大体在30%—40%范围,总体上非洲要高于亚洲,到2006年,投放到非洲的援助比重甚至占到50%以上,由于非洲的人口和经济规模远远低于亚洲,所以援助对非洲的影响远远大于亚洲。官方发展援助在其他洲的投放比例相对较小,且变化总体不大。对欧洲地区的援助,在90年代以前,主要统计的是非社会主义国家情况,而冷战结束后以转型国家为主,但总体所接受的援助很小。

从受援国的收入水平分布看,长期以来发展中国家是援助的主要对象,其中又以中低收入以下国家为主体。图3—7显示,1960—2010年,中低收入国家所接受的援助基本上维持在60%以上。从整体上看,给予最不发达国家的援助呈现不断上升的趋势,从1960年的9.8%上升到2010年的33.9%。

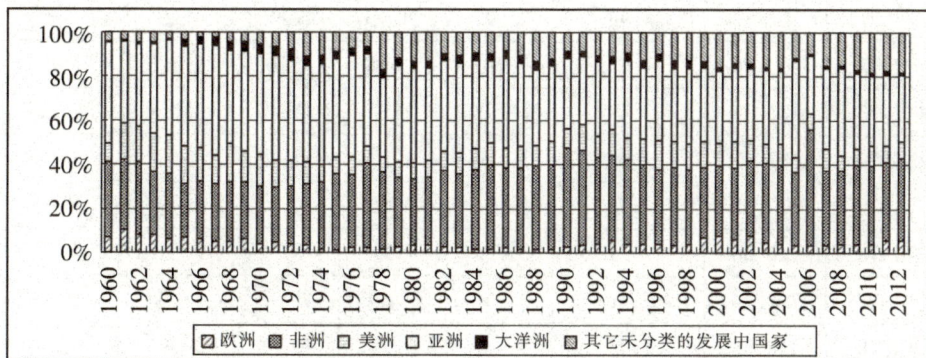

图3—6　全部国家官方发展援助(总支出)受援地区分布(1960—2012年)
资料来源:OECD/DAC。
注:按照2012年可比价格计算。

表3—7　全部国家官方发展援助总支出地区分布表

年份	对发展中国家援助总额（亿美元）	欧洲地区接受援助占比（%）	非洲地区接受援助占比（%）	美洲地区接受援助占比（%）	亚洲地区接受援助占比（%）	大洋洲地区接受援助占比（%）	其他未分类地区接受援助占比（%）
1960	300.22	7.01	34.19	8.12	45.96	0.58	4.14
1961	439.78	10.68	31.92	15.93	37.27	0.53	3.67
1962	441.12	8.33	32.81	16.13	37.39	0.85	4.49
1963	471.79	7.94	28.81	17.25	40.66	0.75	4.60
1964	470.98	6.52	29.77	17.21	42.73	0.74	3.03
1965	501.33	6.85	24.56	16.72	45.49	3.01	3.37
1966	473.62	6.44	26.15	14.88	47.24	3.10	2.20
1967	494.72	5.20	26.22	12.99	50.02	3.20	2.37
1968	436.81	5.43	26.39	17.61	42.70	4.07	3.81
1969	426.55	6.23	25.75	13.91	45.37	4.43	4.32
1970	464.87	3.95	26.25	14.40	45.61	4.67	5.11
1971	502.82	4.43	25.27	11.93	47.76	4.25	6.35
1972	503.96	4.17	26.05	11.68	45.16	5.12	7.82
1973	581.12	3.44	28.19	9.57	43.48	4.06	11.27
1974	683.27	1.93	30.23	8.18	45.35	3.65	10.67
1975	773.15	1.45	34.45	7.68	44.33	3.49	8.60
1976	726.86	2.37	33.35	7.99	45.81	3.31	7.18
1977	701.24	2.59	37.90	7.60	41.95	3.63	6.33
1978	818.22	1.78	34.85	6.95	36.08	3.30	17.03
1979	822.34	3.07	31.16	7.22	43.60	3.28	11.68
1980	905.29	3.40	30.38	7.02	42.79	3.05	13.37
1981	899.90	3.41	30.63	7.92	41.95	2.97	13.13
1982	837.67	2.84	34.50	8.86	40.76	3.35	9.69
1983	814.61	2.10	33.67	9.51	40.53	3.68	10.51
1984	873.03	1.80	35.90	9.56	40.01	3.25	9.48
1985	918.64	1.65	38.27	10.03	37.12	2.99	9.94
1986	905.55	2.14	36.00	9.61	40.75	3.22	8.28

续表：

年份	对发展中国家援助总额（亿美元）	欧洲地区接受援助占比（%）	非洲地区接受援助占比（%）	美洲地区接受援助占比（%）	亚洲地区接受援助占比（%）	大洋洲地区接受援助占比(%)	其他未分类地区接受援助占比(%)
1987	867.51	1.82	36.69	10.01	37.65	3.60	10.23
1988	871.08	1.78	37.55	9.58	34.43	3.27	13.39
1989	910.64	1.57	38.66	10.26	34.17	2.96	12.38
1990	1053.26	3.01	44.40	8.75	32.50	2.36	8.99
1991	1159.21	3.45	43.23	11.19	31.21	2.11	8.80
1992	988.63	3.97	39.37	9.50	33.96	2.58	10.63
1993	992.71	5.74	38.25	11.73	30.61	2.75	10.92
1994	983.14	3.95	38.21	10.13	35.16	3.01	9.55
1995	887.73	4.02	36.33	11.21	32.71	3.19	12.54
1996	888.57	4.03	33.90	13.05	36.04	3.09	9.89
1997	855.09	3.75	35.18	11.52	33.48	3.06	13.01
1998	907.66	3.92	33.79	11.59	34.38	3.27	13.06
1999	918.76	7.22	31.48	11.78	33.61	2.69	13.22
2000	901.05	7.39	32.32	10.33	32.56	1.77	15.63
2001	985.34	6.23	32.42	11.68	33.87	1.63	14.17
2002	1114.39	7.51	34.61	9.03	32.77	1.31	14.77
2003	1147.94	4.65	35.81	8.75	34.04	1.32	15.42
2004	1186.42	4.23	35.74	9.47	33.12	1.28	16.17
2005	1474.32	3.66	32.91	7.31	43.41	1.16	11.55
2006	1937.21	3.37	52.25	7.91	25.86	0.91	9.69
2007	1416.90	3.66	33.62	9.84	36.58	1.23	15.07
2008	1512.17	3.90	33.23	7.15	39.18	1.33	15.20
2009	1536.77	4.17	35.68	7.52	34.28	1.31	17.04
2010	1602.86	4.10	35.29	9.31	31.59	1.44	18.27
2011	1610.60	5.66	35.59	7.81	31.79	1.42	17.73
2012	1567.52	5.70	37.49	7.35	30.03	1.41	18.01

资料来源：OECD/DAC。

注：按照 2012 年可比价格计算。

　　从部门分配来看,援助对社会基础设施、经济基础设施和生产部门的投入占据较大比重,而对多(跨)部门、商品援助、债务减免、人道主义援助的比重相对较小(参见图3—8)。根据 OECD 的援助流投向数据看,对社会基础设施部门的投入主要是投向教育、卫生健康与生育、供水等部门,而对经济基础设施部门的投入主要是投向交通、运输、能源、通讯、金融服务、商业服务等部门,对生产部门的投入主要是投向农林渔业、工矿业、旅游业、贸易政策等部门。而多(跨)部门的援助投入又分为环境保护和其他项目,商品援助/常规援助又包括常规项目援助和粮食援助等,人道主义援助主要包括疾病预防、紧急人道主义援助、重建和安置等。1971—2012 年,对社会基础设施与服务部门的援助比重在不断增加,70—80 年代,其比重略大于 20% ,而从 90 年代开始,对该部门的援助逐渐增加,到近几年比重达到 40% 左右。由于 20 世纪 70、80 年代的援助实践发现援助对经济增长的拉动十分有限,于是对经济基础设施与服务部门、生产部门等与经济增长直接关联部门的援助逐渐减少。

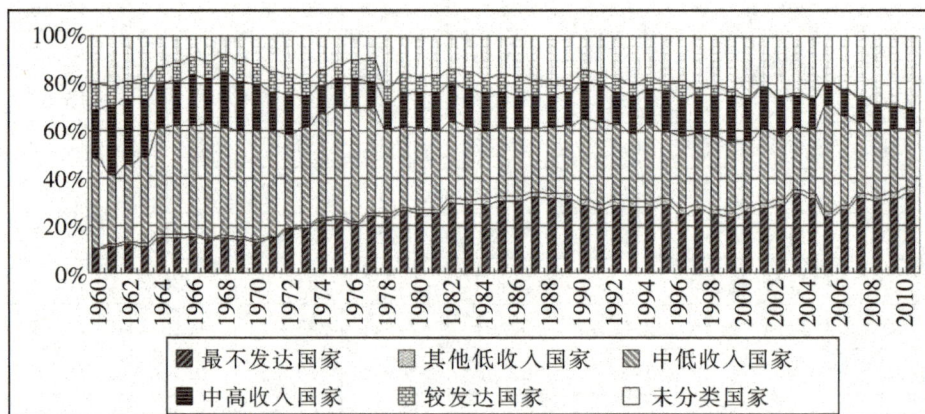

图 3—7   按照不同收入分组的受援国接受 ODA 占比分布

资料来源:OECD/DAC。

注:援助额按照 2012 年可比价格计算。

表3—8　按照不同收入分组的受援国接受 ODA 占比分布表

年份	最不发达国家占比(%)	其他低收入国家占比(%)	中低收入国家占比(%)	中高收入国家占比(%)	较发达国家占比(%)	未分类国家占比(%)
1960	9.89	0.59	37.78	20.43	10.90	20.40
1961	10.80	1.41	29.35	29.04	8.56	20.84
1962	12.16	1.05	32.70	27.34	7.52	19.25
1963	11.25	1.34	36.61	24.19	8.19	18.42
1964	14.88	1.25	45.01	18.95	6.53	13.37
1965	14.95	1.32	45.67	18.86	7.82	11.38
1966	15.28	0.93	45.74	21.08	8.05	8.93
1967	14.03	0.63	47.76	18.95	7.91	10.73
1968	14.52	1.13	45.52	23.00	7.73	8.09
1969	14.22	1.06	44.52	20.56	9.48	10.15
1970	13.17	0.96	45.66	19.80	8.17	12.24
1971	14.49	0.98	44.57	16.43	8.46	15.07
1972	18.23	0.98	39.26	16.79	8.65	16.09
1973	18.82	0.94	41.64	13.47	6.92	18.19
1974	22.15	0.85	43.83	12.30	5.95	14.92
1975	22.81	0.71	46.21	11.79	6.18	12.30
1976	20.77	0.95	47.64	12.42	8.06	10.15
1977	24.35	0.92	44.19	11.09	9.85	9.61
1978	23.87	1.24	35.54	11.53	6.46	21.35
1979	26.09	1.27	34.04	14.61	7.85	16.15
1980	25.13	1.59	34.50	15.20	6.18	17.58
1981	25.06	1.89	33.04	16.50	6.55	16.95
1982	29.36	2.37	32.11	16.09	5.83	14.24
1983	28.73	2.12	30.82	15.85	7.43	15.06
1984	28.90	2.46	28.72	15.70	6.52	17.70
1985	30.41	2.18	28.56	15.17	7.33	16.34

续表：

年份	最不发达国家占比（%）	其他低收入国家占比（%）	中低收入国家占比（%）	中高收入国家占比（%）	较发达国家占比（%）	未分类国家占比（%）
1986	30.76	1.92	28.40	13.76	7.54	17.63
1987	32.07	2.15	26.67	14.58	5.75	18.79
1988	31.41	2.53	27.63	13.77	4.99	19.67
1989	30.99	2.92	28.17	14.09	4.91	18.92
1990	28.43	2.60	33.64	16.11	4.44	14.79
1991	26.73	2.09	34.99	15.89	4.65	15.65
1992	28.19	2.83	31.47	14.01	5.25	18.25
1993	27.85	2.76	28.30	15.97	4.69	20.43
1994	28.01	2.47	32.21	14.93	4.46	17.91
1995	29.19	2.63	27.63	17.62	3.25	19.67
1996	24.83	2.33	30.67	15.87	6.63	19.67
1997	26.72	2.45	29.70	16.32	2.60	22.20
1998	24.69	2.27	30.26	18.03	3.51	21.25
1999	23.94	2.14	29.42	19.48	2.22	22.80
2000	25.99	2.19	27.60	18.12	0.89	25.22
2001	27.34	2.12	31.23	16.99	0.94	21.38
2002	29.01	1.87	27.09	16.11	0.80	25.12
2003	33.73	1.64	26.09	13.38	0.72	24.43
2004	31.80	1.90	27.00	12.57	0.67	26.06
2005	23.94	1.60	44.84	9.41	0.34	19.86
2006	26.85	1.71	37.91	10.44	0.58	22.52
2007	31.34	2.19	29.90	10.25	0.58	25.74
2008	30.54	2.22	27.34	10.25	0.59	29.07
2009	31.82	2.61	26.06	9.72	0.65	29.14
2010	33.91	2.47	24.16	8.56	0.54	30.37

续表:

年份	最不发达国家占比(%)	其他低收入国家占比(%)	中低收入国家占比(%)	中高收入国家占比(%)	较发达国家占比(%)	未分类国家占比(%)
2011	32.41	2.99	22.40	11.20	—	31.00
2012	32.40	3.47	23.41	11.44	—	29.28

资料来源:OECD/DAC。

注:其中各收入组的占比值按照各收入组接受的援助额除以全部发展中国家所接受的总援助额计算而来,援助额按照2012年可比价格计算。

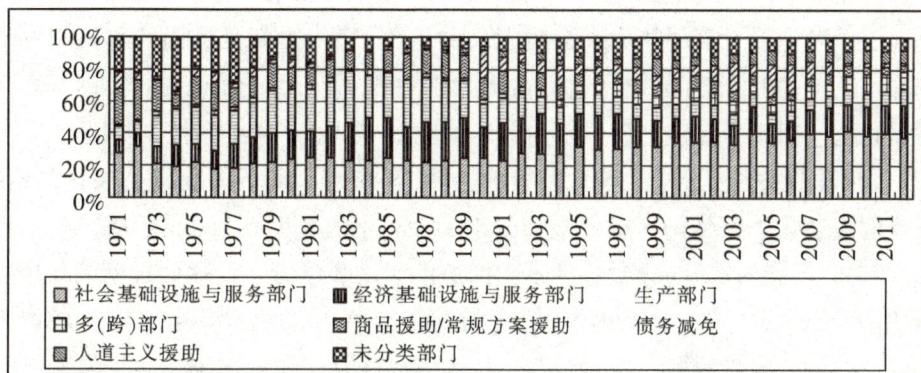

图3—8　官方发展援助部门间分布(1971—2012年)

资料来源:OECD/DAC。

注:援助额按2012年价格计算。

三、援助减贫措施的特征

长期以来,随着研究的深入以及对援助减贫实践的不断总结,发达国家主导的国际社会对贫困的认识随时代而变迁,因而也导致在不同的历史阶段采用不同的减贫措施和政策。发达国家主导的国际社会所采用的援助减贫措施的主要特征有以下几点。

(一)依赖不同的援助项目(或活动)来实施减贫目标

总体来讲,发达国家的援助减贫主要依赖各种各样的援助项目(或活动)

来推动,通过多边和双边渠道实施,以实物、现金捐赠和优惠贷款为主要方式,具体可分为方案援助(Country Programmable Aid)、人道主义和食品援助、对非政府组织的援助、难民救助、债务减免、其他未分类援助等形式。作为推动减贫的力量,援助项目(或活动)本身也呈现出自有的特征:

第一,减贫目标多元化和援助项目(或活动)复杂化。虽然在不同的历史时期,援助减贫目标的关注焦点不一,但总体上,所关注的目标不仅仅局限于经济收入或消费上,同时也聚焦于多维贫困和人类发展的问题。尤其在当前环境下,提高贫困人群的收入水平和发展能力、改善多维贫困状况、减少社会排斥都是援助所需要关注的减贫目标。这些减贫目标是具体的也是客观需要的,比如,关注贫困人群的健康卫生、受教育水平、预期寿命、居住条件、财产、水的安全,加强对受援对象的能力和自我发展的培养,稳步提高受援国的可持续发展能力,改善贫困人群的社会地位等都是减贫的目标。总之,减贫的目标是多元化的,既包括减少经济贫困,也包括减少能力(或人类)贫困和社会贫困。

不同的减贫目标以及诸多的援助主体,客观上推动了援助减贫项目(或活动)的复杂化。每年的援助资金分配于大大小小的援助项目(或活动)当中,以推动不同目标的实现,导致各种不同的援助活动数以万计。这些援助减贫项目(或活动)涉及人类生活和生产的方方面面,比如:疫苗接种、疾病防治、健康卫生指导、教育经费支持、小学免费午餐、留学生项目、技术培训、人员交流、计划生育指导、提供安全饮用水、家庭小额物资捐赠、有条件的转移支付①、提供创业项目、预算支持、债务减免、促贸援助、粮食救济、难民安置、灾后重建、基础设施援建、大型公共项目援建、绿色技术指导、环境保护、提供更多的就业机会、减少社会排斥等。然而,实际实施的援助减贫项目(或活动)还要具体,比如鼓励孕妇进行胎儿检查、提高女童入学比例、提供饮用水消毒剂、改善贫困家庭的厕所卫生条件、修缮村庄的道路、提供高产奶牛品种、进行藤艺培训课程、村落灌溉水渠的修复、高产小麦种植推广、援建木薯加工工厂等项目。可见,援助项目和活动非常复杂。

第二,社会救助和促增长两条减贫路径同步进行。不管针对哪种具体的减贫目标以及采用何种减贫措施,其实质上依然是采用社会救助和促增长两条路

---

① 有条件的转移支付,是指在援助项目中鼓励受援方按照一定的条件执行就会得到一定的资金奖励,以引导受援方按照所设定的行为行事。

径来实现减贫目标。比如,通过援建学校和医疗机构、派出医疗人员、提供物资和现金转移、提供粮食援助等在教育、卫生健康、家庭福利、难民救助等领域对受援国的贫困人群进行援助。通过对受援国进行基础设施援建、技术转移、人员培训、促贸援助、优惠贷款、债务减免等方式来提高受援国的能力建设并带动经济增长,最终以增长促减贫。不过,有时候这两条路径又是交织在一起的,比如对贫困家庭儿童提供免费疫苗接种和义务教育,直接提高了家庭的福利水平,能够有效提高未来劳动者的健康和知识水平,儿童成年后加入劳动市场,健康而又富有知识的劳动者会进一步提升受援国的经济增长潜力,从而又进一步推动收入的提高和社会的发展,进而减少贫困。

第三,减贫项目规模不一。部分减贫项目与受援国全国性的综合减贫规划高度融合,其规模和影响范围往往是全国性的。而部分项目只针对具体区域,比如某个贫困地区、几个村庄、村庄内的部分贫困家庭等。还有一些减贫项目只针对特定对象,比如5岁以下儿童的疫苗接种、产妇的常规检查、为小学生提供免费午餐。另外,部分项目也针对特定区域的特定人群,比如在疟疾肆虐地区免费向无力购买蚊帐家庭提供免费蚊帐等。因此,不同减贫项目所需要的金额、覆盖范围、持续时间和影响都存在巨大差异。

(二)通过各种国际会议或议程来推动援助减贫事业发展

以发达国家主导的国际社会通过各种会议和议程来聚焦于贫困和发展、凝聚力量,推动援助减贫事业的发展。

20世纪80、90年代以前,援助更多聚焦于经济增长。从20世纪90年代开始,国际社会利用各种国际会议或议程来推动国际援助减贫事业的发展,主要涉及"对贫困的关注""减贫目标的设定""资金的筹集""提高援助的效率""加强援助合作"和"倡导可持续的减贫"等领域。

1995年3月在哥本哈根召开的"世界社会发展峰会"把减贫问题提上重要议事日程①。此会议通过了《哥本哈根宣言》,宣言提出人的社会发展和福祉的重要性,倡导国际社会要在道义上、政治上和经济上对发展中国家给予帮助,以实现消除贫困的目标。后来到2000年,在联合国千年首脑会议上提出了千年发展目标,提出了一套可操作的减贫目标或指标,为国际社会的援助减贫提供了目标框架,使得国际援助进一步聚焦于国际减贫。

---

① 安春英.非洲的贫困与反贫困问题研究[M].北京:中国社会科学出版社,2010:183.

　　虽然千年发展目标明确了国际社会在减贫上的具体奋斗目标,随后援助资金筹集和来源便成为关注的重点。于是,2002 年 3 月在墨西哥的蒙特雷召开关于援助的筹资大会,会议就国际发展筹资达成了《蒙特雷共识》,《蒙特雷共识》为援助减贫资金的筹集指明了方向,为落实千年发展目标中提出的各项发展目标提供资金支持。2008 年又在多哈召开了关于总结和审查蒙特雷筹资大会决议执行情况的会议,并通过了《多哈宣言》。

　　后来,国际社会发现援助的效果并不如人意,于是推出了以巴黎会议为代表的"有效援助"议程,这些议程使得援助减贫活动更加注重效率问题。2003 年 2 月第一届有效援助高层论坛在罗马召开,会议上通过了《罗马宣言》,《罗马宣言》提出提高"发展有效性"和增加"援助协调"的理念。2005 年 3 月,OECD 在巴黎召开了关于援助有效性的国际高层论坛,并通过了《巴黎宣言》,《巴黎宣言》提出应提高援助的效率和效果,使国际援助更加符合受援国的具体需要,改进受援国的主事权,加强同盟和协调,强调结果导向型管理等。2008 年的阿克拉行动议程重新审视了《巴黎宣言》的执行情况,进一步完善了援助有效性理念。2011 年 11 月在韩国釜山会议通过了《釜山宣言》,提出应重视多样化援助主体的新合作伙伴关系,强调国际援助政策应从关注"援助有效性"向"发展有效性"转变。

　　此外,国际社会还推出了关于"加强全球发展合作"的系列会议或议程,例如,联合国发展合作论坛和 20 国集团发展工作组等,它们对推动援助的减贫效果产生了深远影响。而关于可持续发展的议程(例如,2012 年 6 月在巴西里约热内卢召开的"联合国可持续大会"等)将减贫推向深入,绿色减贫、绿色增长、人与环境协调发展等理念不断融入援助减贫实践中。

　　总之,以发达国家主导的国际社会通过各种不同的会议或议程推动援助减贫事业不断向前发展,使得各项议题能够迅速引起全世界的广泛关注,并深深影响了援助减贫的方方面面。

(三)不同机构和国家通过不同的援助政策来实施减贫

　　发达国家在制定援助减贫政策时,由于利益诉求、理念、外交需求的差异,其援助减贫政策也存在较大差异。这些援助政策大体可以分为三类①:

---

　　① 该部分主要参考安春英的研究成果:安春英.非洲的贫困与反贫困问题研究[M],北京:中国社会科学出版社,2010;96 – 204.

第一类是通过改善制约贫困的长期因素而设立减贫目标与领域。这一类型以世界银行、联合国开发计划署、国际农业发展基金、加拿大、比利时、芬兰、瑞典等国际机构和发达国家为主。这些机构和国家主要从减贫的长期制约因素出发，援助政策重点着眼于改善穷人的教育、健康卫生条件、水、就业等领域。例如，世界银行长期通过投资项目和融资帮助受援国发展和减贫，其重点领域包括促进能力建设，帮助农业和农村的发展，保障穷人的健康，加强基础设施建设，提供粮食援助等。而加拿大通过立法①确保官方发展援助聚焦于减贫，强调把援助资源集中用于促进发展的关键领域。

第二类是确定特殊而有针对性的减贫项目。部分援助方将减贫聚焦于几个重点主题，援助大多与具体的减贫项目挂钩。如欧盟、联合国人口基金、联合国儿童基金、美国、澳大利亚、德国、意大利、瑞士等均属于这一类。

第三类是强调将援助资金用于支持受援方的整体减贫计划。这一类型以IMF、法国、英国、西班牙、奥地利、日本为典型。这些机构或国家强调援助应与受援国整体的减贫计划结合，并没有提出特别有针对性的减贫的重点政策，但也提出了一些实施减贫行动的建设性意见，如与千年发展目标相一致等。

第三节　受援国及地区贫困的变化

要了解援助对减贫的影响，必须要了解受援国家或地区贫困的变化。本节主要阐述受援方分地区的贫困变化以及部分国家贫困的变化，以增进对援助与减贫关系的感性认识。

一、受援地区的贫困变化

第二章第一节已经总结了贫困可分为经济贫困、能力贫困（人文贫困）和社会贫困三种，并总结了不同贫困的测度指标。本节分别采用经济贫困中的贫困人口总数和贫困率指标，以及采用能力（或人文）贫困中的人类发展指数

---

① Canada. Report to Parliament on the Government of Canada's Official Development Assistance 2013 - 2014 [EB/OL]. http://www. international. gc. ca/development - developpement/dev - results - resultats/reports - rapports/oda __report - rapport __ado - 13 - 14. aspx? lang = eng,2014 - 11 - 8.

(HDI)和多维贫困指数(MPI)来衡量贫困的变化,其主要原因是能够获得相关数据并且能够简要地说明问题。

　　根据世界银行的估算,按照每天 1.25 美元的标准,1981—2011 年,全球总的贫困人口从 19.51 亿下降至 10.11 亿[1]。其中,东亚太平洋地区的下降幅度最大,从 1981 年的 11.25 亿下降至 1.61 亿,而中国的减贫贡献最为突出,中国的贫困人口从 8.38 亿下降至 0.84 亿。南亚贫困人口减少 1.52 亿左右,从 5.51 亿下降至 3.99 亿。拉丁美洲从 0.37 亿下降至 0.28 亿,中东北非从 0.15 亿下降至 564 万,欧洲和中亚从 0.12 亿下降至 235 万。然而,撒哈拉以南非洲地区的贫困人口却从 2.1 亿上升至 4.15 亿,上涨了 1 倍多。各地区各年贫困人口变化数据参见表 3—9 和图 3—9。

表 3—9　世界不同地区贫困人口总数变化情况　　　　单位:百万

	1981	1984	1987	1990	1993	1996	1999	2002	2005	2008	2011
东亚太平洋	1125.34	1002.5	865.79	959.04	910.77	676.05	670.51	528.23	324.12	272.07	160.76
中国*	837.57	719.87	584.83	689.4	646.37	455.24	450.98	359.28	205.6	163.46	84.14
欧洲和中亚	12.37	10.03	8.45	7.15	13.46	20.11	18.01	10.01	5.93	2.37	2.35
拉丁美洲	36.63	43.03	39.6	52.3	54.44	50.78	55.49	54.04	40.35	30.58	27.63
中东北非	15.15	12.41	14.82	13.01	12.88	12.28	13.01	11.02	9.08	6.56	5.64
南亚	551.09	556.37	589.43	609.69	636.38	629.98	617.4	637.87	595.98	540.27	398.95
撒哈拉以南	210.15	243.71	262.61	290.25	338.04	358.98	385.39	400.18	398.1	403.49	415.4
总数	1950.84	1868.0	1780.6	1931.5	1966.0	1748.1	1759.9	1641.2	1373.7	1255.4	1010.8

　　资料来源:世界银行 PovcalNet 数据库(2015 – 02 – 02 查阅)。注:采用 1.25 美元/每天的贫困线。

---

① 见表 3—9。

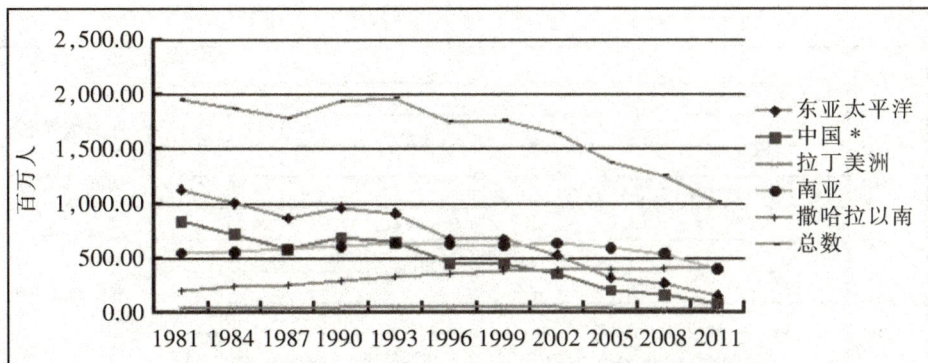

图3—9　世界不同地区贫困人口总数变化趋势

资料来源：世界银行 PovcalNet 数据库（2015 – 02 – 02 查阅）。

　　按照每天 1.25 美元的贫困标准，1981—2011 年，全球总的贫困人口比例从 52.51% 下降至 16.98%。其中东亚太平洋地区的下降幅度最大，从 1981 年的 79.21% 下降至 7.93%。南亚地区贫困人口比例从 59.28% 下降至 24.5%。拉丁美洲从 10.05% 下降至 4.63%，中东北非从 8.79% 下降至 1.69%，欧洲和中亚从 2.88% 下降至 0.49%。撒哈拉以南非洲地区的贫困人口比例下降不大，从 1981 年的 52.76% 下降至 2011 年的 46.81%。各地区不同年份贫困人口比例数据参见表 3—10 和图 3—10。

表3—10　世界不同地区贫困人口比例变化情况　　　　单位：%

	1981	1984	1987	1990	1993	1996	1999	2002	2005	2008	2011
东亚太平洋	79.21	67.21	55.23	58.22	53.05	37.94	36.39	27.88	16.7	13.72	7.93
中国*	84.27	69.43	53.95	60.73	54.85	37.39	36	28.06	15.77	12.34	6.26
欧洲和中亚	2.88	2.27	1.86	1.54	2.87	4.28	3.83	2.13	1.26	0.5	0.49
拉丁美洲	10.05	11.08	9.6	11.98	11.83	10.5	10.95	10.22	7.34	5.37	4.63
中东北非	8.79	6.57	7.18	5.77	5.33	4.78	4.78	3.83	2.99	2.05	1.69
南亚	59.28	55.68	54.97	53.15	52.07	48.55	44.96	44.1	39.28	34.05	24.5
撒哈拉以南	52.76	56.22	55.67	56.64	60.85	59.72	59.34	57.11	52.75	49.66	46.81
总数	52.51	47.37	42.55	43.57	42.14	35.74	34.41	30.8	24.81	21.85	16.98

资料来源：世界银行 PovcalNet 数据库（2015 – 02 – 02 查阅）。注：采用 1.25美元/每天的贫困线。

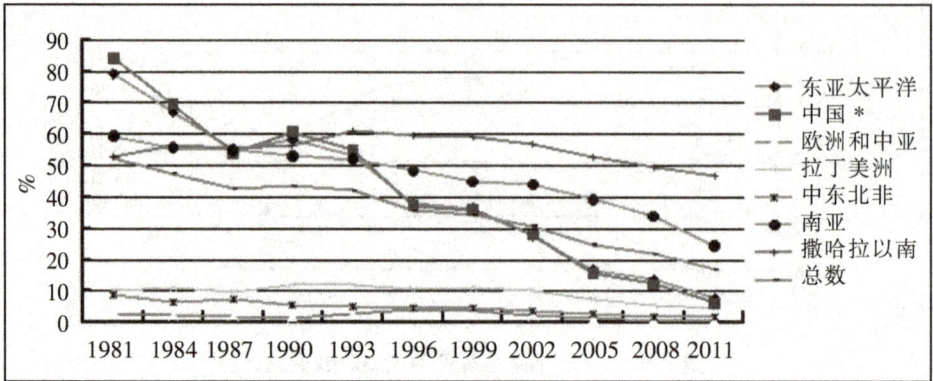

图 3—10 世界不同地区贫困人口比例变化趋势

资料来源：世界银行 PovcalNet 数据库（2015 - 02 - 02 查阅）。

从统计数据可以发现，1981 年至 2011 年这 30 年间，按照 1.25 美元每天的标准，各地区的减贫效果差异巨大。其中，撒哈拉以南非洲地区，其减贫效果表现最差，其贫困人口总数甚至增长了一倍，从 1981 年的约 2.1 亿增长至 4.15 亿，贫困人口比例至 2011 年依旧高达 46.81%。南亚地区虽然贫困人口比例下降一半多，贫困人口比例降至 2011 年的约 24.5%，但由于人口的快速增长，其绝对贫困人口总数并未显著下降，2011 年贫困人口总数依旧高达 3.99 亿。拉美地区的贫困人口比例下降一半以上，其绝对贫困人口总数也下降至 2763 万左右。由于中国减贫的巨大成功，导致东亚太平洋地区的减贫效果显著，不过，其贫困人口总量依旧高达 1.6 亿以上。

虽然按照收入指标看，不同地区的减贫效果差异巨大，然而按照人类发展指数（HDI）的变化看，从 1980 年至 2012 年期间，不同地区的 HDI 普遍上升，即便是最不发达国家和撒哈拉以南非洲地区，其趋势也是一直增长。具体数据参见表 3—11 和图 3—11。其中，最不发达国家 HDI 从 1980 年的 0.29 增长至 2012 年的 0.449，而撒哈拉以南非洲地区的 HDI 也从 0.366 增长至 0.475，南亚地区的 HDI 从 0.357 增长至 0.558。世界平均水平从 1980 年的 0.561 增长至 2012 年的 0.694。

表3—11 世界不同地区人类发展指数(HDI)变化

	阿拉伯国家	东亚和太平洋	欧洲和中亚	拉丁美洲和加勒比	南亚	撒哈拉以南非洲	最不发达国家	世界平均水平
1980	0.443	0.432	0.651	0.574	0.357	0.366	0.290	0.561
1990	0.517	0.502	0.701	0.623	0.418	0.387	0.327	0.600
2000	0.583	0.584	0.709	0.683	0.470	0.405	0.367	0.639
2005	0.622	0.626	0.743	0.708	0.514	0.432	0.401	0.666
2007	0.633	0.649	0.757	0.722	0.531	0.449	0.421	0.678
2010	0.648	0.673	0.766	0.736	0.552	0.468	0.443	0.690
2011	0.650	0.678	0.769	0.739	0.555	0.472	0.446	0.692
2012	0.652	0.683	0.771	0.741	0.558	0.475	0.449	0.694

资料来源:联合国。

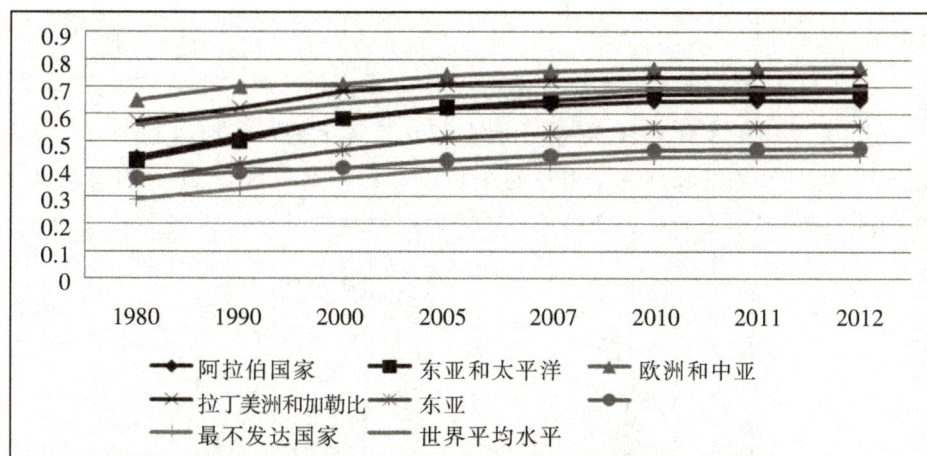

图3—11 世界不同地区人类发展指数变化趋势图
资料来源:联合国。

仅仅从贫困人口总数、贫困率和人类发展指数,还不能完全反映全球的减贫状况,而多维贫困指数(MPI)从剥夺视角以及更细化的层面反映当前的多维减贫状况。多维贫困指数将生活标准、教育和健康三个维度进一步拓展至财产、屋内地面等十个子指标,并从这些子指标的被剥夺角度来定义贫困。

按照每日1.25美元的标准,全球约有10亿人处于贫困状态。而按照多维贫困指数的标准,全球约 15 亿人生活在贫困中,此外,还约有 8 亿人正遭受准贫困[1]。从地区分布看,贫困人群主要生活在南亚、撒哈拉以南非洲以及东亚和太平洋地区(参见表 3—12 和图 3—12)。显然,从多维贫困指数的标准看,全球会新增数亿贫困人口,而且还有约 8 亿的准贫困人口。庞大的贫困人口使得援助减贫的责任更加沉重。

表 3—12　世界分地区的收入贫困和多维贫困汇总数据

区域	国家数目	收入贫困人口(%)	准收入贫困人口(%)	国家数目	多维贫困人口(%)	受剥削的强度(%)	准多维贫困人口(%)
阿拉伯国家	10	6.5	36.4	9	15.5	48.4	8.7
东亚和太平洋	11	12.7	25.1	10	6.4	44.7	16.2
欧洲和中亚	15	1.4	6.0	15	1.8	37.3	4.5
拉美和加勒比	20	5.7	7.0	14	6.7	42.8	9.5
南亚	8	30.6	44.4	7	53.4	50.8	17.9
撒哈拉以南非洲	40	50.9	27.8	36	59.6	55.0	16.2

资料来源:《2014 年人类发展报告》(中文版)。

注:多维贫困人口:加权剥夺得分为 33% 及以上的人口所占百分比。受剥削的强度:多维贫困人口遭受剥夺的平均百分比。准多维贫困人口:有沦为多维贫困风险(即剥夺分数为 20%—33%)的人口所占百分比。

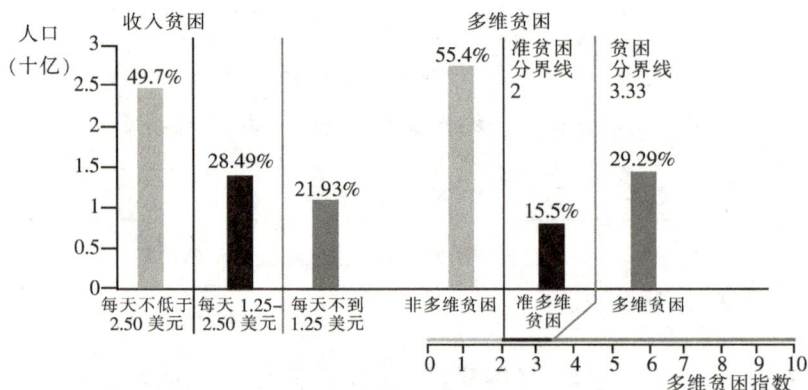

图 3—12　不同标准下的贫困水平对比图

图片来源:UNDP,《2014 年人类发展报告》(中文版),2014 年,第 72 页。

---

[1]　联合国开发计划署.2014 年人类发展报告(中文版)[R].2014:72-73.

撒哈拉以南非洲一直是国际社会重点关注的减贫地区,长期以来也是官方发展援助的重要受援对象。图3—13和3—14描绘了撒哈拉以南非洲地区与全部发展中国家接受的援助变化和贫困变化。从受援规模看,撒哈拉以南地区普遍高于发展中国家平均受援水平,例如2010年全部发展中国家接受的援助额占GNI比重约为0.74%,而撒哈拉以南非洲地区接受援助规模为4%。另外按照OECD的数据,即使从援助绝对值看,撒哈拉以南非洲地区的受援规模不断上升,按2012年的可比价格计算,1960年约为100亿美元,增长至1981年的约275亿美元,再至2012年的590亿美元。而从贫困率指标看,自1981年以来,撒哈拉以南非洲的贫困率一直处于高位,基本在50%—60%范围波动,普遍高于发展中国家的平均水平。可见,相对于受援规模,撒哈拉以南非洲地区的减贫效果并不明显。

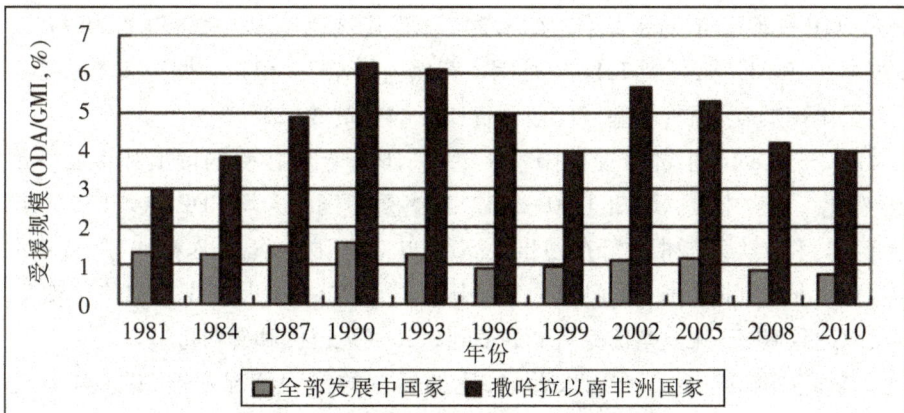

图3—13 撒哈拉以南非洲接受援助规模

资料来源:OECD/DAC(笔者计算整理)。

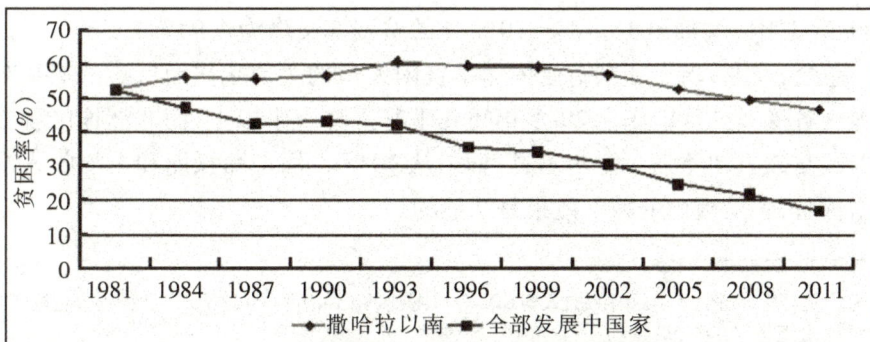

图3—14 撒哈拉以南非洲贫困变化趋势图

资料来源:世界银行。

二、部分受援国家的贫困变化

上文基本描述了全球不同地区的贫困变化状况,我们已经发现,从贫困率指标看撒哈拉以南非洲的减贫效果是最差的,从洞察援助减贫的角度看,还过于宏观,无法了解各国的不同差异。

然而,我们不能忽视贫困在不同国家所表现出来的巨大差异。比如,在撒哈拉以南非洲地区,埃塞俄比亚 1990—2000 年所接受的官方发展援助额占其 GNI 比重的平均值约为 9.89%,2001—2012 年的平均值为 13.77%,而其贫困率从 1990 年的 62.09%,到 1999 年降至 54.57%,再到 2011 年贫困率下降至 36.79%。赞比亚 1990—2000 年所接受的官方发展援助额占其 GNI 比重的平均值高达 26.38%,2001—2012 年的平均值为 13.24%,而其贫困率从 1990 年的 60.29%,到 1999 年的 58.39%,再到 2011 年贫困率竟然增加至 73.19%。如果简单从受援水平与贫困率的变化看,埃塞俄比亚比赞比亚的减贫效果要好。

表3—13 列出了部分受援国家[1] 1990—2012 年所接受的援助和主要发展指标[2]变化。从表中数据可知,1990—2012 年,各受援国的人均 GDP、人均寿命预期值(除南非)和人类发展指数都在稳步提高,意味着各国的收入、医疗水平、营养水平和教育状况等都取得长足的进步。但各国所接受的 ODA 占 GNI 比重差异较大,高的可以达到 40%(见莫桑比克),低的不到 0.1%(见巴西和墨西哥)。

各国贫困的变化存在巨大差异,比如贝宁的贫困状况在这 20 多年间变化不大,1990 年贫困率为 57.61%,2011 年的贫困率为 51.61%。加纳的贫困状况在迅速好转,1990 年贫困率为 50.46%,1999 年贫困率为 37.86%,2011 年的贫困率为 18.02%。哥伦比亚的贫困状况在波动,1990 年贫困率为 4.91%,1999 年贫困率增加至 16.18%,2011 年的贫困率又降为 4.95%。

总之,非洲、南亚和东南亚依然是贫困人口的主要聚居地区。南亚和东南亚地区各受援国贫困率在 20 多年间几乎都下降一半以上,而非洲地区各受援国的减贫效果却差强人意。不过,如果从 HDI、人均寿命预期和人均收入水平等指标看,各受援国的减贫效果是明显的。

---

[1]　选择这 35 个国家的原因:一是人均 GDP 分布、接受的援助额占 GNI 比重分布、地区分布范围广,比较有代表性,二是数据资料比较齐全。

[2]　由于数据的可获得性原因,所以选用贫困率指标来衡量经济贫困状况,选用 HDI 指数来衡量能力(或人类)贫困。

表3—13 部分国家1990—2012年所接受援助与主要发展指标的变化趋势

地区	国家	人均GDP(2005 US$)			ODA占GNI比重(%)		贫困率(%,1.25美元每天)			贫困人口(百万)			人类发展指数(HDI)		
		1990	2000	2012	1990—2000平均	2001—2012平均	1990	1999	2011	1990	1999	2011	1990	2000	2012
撒哈拉以南非洲	安哥拉	1547.23	1238.48	2685.83	8.28	1.92	15	14.31	42.97	2.55	2.73	8.67	—	0.38	0.51
	贝宁	457.94	512.96	567.91	12.36	9.13	57.61	51.43	51.61	2.88	3.47	5.05	0.31	0.38	0.44
	布基纳法索	269.32	343.11	492.76	15.72	12.84	72.27	63.87	40.8	6.37	7.2	6.53	—	—	0.34
	埃塞俄比亚	141.37	134.98	268.87	9.89	13.77	62.09	54.57	36.79	29.83	35.01	32.89	—	0.27	0.40
	加纳	376.59	445.88	724.35	10.09	8.37	50.46	37.86	18.02	7.38	6.96	4.47	0.43	0.46	0.56
	肯尼亚	555.33	500.96	594.62	8.25	4.79	35.88	34.74	38.03	8.41	10.59	15.98	0.46	0.45	0.52
	马里	329.66	380.25	480.20	17.40	12.96	85.65	71.89	50.83	6.82	7.17	7.33	0.20	0.27	0.34
	莫桑比克	186.88	235.88	417.45	41.95	24.37	82.32	77.08	54.62	11.17	13.72	13.43	0.20	0.25	0.33
	毛里塔尼亚	646.90	643.24	835.15	18.29	12.82	43.14	20.72	23.54	0.87	0.54	0.87	0.36	0.42	0.47
	尼日利亚	590.05	552.19	1052.18	0.81	1.87	57.58	69.98	60.08	55.06	83.86	98.65	—	—	0.47
	苏丹	439.28	565.77	837.29	4.17	4.02	50.78	37.17	17.21	10.16	10.07	6.27	0.30	0.36	0.41
	塞内加尔	681.12	703.08	797.43	11.65	8.46	64.99	45.99	34.06	4.88	4.42	4.54	0.37	0.40	0.47
	坦桑尼亚	300.83	304.36	483.48	18.28	12.76	69.52	82.63	43.48	17.71	27.42	20.15	0.35	0.37	0.48
	乌干达	197.64	268.49	405.34	15.76	13.56	70.74	59.43	36.95	12.4	13.97	12.99	0.31	0.37	0.46
	南非	4855.52	4652.34	5878.78	—	0.35	21.4	25.65	9.42	7.53	11.01	4.86	0.62	0.62	0.63
	赞比亚	676.83	561.79	797.63	26.38	13.24	60.29	58.39	73.19	4.73	5.75	9.98	0.40	0.38	0.45

续表：

地区	国家	人均GDP (2005 US$)			ODA占GNI比重(%)		贫困率(%, 1.25美元每天)			贫困人口(百万)			人类发展指数(HDI)		
		1990	2000	2012	1990—2000平均	2001—2012平均	1990	1999	2011	1990	1999	2011	1990	2000	2012
北非和中东	阿尔及利亚	2544.48	2487.29	3212.11	0.62	0.26	5.78	7.86	1.2	1.52	2.46	0.45	0.56	0.63	0.71
	埃及	879.16	1140.12	1559.62	5.76	0.97	4.46	2.18	1.66	2.51	1.42	1.32	0.50	0.59	0.66
	约旦	1766.54	1926.08	2838.56	10.01	4.95	1.37	1.51	0.07	0.04	0.07	0.0044	0.59	0.65	0.70
	突尼斯	2002.24	2713.04	3783.33	1.48	1.35	5.86	3.13	0.71	0.48	0.3	0.08	0.55	0.64	0.71
南亚	巴基斯坦	524.92	596.68	772.90	1.93	1.64	64.17	29.62	12.74	71.29	41.64	22.44	0.38	0.42	0.52
	尼泊尔	233.47	304.88	398.77	9.55	5.66	74.22	58.65	25.41	13.44	13.31	6.9	0.34	0.40	0.46
	孟加拉国	269.63	349.51	597.02	3.95	1.90	58.78	60.35	39.57	63.12	78.44	60.49	0.36	0.43	0.52
	斯里兰卡	710.13	1051.74	1884.23	4.86	2.21	15	14.31	2.84	2.55	2.73	0.59	0.61	0.65	0.72
	印度尼西亚	840.22	1086.05	1731.65	1.15	0.40	64.66	51.8	16.2	115.5	106.68	39.5	0.48	0.54	0.63
东南亚	老挝	261.54	375.12	707.41	17.12	10.30	65.22	43.12	35.15	2.77	2.29	2.03	0.38	0.45	0.54
	菲律宾	1002.44	1060.55	1501.07	1.64	0.39	33.85	24.74	18.6	20.97	18.81	17.68	0.58	0.61	0.65
	越南	292.19	531.86	986.01	4.16	3.60	75.03	48.77	4.96	49.53	37.36	4.36	0.44	0.53	0.62
拉丁美洲和加勒比	玻利维亚	833.86	965.41	1259.81	9.61	6.35	4.03	23.32	6.97	0.27	1.94	0.72	0.56	0.62	0.68
	巴西	3999.43	4406.71	5721.23	0.03	0.03	16.23	9.87	4.53	24.29	16.98	8.92	0.59	0.67	0.73
	哥伦比亚	2832.47	3074.32	4260.92	0.23	0.45	4.91	16.18	4.95	0.65	6.35	2.33	0.60	0.66	0.72
	哥斯达黎加	3188.18	4158.44	5716.05	0.85	0.15	8.45	5.43	1.36	0.26	0.21	0.06	0.66	0.71	0.77

续表：

地区	国家	人均GDP(2005 US $)			ODA占GNI比重(%)		贫困率(%,1.25美元每天)			贫困人口(百万)			人类发展指数(HDI)		
		1990	2000	2012	1990—2000平均	2001—2012平均	1990	1999	2011	1990	1999	2011	1990	2000	2012
拉丁美洲和加勒比	洪都拉斯	1137.15	1235.63	1569.11	10.33	5.32	46.91	24.84	16.48	2.3	1.52	1.28	0.52	0.56	0.63
	墨西哥	6554.99	7723.43	8545.38	0.07	0.03	6.85	7.2	1.1	5.9	7.37	1.31	0.65	0.72	0.78
	秘鲁	2011.10	2486.67	4253.62	1.06	0.50	15.89	15.8	2.97	3.46	4.05	0.88	0.62	0.68	0.74

资料来源：联合国、世界银行和OECD。

注：(1)人均GDP资料来自世界银行WDI。

(2)ODA占GNI比重，根据OECD/DAC数据整理计算。

(3)贫困率和贫困人口总数数据来自世界银行PovcalNet数据库(2015年2月3日查阅)。

(4)人类发展指数(HDI)数据来源于联合国,http://data.un.org/Explorer.aspx? d=15.

第四节　发达国家援助对减贫的影响

要考察援助在受援国所发挥的减贫效果，需要客观认识援助方所提供的援助对受援方减贫的影响。发达国家提供的援助对减贫既有积极影响，同时也存在某些不足，本节主要从宏观层面进行分析，同时采用微观案例分析援助对减贫的影响。

一、宏观视角下援助对减贫的积极贡献

西方发达国家长期以来是官方发展援助资金的最大提供方，也一直主导着发展援助减贫的进程。虽然近些年新兴市场国家成为新的援助提供方，然而无论从历史的角度，还是从现实的资金规模、援助实践、项目评估、援助议题主导性看，发达国家在援助减贫领域仍然扮演着最为关键的角色。为此，科学评估发达国家主导的援助体系在国际减贫中所发挥的作用是必要的。

总体上，以西方发达国家为主导的官方发展援助，在发展中国家的减贫和发展中作出了巨大贡献。具体来讲这些贡献体现在援助资金的供应、援助减贫的实效、减贫经验的积累等方面。

（一）为减贫注入了巨大的资源

发达国家所提供的巨大援助资金为国际减贫提供了强大的物质基础。广大的发展中国家，在消除贫困方面往往面临着资金、技术、物资等方面的严重不足。没有外部的帮助，仅仅依靠自身的财力和物力来实现减贫目标，对于许多脆弱的不发达国家而言，是非常不现实的。即便对于那些经济发展水平稍好的发展中国家，如果缺乏必要外部的物资、技术和资金援助，要达成既定的减贫目标，也要缓慢得多。

发达国家是援助资金的最大提供方。根据 OECD 的统计，DAC 国家提供的援助额占据全部援助额的绝大部分，在 1960—1970 年这个期间，DAC 国家提供的援助额占全部援助额近 80% 以上，之后 DAC 国家提供的援助比重也普遍维持在 2/3 以上。根据 OECD 的统计数据，按照 2012 年的可比价格计算，从 1960 年到 2012 年，DAC 国家提供的官方发展援助约为 32104.7 亿美元，约占

同期全部官方发展援助总支出额的约 67%。如果考虑到非 DAC 成员的发达国家,所提供的援助比例还会更高。

发达国家提供的大量物资援助对缓解受援国贫困起积极作用。对于受援国,发达国家提供的粮食、生活物资、设备、通信器材等物资为发展中国家克服饥荒、生活恢复和生产建设提供了实物保障,为实现经济发展和舒缓贫困打下了基础。如果没有发达国家的物资援助,许多受援国的贫困状况可能更加糟糕。

发达国家提供了诸多的技术援助,有利于贫困的缓解。许多受援国在同 HIV/ADI、肺结核以及其他疾病的斗争中,得到来自发达国家的诸多技术支持。发达国家也为广大的发展中国家的农业发展提供了技术支持,比如早在 20 世纪 50—60 年代,发达国家对亚洲和拉美地区大规模的农业技术推广,包括种子、化肥、灌溉等技术的推广,增加了粮食的产量,减少了饥荒。

发达国家在提供援助过程中,提供了大量的人力资源。在援助实践中,向受援国派出的大量援助官员、技术专家、医护人员、志愿者等,为受援国发展和减贫提供技术支持和人力保障。

(二)取得了一定的减贫实效

虽然到目前为止,我们无法对援助在减少全球性贫困方面所起的作用给一个精确的答案,然而可以明确的是,如果缺少援助,世界的贫困状况将更糟。

不可否认,官方发展援助和非官方援助、贸易、投资以及其他私人资金流,共同构成了受援国外部资金的来源,一起为减少受援国的贫困提供了资金支撑。对于受援国的减贫而言,我们还无法将官方发展援助的减贫贡献度精确地从不同援助资金中分离出来,但是发达国家所提供的官方发展援助对于国际减贫而言确实起到了积极作用,对于那些商业资金或私人资金不愿关注的减贫领域,官方发展援助甚至起到了关键作用。根据世界银行的数据,如果按照贫困率和贫困人口总数指标衡量,自 20 世纪 80 年代以来,除了撒哈拉以南非洲以外,其他地区的减贫目标都是比较成功的。即便是不太成功的撒哈拉以南非洲地区,自新千年以来,其贫困水平也呈现较快下降趋势。按照《Global Monitoring Report 2013》的数据,全球贫困人口比率(低于 1.25 美元每天)从 1990 年的 43.1% 降至 2015 年的 15.5%,届时将只有 9.7 亿人口生活在贫困线以下,将贫困人口比例减半的目标已提前实现。可以说,没有发达国家的援助,取得现有的减贫成就是不可能的,发达国家的援助确实是帮助减贫的工具之一。

援助在应对饥荒、改善福利、促进穷人全面发展方面的减贫效果更为明显。帮助灾民或难民应对饥荒、改善福利水平、培养能力、帮助融入社会都是减贫的具体表现。在应对因自然灾害、战乱、恶性疾病传播导致的饥荒与贫困,西方发达国家历来十分重视,长期提供大量援助,也取得了积极效果。发达国家重视对受援国社会部分的援助,这些领域的援助确实能够帮助穷人提高福利水平和能力。发达国家在诸如小学入学率、教育性别平等、产妇和儿童死亡率、饮用水安全、营养状况、卫生条件改善、预防疾病传播、改善贫民窟的生活条件等领域提供了大量援助资源,着重提高受援国穷人的能力和福利水平,对改善穷人的生存状况发挥了极大的作用。从指标上看,如果用人类发展指标来衡量减贫效果,则贫困在世界各地区普遍得到改善。此外,根据对减贫情况的监测,全球在小学教育性别平等、饮用水安全、艾滋病预防等方面,也取得了重大进步[1]。可见,发达国家提供的援助在改善穷人生存状况、提高福利水平、培养能力等方面发挥了较大作用。

(三)为国际社会积累了宝贵的援助经验

发达国家在长期的援助实践中,为国际社会积累了丰富的实践经验。以DAC国家为核心的发达国家,在援助管理、援助执行、数据收集、效果监控和援助研究方面都积累了大量的实践经验,为国际社会提供了有价值的参考。发达国家的援助比较成熟,其援助能够深入社会底层,为其他援助方积累了宝贵经验[2]。

发达国家长期的援助实践,培养了大量的援助人才。国际机构和发达国家在长期的援助实践中,培养了大量的人才,他们包括政府官员、研究人员、志愿者、捐赠者等,这些人才的成长促进了国际援助事业的持续发展。

发达国家在长期的援助实践中,帮助形成了一个良好的国际援助生态,使得受援国的贫困与发展问题广受关注。来自西方的援助人员与贫困人群深度接触,使得西方社会对全球的贫困和发展问题有更加深刻和感性的认识,基于人类之间的同情、人道主义关怀以及西方舆论在全球的主导力量,使得贫困问题得到极大的重视。

---

① 世界银行和国际货币基金组织. Global Monitoring Report[R]. 2013:22.
② 张永蓬. 国际发展合作与非洲——中国与西方援助非洲比较研究[M]. 北京:社会科学文献出版社,2012:186.

西方发达国家在援助中的失败教训,也为国际社会提供了极好的反面教材,避免新兴援助方犯同样的错误。此外,西方在援助实践中,积累了大量的资料、数据、案例,这些素材为研究援助与发展和减贫关系提供了宝贵的资料支撑,为提炼相关理论提供了实践依据。

(四)有利于受援国建立透明、公正的社会体系

西方发达国家在提供援助过程中,一直强调"援助有效性",其核心是强调援助过程的公平和透明①。这种过程驱动型的援助模式有利于防止贪污和腐败,有利于对援助资金的监督,有利于建立更加公平透明的社会体系。

受援国在接受发达国家的援助时,需要按照西方的价值标准和行为准则来执行,为符合西方的标准,受援国被迫向援助国标准靠拢。比如强调过程的监管和透明,援助领域偏好于人权、善治等软领域。这些改变一定程度上能够有效减少腐败、渎职、不作为行为的发生,能够对不规范不合理的法规、政策、行为、作风形成改革的压力,能够对社会中不合理不公正的制度、法规进行约束。

此外,长期与西方发达国家的援助合作中,受援国会自觉不自觉地接受西方的价值标准,并形成行为习惯。发达国家的援助实践中,大量的志愿者、官员、政府组织长期与受援国当地居民、社团、政府进行接触,会广泛传播西方的价值观念,潜在影响受援国人们的行为。比如,强调相互监督、提升公民权利、弱化政府作用等,这些行为的改变一定程度上确实有利于建立更加透明与公正的社会体系。

二、微观视角下援助对减贫的影响——案例分析

第二章从理论的角度考察了援助的减贫影响,第三章的前3节从全球和国家层面考察了援助对减贫的影响。理论分析和偏于宏观层面的考察,总是不能观察到较为具体的社区、家庭乃至个人在援助行动中的变化,难以对官方发展援助与减贫关系有全面、直观和客观的把握。该部分尝试用案例来分析援助与减贫的关系,力图从更为微观的层面来考察、分析援助对受援者脱贫的影响,以使我们的分析更加直观和客观。

---

① 黄梅波,唐露萍.南南合作与南北援助——动机、模式与效果比较[J].国际经济合作,2013,(3):8-26.

（一）援助的积极作用

1.援助在提高穷人基本需要方面的贡献

援助并不一定提高穷人的收入水平,然而却能实实在在提高穷人的福利水平。以下三个案例来自联合国《2005年人类发展报告》①,其从多维贫困的教育、医疗和生活标准三个方面说明了援助对减贫的作用。

A.援助对教育的支持,使穷人受益。坦桑尼亚于1999—2003年通过接受援助,使额外的160万儿童得以就学,在此期间,坦桑尼亚政府用于教育的经费翻了一倍。为了向坦桑尼亚政府学习,2003年,肯尼亚政府推行免费小学教育的政策,一年内使得额外的130万儿童入学。此外,肯尼亚政府通过设立教科书基金项目和学校供食项目,来减少贫困家庭的开支。这些项目的实施,都得益于持续不断的外部援助。

B.援助对健康的支持,通过减少医疗服务的成本,从而更多服务于穷人。通过外部的援助,2001年,乌干达政府有财力取消大多数较低水平的医疗设施使用费,在2002—2003年期间,门诊病人比2000年增长了80%,人数增加了600万以上,其中贫困人口就诊量增加更为显著。

C.援助帮助贫困人口摆脱饥饿和提高营养。赞比亚大部分人生活在绝对贫困线以下,营养不良、疾病威胁人们的生命,无法摆脱贫困。德国技术合作署在赞比亚的卡洛莫地区建立了现金转账援助的试验性项目。该项目覆盖5个镇区和143个村庄,对10%最贫困家庭进行援助。受益家庭成员的2/3是儿童,71%因感染了HIV/AIDS而成为孤儿。该项目对所资助的1000个家庭于2004年进行初步评估,发现每月6美元使受益人一天可以吃两餐,而不是一餐,对儿童营养和家庭生活颇有改善,并且提高了入学率。

在以上援助项目中,并不能观察到援助对整体经济增长的贡献,然而援助资金却可以直接资助最贫困、最脆弱的人群,这些援助项目显然改善了受援家庭的福利水平,为进一步的减贫打下了基础。

2.援助通过赋权对减贫产生影响

援助在减贫中所发挥的作用,不仅仅在于简单地提供物资帮助,而可以通过援助项目来影响贫困人群的观念、权利意识并使其发挥更深层次的作用。以

---

① 联合国.2005年人类发展报告(中文版)[R].2005:81-82.

下关于 Purnima 的故事①来自 OECD。

Purnima Bathamagar 是尼泊尔边远乡村的一个拥有 5 个小孩的母亲,像许多年轻女性一样,Purnima 的丈夫是一名移民劳工,常年在印度打工。她面临着典型尼泊尔农村妇女所面对的艰难:低的寿命预期、贫乏的教育和收入、高的产妇死亡率。尽管尼泊尔是不同国际协议和宣言的签署国,然而在提高妇女地位方面,尼泊尔还存在诸多社会、文化、经济和政治的障碍,像 Purnima 这样的妇女很大程度上被排除在发展进程之外。

然而,一个由德国(GIZ)提供的援助项目——参与式学习中心(Participatory Learning Centres, PLC),改变了 Purnima 的生活。PLC 援助项目旨在迅速将学习转化为集体的行动,并为社区成员开创一个新的经济、政治和社会机会。到 2010 年中期,PLC 已在 30 个地区运行,直接受惠的家庭多达 15000 个,50% 的 PLC 参与者通过集体储蓄而获得贷款,该项目深受妇女的欢迎。

Purnima 通过在 PLC 的学习,开始在自家的院子种植蔬菜,在这之前,在他们村子种植蔬菜是闻所未闻的,现在她甚至能够将吃不完的蔬菜出售。她在家饲养了两头水牛和四头奶牛。她开始通过出售蔬菜和牛奶来提高家庭收入,期望其家庭可以通过向当地的储蓄集团贷款来开始自己的小生意,并希望自己丈夫不必远赴印度来维持家庭的生计。Purnima 同她在 PLC 的伙伴,甚至影响了他们村委会设置 10000 卢比来庆祝妇女节。在有 5 个孩子后,她在 PLC 学习了生育健康和生育权利方面的知识,她认为自己有权利不要更多的孩子,并开始服用避孕药物,甚至希望能够劝说丈夫做绝育手术。Purnima 认为通过在 PLC 的学习,使自己从害羞变得更加自信和开朗,也更积极参与社区事务。另外,Purnima 通过在 PLC 上的学习,争取到了她家对社区林业所拥有的权利,享有了更多社区林业所带来的经济和生态收益。

显然,无论是从短期还是长期看,德国提供的援助项目对 Purnima 家庭的减贫都是有益的。比如,Purnima 通过种植蔬菜和出售牛奶,改善了家庭伙食条件,并提高了家庭收入。她甚至希望通过从储蓄集团处贷款来开创自己的小生意。她开始意识到家庭计划生育的重要性,并付诸实施,也极力争取自身的合法权益。要知道,家庭生育、健康、妇女权益和集体林业权利都是影响贫困的重

---

① 案例来源:Sudip, P. Breaking Barriers: Empowering Women through Participatory Learning in Nepal [EB/OL]. http://www.oecd.org/development/povertyreduction/storiesofempowerment.htm,2014 - 7 - 10.

要因素,而 PLC 的援助项目在帮助 Purnima 家摆脱贫困,在这些方面发挥了关键作用。

(二)援助对减贫的复杂影响

1. 援助的影响:短期与长期的悖论

援助对减贫的影响是复杂的,有时候一个援助项目在帮助一部分人的同时,却在损害另一部分人。在短期看,援助可能是有助于减贫,而从长期看确实在妨碍脱贫。以下的故事来自莫约的贡献①。

非洲有一个雇佣了 10 名工人的蚊帐制造商,每周能够生产 500 顶蚊帐,每名工人必须赡养至少 10 名亲属。他们生产的蚊帐可以防止蚊虫叮咬,有助于减少疟疾的传播。此时,西方某国政府为非洲受疟疾困扰的贫困地区捐赠了 10 万顶帐篷,这些蚊帐被送到了非洲,并分发给了群众。这些进口的蚊帐迅速挤占了本土蚊帐制造商的市场,之后企业倒闭,10 名工人失业,他们的 150 名亲属也失去生活依靠,蚊帐制造商的供应商也失去市场,导致更多工人失业,更多家庭失去收入的来源,这些家庭被迫转为依赖政府的救济。而那些援助的蚊帐在 5 年后便会磨损,变得不能使用,于是需要等待再一次的援助。

很明显,援助的影响是复杂的,10 万顶援助的蚊帐能够帮助那些买不起蚊帐的家庭,可也破坏了本土工人的就业机会,无形中破坏了贫困地区的可持续发展机会。整体看,援助在短期可能起到了作用,然而对彻底解决受援地区的贫困状况,几乎没有任何意义。即援助在短期对贫困人群的帮助是有效的,而对贫困地区长期的发展可能更加糟糕。如果将 10 万顶帐篷的进口改为在受援地区采购,减贫的效果将又会不同。

2. 不同情景下,援助产生的减贫差异

对贫困人群而言,不同情景下援助将产生不同的影响,援助对于减贫远非相像那么简单。下面关于 Rolando 的故事②,可以使我们了解援助在减贫中的不同效果。

Rolando 现年 61 岁,居住在多米尼加共和国的一个山区,他和他妻子(他妻子名叫 Beatriz)共同生活。他没有正式工作,为了生存,他必须每天起得很早,

①　案例改自:丹比萨·莫约著,王涛、杨惠等译. 援助的死亡[M]. 北京:世界知识出版社,2010:31.

②　Rolando 的故事整理自:牛津大学国际发展部门. 多维贫困案例研究[EB/OL]. http://www.ophi.org.uk/multidimensional—poverty—index/mpi—2014/mpi—case—studies,2014 - 7 - 15.

一般5点起床,在6点之前就动身出发到附近的咖啡园捡拾掉在地上的咖啡,以免被老鼠吃掉。当捡到咖啡后,他将咖啡碾碎并到市场上出售,出售咖啡的收入大概平均是每两周约200比索(约5.26美元)。当没有咖啡可捡的时候,他会外出寻找砍甘蔗的工作,有时候,他会找到一天300比索的工作,有时却只有每天150比索。

图3—15 Rolando 的家

图片来源:牛津大学国际发展部门.多维贫困案例研究[EB/OL].
http://www.ophi.org.uk/multidimensional - poverty - index/mpi - 2014/mpi - case - studies,2014 - 7 - 15.

他每天必须外出工作,否则会挨饿。他一般晚上6点回家吃饭,如果有电他会看电视到11点,如果没电会早早睡觉。他和妻子有自己的房子(其实就是简易棚),房子是用煤渣砖和锡制的顶盖的,盖房子的土地是跟别人借的,盖房子的钱是他买彩票中了10万比索(合2632美元),中的钱不够以至于没有盖厨房,现在的厨房没有用煤渣砖,下雨的天雨水会打进来,厨房的地面也是泥巴的(Rolando 家的房子参见图3—15)。

他家没有种植粮食的土地,只在屋旁种了几棵香蕉树。他家需要从本地的商店购买从大米到油的一切生活物资,而当地商店出售的东西又偏贵。他同商店每月结算一次,现在他家还欠店主 5000 比索(131.57 美元),如果店主不向他赊购的话,他家就会没有吃的。在他家忍饥挨饿是常事。

Rolando 的妻子腿脚不方便,只在家洗衣做饭,很少外出。他们夫妇曾经有三个孩子,但是都夭折了。Rolando 年轻时只上过一天学,以致现在他不能读写。

Rolando 没有获得足够的帮助,只有那些有地的人允许他捡拾掉在地上的咖啡。然而,在当地人与海地人之间,在捡咖啡和在甘蔗园工作上还存在紧张的关系。原因是海地人工钱比多米尼加人更便宜。

按照当地的收入贫困指标和多维贫困指标,Rolando 是一个穷人。在多维贫困的 10 个子指标中,Rolando 家在儿童死亡和营养方面被剥夺最严重,而在受教育年限次之,在屋内地面和做饭用燃料方面被剥夺最轻。

下面不妨假设不同援助方式在减贫中的作用。

援助情景 1:有一个援助项目,帮助 Rolando 家建立了一个有水泥地面,且不漏雨的厨房。该援助项目,显然没有提高 Rolando 家的家庭收入,按照收入贫困标准看他依旧是一个穷人。当然,该援助项目也无法反映到多米尼加共和国的宏观经济指标上,我们无法从该国宏观经济指标上来观察贫困的变化,然而,新建的厨房却实实在在提高了 Rolando 夫妇的福利,也能够反映到多维贫困的指标上。

援助情景 2:某发达国家降低了对多米尼加出口关税,扩大了咖啡的出口,提高了咖啡的价格,使 Rolando 捡拾咖啡的收入提高了三分之一。该援助方案,显然提高了 Rolando 的收入,也扩大了多米尼加的贸易出口,有利于该国的经济增长。显然,此时经济增长和减贫能够同时实现,与情景 1 是有差异的。

援助情景 3:世界银行与多米尼加政府合作,为帮助像 Rolando 这样没有土地的农村贫困人口,决定提供援助资金向当地人租土地提供给 Rolando 耕种,前 3 年 Rolando 无需负担土地租金,三年后他需要负担 50% 的租金,耕种收入完全归自己。考虑到年纪问题,如果 Rolando 能健康耕种到 65 岁,该援助方案将是可行的。如果他在世行提供的土地上种植甘蔗,每年可新增一笔可观的收入,这些收入将使他家忍饥挨饿的状况大为改善。

援助情景 4:随着当地咖啡和甘蔗深加工产业的发展,新建了许多咖啡厂和糖厂,国际援助机构鼓励工厂招募当地穷人,并提供相应的补贴。在此援助项目的帮助下,Rolando 得以进入一家糖厂做门卫,有了一份相对稳定的工作,家庭贫困状况得以改变。

援助情景 5:由于海地的政局动荡,联合国向多米尼加提供更多的援助,帮助安置更多的海地难民。由于联合国的人道主义援助,更多的海地人流向多米尼加共和国,他们中许多人流向避难地的黑市劳动力市场,导致 Rolando 寻找砍甘蔗的工作更加困难,而且工钱下降了。该援助情景下,原本是帮助海地的难民,然而却损害了多米尼加贫穷的 Rolando 的利益,使他的生活更加窘迫了。

对于 Rolando 而言,前 4 种情景下,援助有助于贫困的减缓。可是对贫困舒缓程度是不一样的,从低到高可以大致认为是“厨房的援建”→“咖啡优惠出口贸易”→“提供优惠的土地耕种”→“提供工厂的就业机会”。减贫效果的差异源于援助方案的差异,更源于援助项目所处的不同环境,比如“提供工厂的就业机会”的援助,是一种建立在工业化社会基础上的援助,而前三种情景都没脱离农业型社会援助的范畴。从能力建设的角度看,对于 Rolando 而言,“厨房的援建”和“咖啡优惠出口贸易”还没有帮助他形成关键的减贫能力,只是停留在“授人以鱼”阶段。而“提供优惠的土地耕种”和“提供工厂的就业机会”,可帮助 Rolando 形成自生的减贫能力,只不过前者属于农业减贫范畴,后者属于工业减贫范畴,不过两者都进入了“授人以渔”的阶段。此外,援助情景 5 说明存在援助的国际溢出效应,只不过该案例中,对 Rolando 而言,形成了负面的溢出。

总而言之,从 Rolando 的减贫故事中,让我们了解到因受援者所处的环境以及援助方案的差异,使得援助对减贫的效果、深度、减贫的持久性,以及对宏观经济的影响都有所不同。

三、援助减贫实践的不足或弊端

虽然发达国家对国际减贫作出了巨大贡献,但其主导的国际社会在援助过程中也存在诸多不足和缺陷。这些不足是导致援助减贫效果低下的重要原因。

(一)议程设置往往存在固有缺陷

长期以来,发达国家主导的国际社会通过一系列发展议程来推动发展和减贫。特别是 21 世纪以来,国际社会更频繁推出相关国际议程,但国际援助体系的运行并不如人意。首先,援助资金的数量并未见大幅提高,到 2015 年大多数发达国家均无法达到官方发展援助金额占其国民总收入 0.7% 的目标。其次，援助有效性虽然有所提高，但是也大多没有达到预期效果。再次，主要国家虽然在国际发展合作方面有共识，但是实际行动远远跟不上其对外的政策宣示。在此背景上，千年发展目标在 2015 年仍然难以实现。显然这有各国援助政策执行不力的问题，但是国际社会推出的这些议程自身也存在着缺陷。这些缺陷包括：

（1）约束力和可执行性较低。援助议程的成果多以共识、宣言形式颁布，文件条款也多以期望、建议提出，本质上缺乏法律约束力。同时，援助承诺、责任分解时常不够明确，难以落实，也缺乏监督和责任追究机制。比如，扶贫资金以国家政府间自愿捐助为主，缺乏强制约束性，导致援助资金与承诺金额差距很大。

另外，国际援助体系庞杂而又松散，既有主权政府，又有国际机构、社会组织、私营部门和个人等的参与。既有多边框架，又有双边框架，议事平台也复杂多样，统一性和权威性不足，导致可执行性下降。这些情形都不利于援助工作的开展。

（2）预见性不足。各议程善于对过去和当前进行总结，但常常忽视对未来的判断，表现为：或者是议程考虑欠周全，或者是不能适应新的变化，从而最终不能达到最初的目标，因而需要频繁发起新的议程。例如，在千年发展目标提出后，国际社会先后发起了关于发展筹资、援助有效性和发展合作方面的议程，以支撑千年目标的实现，显得缺乏远见和考虑欠周。

（3）目标设置偏离实际。国际援助议程的目标设置容易偏离实际，表现为目标设置美好却难以实现。比如，Alex Evans 和 David Steven（2012）的研究认为早期设立的千年发展目标子目标的 5—8 项基本上不能实现，原因是目标与实际不相符合。现在讨论的可持续发展追求的是经济、社会和环境的可持续发展，实际上不可能完全在国际援助体系内解决，还依赖于全球性的政治、贸易、金融、环境体系的参与。所以说，援助的目标向可持续发展的理念转变虽然值得赞赏，但可能已经远远超出了援助本身的范畴和能力。

（4）缺乏激励机制。虽然各国在提供援助时不乏带有利己的动机，然而这些利益获取往往周期长且不易察觉。而各援助国所付出的却是实实在在的资金、物资、技术等。各援助议程其核心离不开"援助"，而援助资金的来源主要依赖发达国家的资金捐助。这种单向的资金流动，长期忽视共同利益目标的设置,对援助方缺乏必要的激励机制,长期单边的利益输出导致援助国人民的反对和不满,导致各议程执行结果差强人意。

(二)承诺难以兑现

发达国家在履行援助义务时,往往承诺比较积极,但实际执行起来却差强人意,导致实际的援助效果不如预期。

比如,发达国家对援助金额的承诺执行长期不能履行。虽然发达国家每年提供了巨额的官方发展援助,但援助金额与承诺还相差甚远。早在 1970 年联合国就设立将发达国家国民生产总值的 0.7% 用做援助的目标,经济合作发展组织国家也同意这一目标,然而至今绝大部分的国家并未兑现上述目标。即便近些年加大了援助,但其援助比例一直徘徊在 0.2%—0.4%,距离所承诺的援助目标还有很大的距离。

以八国集团首脑会议为例:2002 年的《非洲行动计划》就减债、市场准入和援助等做出承诺,然而从会议结束到 2006 年首脑会议之前,相关议程的落实率最高为 51%,最低为 33%,部分承诺甚至倒退①。

再以《关于援助有效性的巴黎宣言》的落实情况为例,发达国家在执行过程中,实际情况与目标差距甚远。反映 DAC 国家实际执行情况的 12 个指标(目标 3 到目标 12)只有一个达到目标,其他 11 个指标都未能达标②。

(三)援助愈加复杂化和分散化

随着更多的援助国和国际组织加入援助方,使得受援方接受援助更加复杂③。目前援助方愈加多元,同一国家可能接受来自几十个国家的援助;援助活动大量增加,每年大大小小的援助活动多达十几万个,但平均规模不断下降④。复杂的援助渠道和更小的援助规模,都带来援助效率的下降。援助渠道的日益复杂化、分散化和碎片化,导致受援国管理困难(援助活动数量与平均规模变化情况参见图 3—16)。援助活动的复杂化和碎片化也容易导致援助项目之间难以协调,导致重复援助和资源浪费。

---

① 张永蓬.国际发展合作与非洲——中国与西方援助非洲比较研究[M].北京:社会科学文献出版社,2012:65.

② OECD. Aid Effectiveness 2011:Progress in Implementing the Paris Declaration[R].2012:19.

③ 目前约有 60 个双边援助国(1960 年时只有 10 多个)和 260 个国际组织开展国际发展援助。

④ 阿克塞尔·冯·托森伯格,罗西奥·卡斯特罗.发展融资体系概览[J].国际展望,2012,(5):85-97.

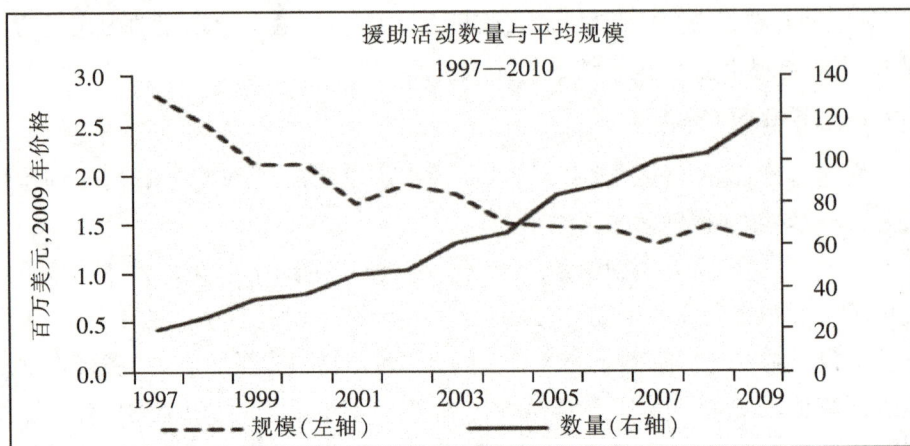

图3—16   援助活动数量与平均规模变化

资料来源：OECD DAC and Zimmermann and Smith(2011①)。

(四)援助常常植入各种条件或利益

一方面,援助常附加政治条件。发达国家常将民主、良治、人权和价值观等与援助结合起来,要求受援国接受援助时接受各种条件。例如,1975 年美国将人权标准纳入对外援助法案,荷兰与挪威也将人权条件纳入援助政策②。欧盟也先后于 1995 年和 2000 年,在《洛美协定》中规定将受援国的民主、人权、法制和良治与援助相挂钩③。21 世纪以来,美国和欧盟又都不同程度地将发展援助与反恐战争或政治联系起来。过多的政治条件,可能限制部分贫穷国家因达不到条件而失去必要的援助。附加的政治条件使得受援国付出必要的政治经济代价,限制了受援国制定减贫政策的自主权,无法集中精力用于解决本国的贫困问题。此外,附加的政治条款并不一定适应受援国的实际情况,未将生存权和发展权置于更优先的位置。由于发展阶段的差异,在发达国家比较适用的人权、民主、自由等权利未必适应温饱尚未解决的发展中国家,对于受援国而言解决生存和发展问题可能更为迫切,因此发达国家所附加的人权、民主和自由等

---

① 转引自:阿克塞尔·冯·托森伯格,罗西奥·卡斯特罗. 发展融资体系概览[J]. 国际展望,2012,(5):91.

② 刘丽云. 国际政治学理论视角下的对外援助[J]. 教学与研究,2005,(10):86.

③ 蒋磊,王海军. 现行对外援助中附加政治条件差异分析——基于中国与西方国家外援实践的比较研究[J]. 太平洋学报,2011,(7):55-56.

政治条件往往愿望良好,但并不完全符合受援国实际需要。

　　另一方面,援助往往附加经济条件,导致效率下降。许多援助项目附加了商品购买、设备采购和招标限制等经济条件,意在为援助国的厂商提供竞争优势。偏向援助国企业的援助采购项目,由于缺乏充分竞争,导致采购成本的上升。援助条款中还存在过度使用援助国人员的要求,相对受援国而言援助国人员往往工资高、收费贵,导致援助项目成本过高,实际上降低了援助资源的使用效率。此外,援助资金的分配也不尽合理,大量援助并非流向最需要的国家。

　　总之,过多地附加各种条件,使得援助项目的效率大大降低了。过多的援助条款,容易引发援助与需求脱节,造成援助资金的错配,降低援助的使用效果。这些不合理的条件,其实忽视了受援国的长期利益,没有完全发挥出援助在促进增长和减少贫困方面的功效。

第四章　中国对外援助减贫实践

　　严格意义上,中国的对外援助与国际社会惯常使用的官方发展援助还存在差异,两者所采用的统计标准并不完全一致,从范畴上看中国的对外援助属于南南援助,而官方发展援助属于南北援助。不过,该章所讨论的中国的对外援助也是政府对政府的援助,显然与官方发展援助在性质上是一致的。虽然从援助规模看,发达国家的援助占据绝对主导地位,不过从发展趋势看,中国的对外援助对促进受援国经济发展和减贫的作用不断提升,中国的对外援助已成为国际发展援助的有机构成部分。基于对中国援外议题的关注,研究中国的对外援助实践及其在减贫方面的表现也是必要的。

　　新中国自成立以来,就开始对外提供援助,至今已经过去 60 多年。中国的对外援助具有鲜明的历史阶段性和独特性。中国自身发展和减贫的经验深刻影响着中国的对外援助行为。中国的对外援助有利于促进受援国或地区的经济和社会发展。非洲是中国长期援助的重点地区,中国的援助对发展中非关系,帮助非洲发展与减贫发挥了积极作用,也为自身的援助活动积累了不少经验教训。

第一节　中国对外援助的历史与现状

　　新中国的对外援助活动始于 1950 年,中国对外援助的动机、实施和执行效果等因时代的变迁而发生变化,从而形成了特点鲜明的不同发展阶段。从1950 年至今,中国持续向广大发展中国家提供大量的国际援助,中国的援助重点投放在非洲、亚洲和拉美地区,主要援助领域为基础设施、农业、医疗等。与西方发达国家相比,我国的对外援助在援助理念、援助政策、援助领域、援助方式和援助管理等方面存在较大差异。

一、中国对外援助的发展历程

新中国成立以来,政府长期对外提供大量的国际援助,改革开放以前的国际援助往往基于国家安全和政治利益考虑,主要为争取第三世界国家的政治支持。自改革开放以来,我国逐渐调整了对外援助的指导方针,将对外援助逐渐转向政治和经济目标并重的轨道上来。特别是 20 世纪 90 年代以来,中国对外援助工作进入了全面改革阶段,逐渐贯彻大经贸战略的思想,将援助与国际贸易、投资和国际经济合作有机结合起来。进入 21 世纪后,随着中国经济实力的增强,我国对外援助快速发展,援助规模大幅增长。新时期,随着我国对外援助工作的深入开展,我国的对外援助也愈加重视对受援国和地区社会基础设施的援建,更加重视对受援地区贫困问题的关注。

关于我国对外援助发展阶段的划分,不同学者存在不同的看法,但大致的思路是一致的。本书引用国内学者张郁慧(2012)的研究成果,将其划分为五个①阶段。

(一)1950—1963 年的起步阶段

新中国成立的初期,出于国家安全和意识形态的考虑,我国将支援社会主义国家的民族解放运动和反对美帝国主义作为对外援助的首要目标,目的在于争取国际支持,以巩固国内新生政权。该时期内,朝鲜和越南占据中国对外援助较为特殊的地位,其中对两国的军事援助占据相当大的比重,对朝鲜战后重建和经济发展也提供了大量援助。1955 年万隆会议后,中国的对外援助逐渐由周边国家向其他地区的民族独立国家发展。截至 1963 年,中国向 21 个国家提供了约 48.9 亿②元人民币的援助。

在该阶段,中国的对外援助主要是基于政治因素的考量,虽然也有人道主义援助和经济技术援助,但缺少对经济因素的考虑,对受援国贫困问题的关注还远远不够。不过,在当时的国际环境下,该时期内的对外援助,对结交新朋友、争取国际支持和打开外交局面是有帮助的。另外,该时期所积累的援外经

①　此部分关于中国对外援助不同阶段的划分主要参考张郁慧(2012)的研究成果。
②　张郁慧.中国对外援助研究(1950—2010)[M].北京:九州出版社,2012:111.

验,为我国后来的援外工作打下了一定的基础,也初步形成了具有自身特征的援助管理体制和政策。

(二)1964—1970 年的发展阶段

这一时期,中国与美苏同时交恶,为了改善我国所面临的国际形势,中国在该时期的对外援助强调获取发展中国家的支持。该时期内,中国的受援国增加到 32 个。这一阶段援外金额也大幅增长,7 年间援助额达到 137. 5 亿元人民币[1]。该时期,对外医疗援助也成为重要的援外内容,对帮助受援国疾病医治,增进双方人民友谊和感情起到重要的作用。

该时期中国的对外援助,有力地支援了友好国家的民族独立斗争和经济建设,争取到了更多国家的支持,对缓解来自国际霸权的压力起到不可忽视的作用。尤为可贵的是,1964 年周恩来提出的对外援助"八项原则",体现了对外援助平等互助的精神,将我国对外援助推向了新的阶段,也对我国援外工作产生了深远影响。

(三)1971—1978 年的高峰阶段

随着中国于 1971 年加入联合国,中国迎来建交高潮,中国的外交空间进一步扩大,对外援助也随之急速增长。1971—1978 年的 8 年间,中国共向 68 个国家提供了 296. 6 亿元人民币的援助[2]。该时期内,对外项目援助依旧是最为重要的援助方式,项目数量大幅增长,共帮助 37 个国家建成 470[3] 个项目。

该时期的对外援助,总体上依然着眼于发展对外关系,拓展外交生存空间。政治因素依然主导着对外援助。这一阶段中国的对外援助最大问题是没有量力而行,浪费比较严重。

(四)1979—1994 年的初步改革阶段

随着中国的改革开放以及国际形势的变化,中国的对外援助在援助规模、方式、结构和管理等多方面进行了初步的改革。这一时期,中国在提供对外援助的同时开始接受外部的援助。援助规模有所减少,但援助面在增大。在此期间,共向受援国提供援助约 221. 2 亿[4]元人民币。虽然中国对外援助规模在减

---

① 张郁慧.中国对外援助研究(1950—2010)[M].北京:九州出版社,2012:128.

② 李小云等编著.国家发展援助概论[M].北京:社会科学文献出版社,2009:331.

③ 石林主编.当代中国的对外经济合作[M].北京:中国社会科学出版社,1989:60.

④ 张郁慧.中国对外援助研究(1950—2010)[M].北京:九州出版社,2012:158.

少,但接受中国援助的国家数量在增长。该时期内,中国更加注重援助的经济意义。随着全球和平发展诉求的高涨,中国对外军事援助明显减少,逐渐增加对外经济援助比重。

在该时期内,援外工作的指导思想有了新的变化,更加注重援助在经济上的互利性,强调援助效果的双向性,主张援助要量力而行,强调援助应促进双方的共同发展。总之,该阶段中国的对外援助开始由强调政治利益转为经济利益,从强调单边利益输出到实现双边合作共赢转变。

(五)1995 年至今的深化改革阶段

90 年代中后期,为配合国内经济发展和国际形势变化的需要,中国持续深化对外援助的改革,积极推行大经贸战略,将对外援助与经贸合作紧密结合起来。新世纪以来,中国在经济条件允许的情况下,不断加大对外援助力度。期间,陆续推出了对外援助的"五大举措"[1]和"八项政策措施"[2],并与非洲国家一道连续召开"中非合作论坛"[3]。同时,也推行援助方式的多元化,适当增加无偿援助。在此期间,逐步形成了有中国特色的援助模式,树立了"南南合作"的典范。

该时期内,中国的对外援助规模稳步增长。根据《中国统计年鉴》与张郁慧(2012)研究成果的资料,自 1995 年至 2012 年,中国的对外援助财政支出[4]累计总额约为 1418 亿元[5]人民币(参见表4—1),该时间内中国的对外援助(财政支出)占 1950 年以来对外援助约 67%[6]的份额。自 2004 年后,中国对外援助规模大幅增长,2004 年对外援助财政支出为 60.69 亿元,增长至 2012 年的 166.95 亿元人民币。根据《中国的对外援助 2014》白皮书,2010—2012 年三年内,中国对外援助金额为 893.4 亿元人民币,其中对外援助资金包括无偿援助、无息贷款和优惠贷款三种方式,三种方式的援助金额和比重分别是 323.2 亿

---

[1] 五项举措是指 2005 年 9 月中国政府在联合国发展筹资高级别会议上宣布的 5 项举措。

[2] 八项政策措施是指 2006 年 11 月中国政府在中非合作论坛北京峰会上宣布的 8 项举措。

[3] 中非合作论坛(Forum on China-Africa Cooperation,FOCAC),是中国和一些非洲国家之间为进一步加强友好合作,促进共同发展而举行的定期对话论坛。中非合作论坛每三年举行一次,首届部长级会议于 2000 年 10 月 10 日在中国北京举行。到 2014 年 10 月,成员包括中国、与中国建交的 50 个非洲国家以及非洲联盟委员会。

[4] 使用对外援助财政支出的概念是基于该数据来源于《中国统计年鉴》的财政支出部分,根据《中国的对外援助 2011》白皮书,无偿援助和无息贷款资金在国家财政项下支出,优惠贷款由中国进出口银行对外提供,因此对外援助财政支出不包含优惠贷款部分。

[5] 该数据实际上仅是代表对外援助财政支出,如果包括优惠贷款部分援助规模则会更大。

[6] 根据张郁慧(2012)、2012 和 2013 年《中国财政年鉴》的相关资料,笔者计算而来。

（36.2%）、72.6亿（8.1%）、497.6亿（55.7%）（需要注意的是,《中国的对外援助》白皮书所发布的援助数据既包括无偿援助,又包括无息贷款和优惠贷款部分,与表4—1的援助数据统计口径不一致,表4—1的援助数据为纯中国对外援助财政支出数额）。但从援助与财政支出占比看,援助支出的财政负担在不断下降。

表4—1 中国1995至2012年对外援助支出情况　　　单位:亿元人民币

时间	A(当年价格)	F(当年价格)	GNI(当年价格)	GDP(当年价格)	A/F(%)
1995	29.00	6823.72	59810.50	60793.70	0.425
1996	32.20	7937.55	70142.50	71176.60	0.406
1997	35.45	9233.56	78060.90	78973.00	0.384
1998	37.20	10798.18	83024.30	84402.30	0.345
1999	39.20	13187.67	88479.20	89677.10	0.297
2000	45.88	15886.50	98000.50	99214.60	0.289
2001	47.11	18902.58	108068.20	109655.20	0.249
2002	50.03	22053.15	119095.70	120332.70	0.227
2003	52.23	24649.95	134977.00	135822.80	0.212
2004	60.69	28486.89	159453.60	159878.30	0.213
2005	74.70	33930.28	183617.40	184937.40	0.220
2006	82.37	40422.73	215904.40	216314.40	0.204
2007	111.54	49781.35	266422.00	265810.30	0.224
2008	125.59	62592.66	316030.30	314045.40	0.201
2009	132.96	76299.93	340320.00	340902.80	0.174
2010	136.11	89874.16	399759.50	401512.80	0.151
2011	159.09	109247.79	468562.40	473104.00	0.146
2012	166.95	125952.97	516282.10	518942.10	0.133
总计	1418.3	746061.62	3706010.5	3725495.5	0.190

　　资料来源:其中,1995—2001年对外援助数据来自张郁慧(2012)的研究成果,2002—2011年对外援助数据来自于2003—2012年各年的《中国统计年鉴》,2012年对外援助数据来自《2013年中国财政年鉴》。历年的财政支出、国民总收入和GDP数据来自于《2013年中国统计年鉴》。

注：A 代表对外援助财政支出，F 代表财政支出，GNI 代表国民总收入。

此阶段，受援对象进一步扩展。到 2009 年底，援助对象扩展至 161 个国家和 30 多个国际组织[①]。2010—2012 年，中国又向 121 个国家或组织提供了援助[②]。该时期内，对外援助成为加强与受援国进行国际经济合作的重要渠道，援助动机主要以促进经贸合作、实现互利共赢为主，同时也加大了人道主义援助力度，愈加重视促进受援国能力建设。该时期内也加强了对援助行为的监管，防止援助腐败，并逐渐增加援助的透明度，援助管理正逐步走向规范化。

二、中国对外援助现状

根据中国政府公布的 2011 年和 2014 年《中国的对外援助》白皮书资料，截至 2012 年底，中国累计对外援助金额为 3456.3 亿元人民币，其中无偿援助 1385.2 亿元人民币，无息贷款 838 亿元人民币，优惠贷款 1233.1 亿元人民币。中国的对外援助领域分布广泛，主要包括经济基础设施、教育卫生和农业等。中国的对外援助方式主要包括成套项目和一般物资等 8 种[③]形式。

成套项目援助一直是中国最重要的援助方式，截至 2012 年底，对外援建 2600 余个成套项目，分布领域广泛（参见表 4—2 和表 4—3）。截至 2012 年底，中国累计在华开办各类培训班约 6000 多期，为受援国培训人员约 17 万人次。医疗卫生一直是中国的重要援助领域，截至 2012 年累计派出 2.4 万多名援外医疗队员。此外，中国也提供了大量的一般物资和技术合作援助。近些年中国加大了对外紧急人道主义援助。从 2002 年 5 月开始，中国开始派出援外志愿者，其中以青年志愿者和汉语教师为主，主要向受援国提供教育、医疗和社会发展服务。

---

① 《中国的对外援助（2011）》白皮书。
② 国务院新闻办公室.中国的对外援助（2014）白皮书[EB/OL].http://www.gov.cn/xinwen/2014-07/10/content__2715302.htm,2014-8-10.
③ 8 种形式：成套项目、一般物资、技术合作、人力资源开发、派遣医疗队、人道主义援助、援外志愿者、债务减免。

表4—2   中国已建成援外成套项目行业分布(截止到2009年底)

行业	项目数	行业	项目数
农业类	215	工业类	635
农牧渔业	168	轻工业	320
水利	47	纺织	74
公共设施类	670	无线电电子	15
会议大厦	85	机械工业	66
体育设施	85	化工	48
剧场影院	12	木材加工	10
民用建筑	143	建材加工	42
市政设施	37	冶金工业	22
打井供水	72	煤炭工业	7
科教卫生	236	石油工业	19
经济基础设施类	390	地质矿产勘探	12
交通运输	201	其他	115
电力	97		
广播电信	92	总计	2025

资料来源:《中国的对外援助(2011)》白皮书。

注:本表数据不包括优惠贷款项目。

表4—3   2010至2012年中国对外援助成套项目领域分布

行业	项目数	行业	项目数
社会公共设施类	360	农业	49
医院	80	农业技术示范中心	26
学校	85	农田水利	21
民用建筑	80	农业加工	2
打井供水	29	工业	15
公用设施	86	轻工纺织	7
经济基础设施	156	建筑化工	6
交通运输	72	机械电子	2
广播电信	62		
电力	22	总计	580

资料来源:《中国的对外援助(2014)》白皮书。

中国的援助对象主要是低收入国家,重点关注当地的民生和经济发展,努力减缓当地的贫困。例如,2009 年,对最不发达国家的援助比重为 39.7%,对中低收入国家的援助比重为 19.9%,对其他低收入国家的援助比重为 23.4%①。2010 年至 2012 年,援助更加向最不发达国家倾斜,对最不发达国家、中低收入国家和其他低收入国家的援助比重分别为 52.1%、21.2% 和 9%②。中国最为重要的援助对象是亚洲和非洲,80% 以上的援助资金用于该两地区。

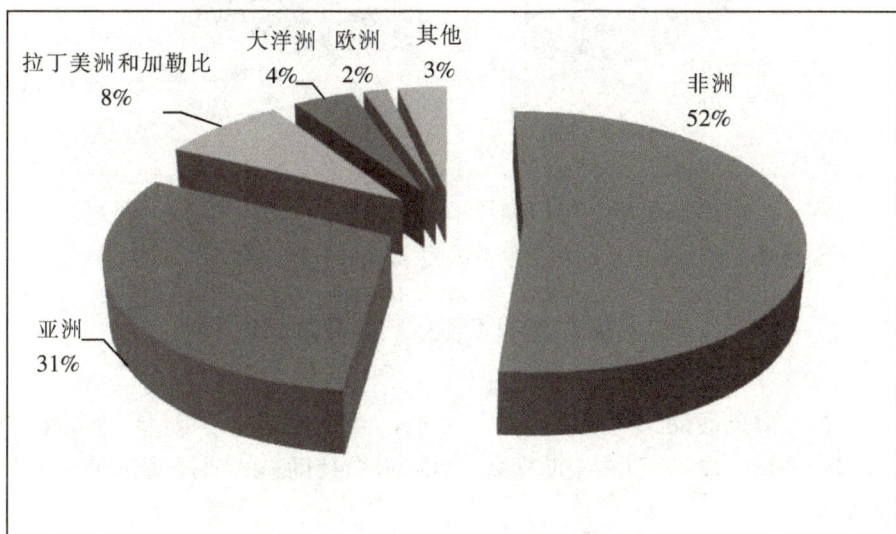

图4—1　2010 年至 2012 年中国对外援助地区分布

资料来源:《中国的对外援助(2014)》白皮书。

---

① 资料来自《中国的对外援助(2011)》白皮书。
② 资料来自《中国的对外援助(2014)》白皮书。

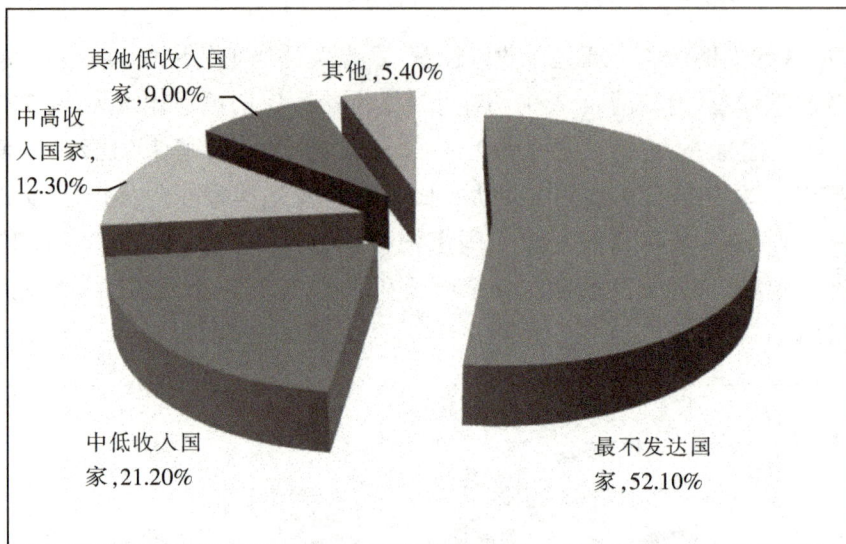

图4—2 2010年至2012年中国对外援助资金分布(按受援国收入水平划分)

资料来源:《中国的对外援助(2014)》白皮书。

三、中国与发达国家援助的差异比较

中国的对外援助与西方发达国家的援助,虽然两者的终极目标都是帮助受援国经济和社会发展,但在援助理念、援助领域、援助形式和援助管理等方面都存在较大的差异。

(一)援助理念和政策的差异

源于历史和发展阶段的差异,中国与西方的对外援助理念存在较大差异。西方发达国家源于自身几百年的发展优势,在对外援助时往往容易掺入对受援国"改造""治理""价值观影响"等思维。产生这些思维的根本原因是西方发达国家需要一定程度上借助于援助来实现某种援助利益,其根源是西方具有自我身份优越感,于是附加更多的援助条件,将援助与民主、人权和良治结合起来成为西方援助的常见行为。不过,西方的援助也强调道义、平等和责任的理念,这也体现在西方将大量的援助倾注于社会、民生和人道救济等方面。

中国的对外援助政策随着时代发展而变迁。新中国成立初期至改革开放前,中国源于与广大发展中国家共同的民族解放和反帝斗争的需要,中国将获取发展中国家的政治支持作为援助的主要目标,后来到20世纪90年代中期演变为以经济发展为主,援助形式也由无偿援助转为合作共赢。不附加政治条件,坚持互利合作是我国当代对外援助的基本指导方针。

与发达国家强调援助过程有效性不同,中国的对外援助更强调发展有效性,即注重援助能够为受援方带来何种结果,比较注意对受援国经济发展能力的培养,在提供援助时也主张援助的互利性和合作性。西方的援助理念核心是强调援助过程的有效性,注重援助对受援国政治和社会良治等软环境的影响。

(二)援助领域的差异

中国与西方发达国家在对外援助领域选择上,都经历了从生产领域、经济领域到社会和人道主义等领域的转变,中国与西方在援助领域的差异在明显缩小(张永蓬,2012)。

西方援助对不同领域的关注也随时代变化而变化。20世纪50至60年代,受当时经济理论的影响,西方援助重点关注对资本、劳动力和技术领域的资源配置,这一时期援助主要流向经济和生产领域。70年代受依附理论和欠发达理论的影响,重点对减贫和农村综合发展领域进行援助。80年代受内生增长理论、制度经济学和新自由主义理论的影响,导致援助附加更多条件,以推动受援国的结构改革。这一时期西方继续对生产部门的援助,同时也加强了对教育、卫生健康、政府与公民社会领域的援助。20世纪90年代以来,西方对社会领域的援助明显增加,而对生产领域的援助有所减少。

同样,中国对外援助的领域选择也经历了不同的时代变迁。50—80年代末期,中国对外援助多集中于农牧渔业、轻工业、社会公共设施、经济基础设施、能源、交通、医疗和教育等行业。90年代,中国逐渐将对外援助与投资、贸易结合起来,对外援助逐渐扩大到投资和贸易领域。该时期,人道主义援助也进一步增加。21世纪以来,中国的对外援助领域更加趋于全面和合理,中国也逐渐加大对社会领域的援助比例。

总体上看,西方发达国家的援助更偏向于"软"的社会领域,而中国的援助更多偏向于"硬"的发展领域。不过,从目前的发展趋势看,两者在援助领域选择上的差异逐渐缩小,并都将重点关注减贫、教育、卫生健康和环境保护等目标领域。

(三)援助方式的差异

援助形式存在差异。西方发达国家的援助形式主要有资金援助、技术援助、粮食援助和债务减免等,其组织过程比较有协调性和规划性(杨立华,

2013）。而中国主要采用成套项目等八种援助方式,在执行上又相互交错、灵活多样。另外,中国将援助与贸易、投资和减债相结合的"大援助"内涵丰富,是西方援助所没有的方式。

资金转移上存在差异。中国与西方在进行政府优惠贷款时存在相同点,也存在不同点。相同点是资金都来自政府,且借贷条件优惠。与西方相比,中国的资金转移也存在一些差别,比如:中国的援助允许用石油等实物偿付,中国的贷款资金很多通过进出口银行筹集,中国的援助资金往往与密切经贸关系相联系。具体差异参见表4—4。

表4—4　OECD 国家与中国政府贷款的差异

	政府对政府	借贷条件是否优惠	私人或企业是否提供资金	资金是否通过发展部门提供	是否加强与援助国经济联系	是否接受实物偿付贷款	赠款部分至少25%
OECD 国家	是[a]	是	否	是	否	否	是
中国	是	是	否	否[b]	是[c]	是[d]	是

资料来源:The World Bank[1]。

注:a. 赠款部分可能赠与援助国或受援国非政府组织;b. 中国援助多通过中国进出口银行以优惠贷款形式提供;c. 援助项目便于对中国的资源和商品出口,使用中国公司、材料和劳动力;d. 在一些情况下,受援国用石油和矿产品支付中国贷款。

(四)援助管理的差异

目前,中国逐渐建立了以商务部、外交部和财政部三部门为主的援助管理体系(中国对外援助管理体系见附图),并不断在完善中。与发达国家相比,我国在援助的法律、决策和执行、组织和管理、监督和评估、非政府组织的作用以及援助协调等方面,仍存在一定的差异。

总体上,与西方发达国家相比,我国在援外管理上还存在较大差距。比如,

① Penny Davies,"China and the End of Poverty in Africa," August 2007. "Building Bridges:China's Growing Role as Infrastructure Financier for Sub-Saharan Africa," The World Bank, No. 5 (2008). 转引自 Thomas, L. China's Assistance and Government-Sponsored Investment Activities in Africa,Latin America,and Southeast Asia[R]. CRS Report for Congress,November 25,2009:2.

我国尚缺乏相应的对外援助法律和法规。我国对外援助决策机制缺乏协调统一性。我国援外人员规模和素质,还远不能满足实际的需要。我国援外项目管理还存在概算审批不够严谨、项目合同执行具有一定随意性、项目后续监督评估不够完善和管理各方协调不足的问题①。中国对外援助的透明度还远不如西方,援助数据资料的公布在及时性和完整性方面还有待提高。此外,与发达国家相比,我国的对外援助活动民间参与程度不高,援外机构的独立性也不如发达国家。

第二节 中国的减贫经验及对援助与减贫关系的理解

中国成功的发展和减贫经验,以及深厚的文化深深影响着中国对援助与减贫关系的理解,也极大影响了中国的对外援助减贫政策。

一、中国的减贫成就与减贫经验

(一)中国的减贫成就

自改革开放以来,中国的减贫事业取得了伟大的成就。中国实现大规模的减贫始于1978年的改革开放。

1. 人均 GDP、人均可支配收入和恩格尔系数

30多年来,中国的广大居民收入普遍上升,生活质量显著改善。从改革开放前的温饱尚未解决到整体步入小康社会,到正迈入全面小康型社会。按照2005年不变价格计算,全国人均 GDP 从 1978 年的 189 美元增长至 2013 年的 3583 美元,增长318.96倍。而按照现价美元计算人均 GDP 从 1978 年的 155 美元增长至2013 年的6807 美元,增长 343.91 倍。按照不变价本币计算人均 GDP 从 1978 年的1326 元人民币增长至 2013 年25090 元人民币,增长了约18.92倍。出生时的寿命预期从 1978 年的 66.5 岁增长至 2012 年的 75.2 岁。人均可支配收入增长明显,从 1978—2012 年,我国城镇居民家庭人均可支配收入从343.4元增长至24564.7 元,农村居民家庭人均可支配收入从 133.6 元增长至 7916.6 元。家庭消

---

① 中国商务部援外司. 在线访谈[EB/OL]. http://gzly. mofcom. gov. cn/website/face/www __face __ history. jsp? desc =&p __page =1&sche __no =1088,2014 - 9 - 12.

费结构进一步合理,城乡居民恩格尔系数显著下降,城镇居民从 1978 年的 0.575 下降至 0.362,而农村居民恩格尔系数从 0.677 下降至 0.393[①]。

2. 贫困人口及贫困率

根据世界银行资料,按照 1.25 美元每天的贫困标准,中国 1981 年的贫困人口为 8.38 亿,贫困率为 84.27%。到 2011 年中国的贫困人口和贫困率分别下降至 8414 万和 6.26%[②]。而同期世界贫困人口减少约 9.49 亿,中国对世界减贫的贡献度约为 79%。根据 2300 元的扶贫标准,2010—2012 年间中国的贫困人口从 16567 万减少到 9899 万[③],减贫成效显著。

3. 其他主要经济社会指标

人类发展指数能够更加全面衡量一国在教育、健康和经济发展水平的综合变化。中国的人类发展指数也稳步增长,从 1980 年的 0.407 增长至 2012 年的 0.699。[④] 虽然从人均 GDP 角度看,截至 2013 年,中国还未达到世界平均水平,然而按照人类发展指数衡量,中国在 2011 年就已经超出世界平均水平(具体参见图 4—3)。

此外,中国在学龄儿童入学率、初中升学率、小学女生比重、妇女参政程度、农村社会医疗保障水平、儿童死亡率、孕产妇死亡率、艾滋病传播控制和疟疾发病率等方面都取得了巨大成就。相关经济社会指标的最新进展参见《中国统计年鉴 2013》,数据显示从 1990 年至 2012 年中国主要的社会发展指标取得长足进步(参见表 4—5)。

4. MDG 的执行情况

若从 MDGs 的执行情况看,中国的减贫效果同样显著。截至 2012 年,中国已经提前完成了 MDGs 的七个发展指标,分别是贫困人口减半、饥饿人数减半、初等教育、各级教育中消除性别差距、五岁以下儿童死亡率、安全饮用水、艾滋病治疗,到 2015 年在降低孕产妇死亡率、生殖保健、扭转艾滋病蔓延和疟疾防治等方面很可能实现预期目标(中华人民共和国外交部,2013[⑤])。

---

① 数据来自《中国统计年鉴 2013》。
② 数据来自世界银行 PovcalNet 和 WDI(世界发展指数)数据库。
③ 中华人民共和国外交部,联合国驻华系统.中国实施千年发展目标进展情况报告(2013)[R].2013:8.
④ 联合国人类发展指数[EB/OL]. http://data.un.org/Explorer.aspx? d=15,2014-5-10.
⑤ 中华人民共和国外交部,联合国驻华系统.中国实施千年发展目标进展情况报告(2013)[R],2013:47-48.

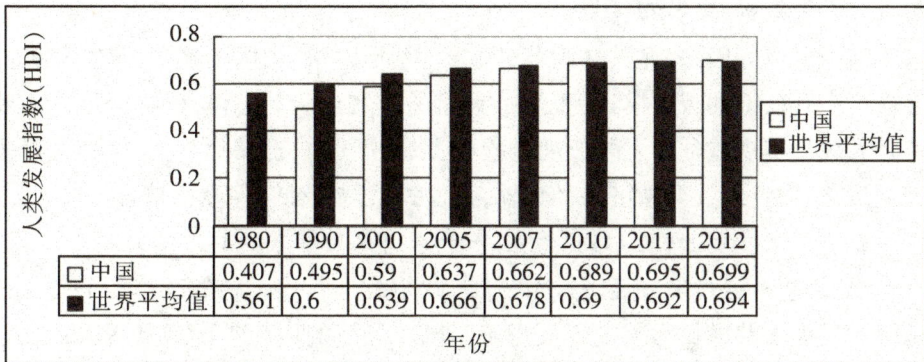

图4-3　中国与世界平均水平人类发展指数变化趋势(1980—2012年)
资料来源:联合国。

表4—5　中国主要社会发展指标变化情况

指标	1990 年	2012 年
贫困人口数量(1.25 美元每天,百万)	689.4	84.14(2011 年数据)
实际人均国内生产总值(当年价格)	1644 元	38420 元
城镇居民人均可支配收入	1510 元	24565 元
农村居民人均纯收入	686 元	7917 元
小学学龄儿童净入学率(%)	97.8	99.9
初中升学率	40.6	88.4
初等教育中女生比重(%)	—	46.37
全国人大女代表比重(%)	21.3(1988 年数据)	23.4(2013 年数据)
新型农村合作医疗人均筹资	52.1 元(2006 年数据)	308.5 元
5 岁以下儿童死亡率(‰)	61.0(1991 年数据)	13.2
孕产妇死亡率(1/10 万)	80.0(1991 年数据)	24.5
艾滋病发病率(1/10 万)	—	2.93
艾滋病病人人数/死亡人数	—	39515/11575
疟疾发病率(1/10 万)	—	0.16

资料来源:贫困人口数据来自世界银行,其他数据来自 2013 年《中国统计年鉴》。

(二) 中国减贫模式与经验

新中国成立以来,尤其是改革开放的 36 年以来,中国的减贫成效显著,并开创了一套独特的减贫模式,积累了大量的减贫经验。总体来看,中国能够快速且大规模实现减贫的主要成功经验有:以发展(增长)路径为主,坚持通过发展经济来减贫;以社会救济路径为辅,开发式扶贫及社会保障相结合。

1. 推行以发展(增长)路径为主,社会救济路径为辅的减贫模式

第一,坚持通过发展经济进行减贫,并始终进行一系列的改革与创新。中国持续且强劲的增长为减贫打下坚实基础。经济的增长为广大贫困人群创造大量的就业岗位,而就业能够提供稳定的收入来源。1978 年以来,持续地进行改革和创新,为经济增长和减贫提供了动力与保障。比如,改革初期在农村推广的土地家庭承包制,提高了农民生产的积极性,释放出巨大的农业生产能力,使得长期困扰中国的温饱问题得到根本解决。而随后开展的企业承包制、开办乡镇企业、引进外资和国企改革,都释放出了巨大的生产力,推动了经济的高速增长。

第二,坚持对外开放,通过外部力量推动经济增长,并实现广泛的减贫。在改革开放初期,中国就集中全国力量创办经济特区,并在全国各地设立各种经济园区、出口加工园区和经济开发区等。积极吸引外商投资,从事加工贸易,引进国际先进管理经验和技术,开拓国际市场,弥补国内资金、技术、市场和管理的短板,持续推动出口贸易,大量创造就业机会,吸纳农村剩余劳动力转移,为持续减贫打下了坚实基础。

2. 经济增长增强了国家财力,使得大规模向贫困人群进行转移支付成为可能

第一,通过政府主导,有组织、有计划地开展开发式扶贫[①]。中国中央政府通过各级地方政府以及设立专门的扶贫机构(比如国务院扶贫开发领导小组办公室),因时制宜地制定扶贫政策和计划,以推进全国减贫目标的实现。比如,1984 年 9 月,中共中央、国务院联合发出《关于帮助贫困地区尽快改变落后面貌的通知》[②],划定贫困区域,倡导开发式扶贫模式。1994 年 4 月,中央政府

[①] 所谓开发式扶贫是指通过改善基本的生活生产条件,促进经济增长,增加收入,提高贫困地区和贫困人群的自我积累和自我发展能力,从根本上消除贫困。

[②] 国务院.中共中央国务院关于帮助贫困地区尽快改变面貌的通知[EB/OL]. http://wenku. baidu. com/view/769737395727a5e9856a61e4. html,2014 – 11 – 19.

制定了《八七扶贫攻坚计划》①,强调解决贫困人口的温饱问题为努力方向。2001 年实施《中国农村扶贫开发纲要(2001—2010)》②,制定扶贫重点是贫困人口集中的老少边穷地区,强调扶贫工作以县为基本单元,以贫困村为基础。进入 21 世纪后,又开始进行大规模的社会保障体系建设,通过城市对农村的反哺,鼓励民营经济发展,持续深入推进新农村和城镇化建设,这一系列改革措施将进一步推动减贫事业的发展。

第二,重视农民、农村和农业问题。由于历史原因,中国的贫困人口主要集中于农村地区和老少边穷地区。改革开放以来,中国政府持续向农村地区进行转移支付,引进先进农业技术,加强对农村的基础设施建设,普及农村基础教育,转移农村剩余劳动力,特别是 21 世纪以来一系列的惠农政策,比如取消农业税、农业生产补贴、家电下乡、农村合作医疗、村村通路、农村低保、危房改造和新农村建设等政策的实施使得农村的落后与贫困面貌得到有效的缓解。

2007 年,政府在全国农村推广建立最低生活保障制度。2011 年 12 月,中国政府颁布《中国农村扶贫开发纲要(2011—2020)》③,着重解决增加贫困人口收入和提高贫困人口能力问题。2014 年 10 月在首届"10·17 论坛"④上,精准扶贫的理念被提上议事日程,强调扶贫对象的精准、措施的精准。正是通过政府的统一规划和强有力的组织领导,使得中国的减贫工作能够强有力的推进。

二、中国对援助与减贫关系的理解

中国对援助与减贫关系的理解深受中国文化或国家精神的影响,同时也受自身发展和援助实践的影响。

中国文化中素有"己预立而立人,己预达而达人""和而不同""授人以鱼不如授人以渔""自力更生"的理念,这些文化理念或国家精神深深影响着中国对

---

① 国务院. 国务院关于印发国家八七扶贫攻坚计划的通知[EB/OL]. http://www. people. com. cn/item/flfgk/gwyfg/1994/112103199402. html,2014 - 11 - 19.

② 中国农村扶贫开发纲要 2001—2010[EB/OL]. http://wenku. baidu. com/view/00ff360090c69ec3 d5bb754d. html,2014 - 11 - 19.

③ 中国农村扶贫开发纲要 2011—2020[EB/OL]. http://www. gov. cn/jrzg/2011 - 12/01/content __ 2008462. htm,2014 - 11 - 19.

④ 刘永富. 打好扶贫攻坚战,全面建成小康社会——在首届 10·17 论坛上的主旨演讲[EB/OL]. http://www. cpad. gov. cn/publicfiles/business/htmlfiles/FPB/s7009/201410/201768. html,2014 - 11 - 19.

待援助与减贫的看法,也影响着中国对外的援助减贫政策。比如,中国即便自身还处于有大量贫困人口的发展中阶段,仍然坚持向广大发展中国家提供大量援助,正是"己预立而立人,己预达而达人"兼济天下苍生的写照。中国在援助中坚持不附加任何政治条件,因地制宜地提供援助也体现了中国文化中"和而不同"的理念。中国在援助中非常重视提高受援国能力建设,也是"授人以鱼不如授人以渔""自力更生"理念在援助中的反映。中国在自身的发展以及长期的对外援助实践中,深深懂得自身的努力是发展或减贫的主因,而外界帮助只能起到辅助的作用。中国成功的发展减贫经验本身就是一部艰苦奋斗和自力更生的发展史。虽然中国在改革开放后,也大量接受发达国家的援助,然而中国始终坚持自力更生、自我为主的发展道路。

首先,发挥政府在减贫中的规划者、指挥者和动员者的作用。中国减贫的成功,得益于有一个强有力的政府。中国政府在制定全国性和地区性的减贫规划、调动社会资源上都发挥不可替代的作用。一方面,政府能够统筹各方利益,合理制定各种经济战略规划,比如产业规划、扶贫规划和教育规划等等。这些规划能够号召、动员社会集中力量发展经济,通过促进经济发展的思路来减少贫困。另一方面,政府能够通过税收、转移支付和社会保障等制度来实施对贫困群体的社会救助,从而达成扶贫的目标。因此,要很好地实现援助的减贫效果,受援国应该有一个强有力的政府,能够动员社会力量推动经济发展,并能对贫困人群进行转移支付。

其次,援助要实现舒缓人的贫困,主要有两条路径:一是能力建设路径,即帮助贫困人群提升能力、增加收入、参与社会发展进程,依赖人的发展来解决贫困问题。提升能力的方法多种多样,比如提高教育水平、提供就业机会和进行人员技术培训等。另一条就是社会救助路径,就是直接对穷人进行社会救助,其中外部援助也是救助资源的来源之一。社会救助形式包括直接的物资资金援助和社会保障体系的完善等等。在帮助人的减贫中,中国社会比较认可能力建设路径为主、社会救助路径为辅的方式。中国在对外援助实践中,大量提供技术培训、留学生援助计划等援助项目,就是旨在帮助提升受援国的人力发展水平,提升人的能力。此外,中国通过外派援外医疗队、提供人道主义援助和援建公共福利设施等方式提供援助就是旨在直接提升受援国贫困人群的福利水平,属于社会救助的范畴。

第三,现代企业在援助减贫中的作用也至关重要。现代市场经济需要以现代企业为主体的组织参与竞争、抢占市场,并促使快速提升社会生产效率。另外,企业也是吸纳就业的主力军,能够为贫困人群创造大量就业机会。根据中国的经验,中国自身减贫的成功,得益于农业社会向工业社会转型,在转型过程中涌现了大量的现代企业,这些企业在提升生产效率和解决就业发挥了关键作用。在现实世界中,贫困程度大的国家往往是农业国家,缺乏工业基础,现代意义的企业更是稀缺,导致社会生产效率低、竞争力弱,社会就业不足,无法有效提高收入,从而无法根除贫困。西方对非洲的援助并没有产生预期的减贫效果,一个重要的原因是没能帮助非洲建立现代企业群或产业群,从而无法有效帮助受援国内生自我发展能力。因此,援助要实现较好的减贫效果,帮助受援国建立现代企业或产业体系是至关重要的。正因如此,中国非常重视对受援国的经济基础设施建设的投入,大量提供技术和管理培训,为受援国企业的成长和发展创造良好的条件,以帮助快速提升受援国的能力建设,为减贫打下坚实的发展基础。

总之,中国社会认为帮助其他国家发展是一种美德,主张援助应着力培养受援国的能力建设,也始终认为援助对发展中国家的减贫只能起到辅助作用,而受援方内部的发展才是根除贫困的最主要力量。

第三节　中国对外援助对受援国减贫的影响

新中国几乎从成立起就开始对外提供援助,其最初的援助动机并不是帮助受援国减少贫困,而主要是基于政治和国家关系的考量。随着国际社会对国际发展和减贫的关注,以及中国自身对外战略的需要,中国的对外援助逐渐更多关注受援国的发展和减贫议题。无论是出于国际关系的政治动机、互利双赢的经济动机还是更多关注受援国减贫需要的人道动机,我国对外援助在帮助受援国发展经济和减少贫困方面的贡献是客观存在的。

一、中国对外援助对国际减贫的总体贡献

从国际援助的总规模看,中国的对外援助只占极小部分。显然,从援助资金的规模看,中国在帮助国际减贫方面还有较大的潜力。然而,中国的对外援

助具有独特的优势,在帮助受援国减贫方面能够发挥事半功倍的效能。从宏观角度看,中国的对外援助对受援国的减贫贡献体现在以下几个方面:

第一,中国的援助对受援国经济和社会发展提供直接的物资帮助。虽然中国所提供的援助资金规模相对发达国家非常有限,然而由于集中使用,对受援地区的减贫和发展的帮助是客观存在的。

从社会救济角度看,中国的援助通过提高教育水平、改善卫生医疗水平、建设公益设施和提供人道主义救援等方式改善了受援国的民生。中国极其重视教育领域的援助,常常通过援建校舍、提供教学器材和资助留学生等形式对受援国的教育事业给予援助。中国通过援建医院、派出医疗队和培训医护人员等形式帮助受援国的医疗卫生事业发展。中国也同时在受援国大量援建社会公益设施,使广大当地居民直接受惠。中国也提供大量的人道主义援助,对受援国因自然灾害、政治动荡、疾病或战争等原因造成的灾民或难民提供帮助。

从发展角度来看,中国的援助有利于帮助受援国提升农业发展水平、改善基础设施条件、提升人力资源水平、促进贸易发展和保护环境。中国通过援建大量交通、通讯和电力等基础设施,帮助受援国改善基础设施条件。中国通过培训或合作方式,帮助培养人才,增强受援国的发展能力。中国通过提供优惠的贸易条件、培训经贸人员和援助换能源等形式帮助受援国扩大出口。由于贫困人口大量集中于农村,对农村地区的援助一直是中国对外援助的重点,中国通过各种农业援助项目帮助受援国发展农业,促进农村的发展和减贫。此外,中国也通过援建清洁能源工程、提供环保设备等形式帮助受援国发展环保产业,促进当地的环保水平。

第二,中国自身的减贫和发展经验对广大受援国具有很好的借鉴作用。中国自身的减贫成就举世公认,所积累的减贫经验非常丰富,比如,授人以鱼不如授人以渔、坚持自力更生原则、发展权置于优先地位、开发式扶贫、工业现代化带动农业现代化、充分利用劳动力资源优势、基础设施先行、提高农业技术水平、政府主导集中开发扶贫和工业反哺农业等,这些成功的减贫经验本身对广大受援国具有积极的启示作用。中国在开展对外援助活动中也积极融入这些减贫经验,比如中国坚持不附加政治条件的原则,其实就是对发展权置于优先地位的延伸。中国的援助资源大量投入到道路、港口、电力、码头和通讯等工程建设中,也源于国内对基础设施作用的认识。中国出资为广大受援国的政府官员、科技人员、学生举办各种培训、参观和观摩等活动,大力推广中国的发展经验,就是直接推广中国的发展模式,让受援方能够感受和学习中国的发展经验。

第三,中国的援助模式为受援国提供了另外一种选择。中国的援助与西方发达国家的援助模式具有很大不同,长期以来广大受援国被置于西方的援助模式下,往往需按照西方的模式去规划自身的发展道路,然而这些规划并不完全符合各国的实际情况。一方面,由于发展阶段的相似性,中国在对外援助中更能了解受援国的实际需要,也能提供更符合实际的援助。另一方面,也能够促使西方发达国家重新审视自己的援助模式,并不断完善自身的不足。此外,对广大受援国而言,中国的援助拓宽了援助来源渠道,使得自身的选择权扩大,提升了与西方国家打交道的话语权。

二、中国对外援助在主要领域的减贫表现

观察和分析中国对外援助对减贫的贡献也可从各个不同援助领域进行。中国的对外援助主要分布在医疗卫生、教育培训、人道主义、公共设施、农业、经济基础设施、工业和国际贸易等领域。这些领域可归纳为"社会救助"和"发展"两个大的领域。下文将从细分的援助领域,来分析中国的对外援助在不同领域的减贫表现。

(一)"社会救助"领域

1. 医疗卫生领域

中国长期对外进行医疗卫生援助。中国采用外派医疗队、援建医院、提供医疗设备和药物等形式进行援助。其中,中国援外医疗队发挥了最为重要的作用。自1963年开始,中国派出了大量的援外医疗人员,他们中95%以上具备中、高级职称。到2013年止,中国共向69个国家和地区派遣了医疗队,其中向非洲派遣了约2.3万名医疗队员①。截至2009年,中国已援助180所医疗机构,同时也提供大量包括药品等在内的医疗用品援助。

中国在医疗卫生方面对受援国的贡献表现在以下几点:

第一,援外医疗队大量接诊病人,为病人解除了病痛。中国医疗队一般在缺医少药的落后地区工作,受援地一般缺医少药、医疗条件落后,并且许多贫困家庭无力支付医疗费用。中国医疗队在援助资金的帮助下,在当地治愈了大量

---

① 左耘. 中国援外医疗队的贡献及面临的挑战[J]. 国际经济合作,2013,(11):8.

病人,至2012年底,累计接诊2.7亿人次。中国也常提供紧急医疗援助,例如,2014年为应对埃博拉疫情,中国连续派出500多①(最终可能派上千名医护人员和专家)名医护人员和专家,对帮助控制疫情起到很重要的作用。中国援外医疗队帮助贫困地区居民解除病痛,改善身体状况,减少病人家庭因病致贫、因病返贫的发生,使许多贫困家庭重燃脱贫解困的希望。

第二,培训当地医护人员,提高了受援地区的医疗水平。首先,援外医疗队在接诊过程中与当地医护人员一道工作,通过手把手培训,使当地医护人员的医疗水平迅速提高。其次,中国医疗队经常开展讲座、短期和长期培训班,为受援国培训了大量医疗骨干,深受当地人民的欢迎。另外,中国积极提供援助,吸收受援国留学生来华学习医疗卫生等相关专业。

第三,输出我国传统医术,为当地百姓排忧解难。中国许多传统医术,比如针灸、推拿能在治疗某些疾病有独特功效。中国在治疗伤寒和疟疾方面也具有丰富的经验。此外,中国开发的青蒿素等药物,对防治疟疾作出重大贡献。例如,2007年,中国利用疾病防控的技术优势,帮助科摩罗莫埃利岛的疟疾发病率大幅下降(国务院新闻办公室,2014)。

2. 援外教育培训领域

援外教育培训,也即援外人力资源开发合作,旨在帮助受援国提高人力资源水平和提升自我发展能力。

中国的对外人力资源培训合作始于1953年。早期的援外培训分散在农业、工业和医疗卫生等援助领域,主要承担项目援助中对受援国的设备使用、技能操作培训、医疗培训和项目管理等方面。自1981年开始,中国在华举办各种实用技术培训班。后来,培训领域逐渐拓展至政府治理等领域,其中官员研修项目也从1998年开始实施。截至2009年底,中国在华举办各类培训班4000多期,培训人员12万人次②。源于中国经济发展的成功经验,近年来越来越多受援国青睐来华取经。例如,2010年至2012年,4万名官员来华研修,期间举办技术人员培训班357期,培训技术人员近万名③。

此外,中国也广泛开展技术合作。通过外派专家及技术人员,转让适用技

---

① 数据来源:新华网.中国商务部回应对非援助新殖民主义论:毫无根据　不负责任[EB/OL].http://news.cnr.cn/native/gd/201412/t20141209＿517031953.shtml,2014-12-11.

② 《中国的对外援助(2011)》白皮书。

③ 资料来自《中国的对外援助(2014)》白皮书。

术,提高受援国技术管理水平。再有,中国大量通过援外志愿者形式外派语言、计算机培训、中医诊治、农业科技和艺术培训类教师。目前的孔子学院、技术援外培训基地和部分高校发挥着重要的援外培训职能。

总体来看,中国的援外教育培训有利于促进受援国人力资源水平的提高,传播了实用技术,传授了中国的发展经验,对受援国的经济发展和减贫有长远的贡献。

3. 人道主义援助领域

多年来,中国广泛参与对外紧急人道援助,在有关国家遭遇自然和人道灾难时,积极提供物资、现汇和人员等进行救助。

首先,中国对受灾地区提供大量物资和现汇援助,帮助灾后重建与恢复生产。2004年9月,中国建立了国际紧急救灾应急机制,并积极投入国际救援事业当中。仅2005—2009年,中国就向国际社会提供紧急援助近200次。2010年至2012年,中国政府向遭遇地震、洪灾、飓风和战乱破坏的地区,提供了近50批紧急救灾物资,价值约12亿元人民币。期间中国政府通过举办各类救灾培训班等形式,与受援国分享中国自身的防灾减灾经验。

此外,中国还提供大量紧急粮食援助。近些年,中国先后向多个国家提供粮食援助,为帮助受援国应对粮食危机。例如,2011年和2012年,中国分别向非洲之角和萨赫勒地区提供粮食援助,援助金额分别为4.4亿元和0.7亿元①。

中国政府提供的紧急人道主义援助,对缓解受援地区的人道主义灾难、恢复重建和摆脱贫困发挥了重要作用。

4. 公共设施领域

中国通过向受援地区援建公共设施,来改善当地贫困人群的生活条件。中国在非洲等干旱地区实施打井供水项目,帮助解决居民用水困难。例如,中国在多哥和苏丹多个国家帮助打井,并修建配套潜水泵和发电机组。中国通过援建民用住宅,为受援地区居民改善居住条件。中国还援建文化场所和体育场馆等公共设施,为丰富当地民众文化体育生活作出了贡献。

(二)发展(增长)领域

1. 农业领域

农业一直是中国对外援助的重点领域。中国通过各种农业援助项目,提高

---

① 资料来自《中国的对外援助(2014)》白皮书。

了当地的农业产量,促进了农业发展,为受援国农村的减贫提供了动力。

在农业基础设施方面,中国政府通过援建农场、示范中心、技术站和农业灌溉系统等形式来帮助受援国农业发展。截至 2013 年 10 月,中国已经建成了 230 个①农业项目,这些项目大大推动了受援国的农业生产。例如,80 年代中国在突尼斯援建的"麦热尔德——崩角"②水利工程,为当地的农业发展奠定了基础。2011 年在卢旺达建成的农业技术示范中心,已经成为当地最大、设备最好的农业技术培训机构,为卢旺达的农业发展作出了有力的贡献。

多年以来,中国派出了大量的农业技术人员,向受援国传播适用技术,并给予现场指导,对受援国农业技术水平的提升产生了积极影响。近 10 年来,中国已经举办了 600 多场农业培训班,总学员超过 15000 名③。这些培训班课程涉及广泛,包括杂交水稻栽培、油料作物种植和菌类培植技术等。例如,中国与东帝汶开展的杂交水稻合作项目,帮助培训 1000 多人,从 2008 年开始推广至 2000 公顷,为东帝汶实现粮食自给作出了贡献。中国在萨摩亚援建的农业技术合作中心项目到 2013 年已经培训 1300 多当地农民④。同时,中国为其他受援国提供了大量的农业机器、工具、农业加工设备以及其他农业设备,致力于满足受援国农业生产的需要。中国也通过多边机制提供农业合作。

2. 经济基础设施领域

在资金有限的情况下,中国帮助受援国援建交通、通讯和能源等设施,为受援国经济发展奠定了一定的基础。截至 2012 年底,中国共援建经济基础设施成套项目 546 个,其中交通运输 273 个,广播电信 154 个,电力 119 个⑤。

中国援建的道路、桥梁和港口等工程,促进了受援国交通产业发展,有利于物资流通并降低物流成本。其中较著名的有坦赞铁路、瓜达尔港、马耳他干船坞和博茨瓦纳铁路改造等。这些交通基础设施的援建为受援国的经济发展和减贫作出了重要贡献。

中国通过援建水电站和电网等工程,帮助提升受援国的能源自给能力,有

---

① 商务部对外援助司. China's assistance to other developing countries on agriculture[EB/OL]. http://big5. mofcom. gov. cn/gate/big5/yws. mofcom. gov. cn/article/ztxx/201401/20140100469602. shtml, 2014 – 9 – 18.

② 《中国的对外援助(2011)》白皮书。

③ 商务部对外援助司. China's assistance to other developing countries on agriculture[EB/OL].

④ 商务部对外援助司. China's assistance to other developing countries on agriculture[EB/OL].

⑤ 资料来自 2011 年和 2014 年《中国的对外援助》白皮书。

利于缓解当地能源不足,满足居民对能源供应的基本需要,并为工农业发展提供基本的能源保障。例如,中国援建的加纳布维水电站、塞内加尔输变电和配电网①等项目,为缓解当地能源不足发挥了建设性的作用。

中国通过援建各种通讯工程项目,帮助受援国提升信息化发展水平。中国在受援国援建的通讯网络、发射台以及办公网站等项目,促进当地广播通讯事业发展,提升了当地的信息化水平和政府的管理能力。例如,中国在喀麦隆和土库曼斯坦等国援建的电信项目为受援国通讯事业的发展作出了贡献②。

3. 工业领域

在中国对外援助的初期阶段,帮助受援国建立关系国计民生的工业企业曾占据较重要的地位。中国援建的工业项目涉及纺织、机械、轻工、冶金和化工等行业。50 至 70 年代,中国援建的工业项目为部分亚非国家的经济和民族独立作出了贡献。在 80 年代,由于世界范围内私有化和市场化浪潮,中国逐渐减少对工业领域的援助。截至 2009 年底,中国共援建 688 个工业项目。2010 年至 2012 年,中国又援建 15 个工业项目,包括轻工纺织、建材化工、机械电子。这些项目为当地居民提供了大量的生产和生活物资,有利于帮助受援国经济发展。

此外,中国在环保和新能源等领域,积极提供技术和资金支持,帮助广大受援国应对气候变化,发展可再生能源。例如,2010 年至 2012 年,中国为 58 个国家援建了 64 个可再生能源项目,并向 13 个国家提供环保设备和物资援助③。这些环保项目的援助提升了受援国相关工业生产水平,对提升其可持续发展能力有一定的帮助。

4. 贸易领域

第一,通过各种援助措施,促进对华产品出口。为了鼓励向受援国进口商品,提高其商品的竞争力,中国政府一直给予受援国优惠的贸易条件。比如,给予受援国进口商品关税优惠待遇,逐渐扩大进口商品零关税待遇范围,促进受援国向中国扩大出口。到 2012 年底,最不发达国家对华出口近 5000 个税目商品已享受零关税待遇④。这些措施的实施有力地促进了受援国对华商品出口。

---

① 资料来自《中国的对外援助(2014)》白皮书。
② 资料来自《中国的对外援助(2014)》白皮书。
③ 资料来自《中国的对外援助(2014)》白皮书。
④ 《中国的对外援助(2014)》白皮书。

有资料表明,中国逐渐成为包括最不发达国家在内的受援国商品的最重要出口市场(周宝根,2010)。另外,中国更加重视将资源的进口与对外援助结合起来。比如,中国运用"资源换贷款"模式,与受援国开展互利合作,向受援国提供优惠贷款,帮助受援国进行资源开发,利用资源出口偿还贷款。"资源换贷款"模式一方面帮助了受援国的经济发展和出口贸易,另一方面也使我国获得了宝贵的资源。此外,中国将对外援助与产业转移相结合起来,积极帮助中国的部分产业向受援国地区转移,帮助受援国进行加工园区建设,这一模式也得到了广大受援国的积极响应。中国政府利用援助资金扶植中国企业落户受援国的加工园区,鼓励在加工园区生产的商品出口至中国,扩大了自受援国进口的来源。

第二,提高与贸易有关的生产能力,积极帮助受援国出口产业的发展和建设。例如,2011年,中国与贝宁等四国达成合作,通过提供优良棉种和支持企业技术升级等方式,促进四国棉花产业发展[1]。中国通过提供资金和贸易人才培训,以支持最不发达国家参与多边贸易体制,增加国际话语权。此外,中国也帮助受援国改善与贸易有关的基础设施,帮助受援国改善通关条件,提升其出口能力。

三、中国对外援助促进减贫的案例分析

除了从宏观上考察中国对外援助的减贫效果外,还可以从项目层面的微观角度来观察中国援助的减贫效果。下文分别从对外援助的社会救助效应和促增长效应出发,选取典型的援助案例,从微观援助项目视角观察中国的对外援助对受援国减贫的影响。这些案例涉及的领域包括水供应、医疗卫生、粮食援助、农业、基础设施、教育培训等方面,时间涵盖中国对外援助的各个历史阶段,地域遍及非洲、亚洲和拉美等地区。

(一)社会救助效应

案例1:坦桑尼亚 Chalinze 乡村水供应项目[2]

中国分两个阶段(2001—2003年;2007—2015年)对坦桑尼亚的 Chalinze

---

① 《中国的对外援助(2014)》白皮书。

② 案例来自:Brutigam Deborah, Tang Xiaoyang. An Overview of Chinese Agricultural and Rural Engagement in Tanzania[R]. International Food Policy Research Institute (IFPRI) Discussion Paper 01214, October 2012.

地区水供给提供援助。Chalinze 地区是一个半干旱地区,地下水不适合饮用,在干旱季节地下水下降严重。从 Chalinze 水处理中心到乡村的整个输送管线长度为 126 公里,分配管线长 34 公里。中国海南国际合作机构管理该项目,项目组包括 50 个中国人和 500 个当地人。根据坦桑尼亚水利部的估计,第一阶段项目费用为 230 亿先令(约 1460 万美元)。2007 年 4 月和 5 月,中国大使馆又签署了两项协议,旨在继续支持维护和扩大 Chalinze 地区水供应项目。

第一个阶段始于 2001 年,结束于 2003 年,共向 20 个村大约 62961 个居民提供管道饮用水。而第二阶段的水供给项目使 10 万居民受益。该项目的实施有力缓解当地居民的生活和生产用水的紧张,为当地的居民带来实实在在的好处。

案例 2:中国对卢旺达的医疗援助①

卢旺达是西方援助比较集中的国家,卢旺达也是高度依赖外国援助的国家,截至 2010 年底,卢旺达的外国援助占其国家预算的 50%。1971 年中国与卢旺达建交后,中国对卢旺达提供了多种援助。

自 1982 年起,中国向卢旺达多次派出医疗队。1994 年卢旺达战乱至 2004 年,中国在卢援建齐邦戈医院(1997 年完工并移交),援建齐邦戈卫校(2002 年移交)。在 2006 年中非合作论坛下,新援建一所医院。此外,中国还援助部分医疗设备。

中国医疗队依托齐邦戈医院治病救人,在当地发挥良好的工作效果。位于卢旺达东方省恩格马地区(Ngoma)的齐邦戈医院是中国医疗队的主要工作地点。1997 年,在中国的援助下该医院扩大了面积,现有约 200 张床位。总体上,该医院医疗设施落后,工作环境恶劣。当地患者贫民居多,卫生生活条件很差,后期梅毒、艾滋病等猖獗,职业风险非常大。来自中国的医疗队包括外科、内科、儿科、妇科、牙科、整形外科和中医针灸等专家,成为该院的绝对主力。据介绍,患者来自卢旺达不同地区,基本冲着中国医生而来。中国医生精湛的医术救治了大量的病人,得到了患者的一致肯定,也获得当地社会的广泛赞誉。

中国援建的齐邦戈卫生学校,在培养医护人员方面也发挥了良好的效果。2002 年援建的齐邦戈卫生学校,其建筑和设备都由中国援助,2004 年由卢旺达

① 资料来源:张永蓬. 国际发展合作与非洲——中国与西方援助非洲比较研究[M].北京:社会科学文献出版社,2012:194-217.

教育部和卫生部共同管理。多年来,该学校教学成绩一直良好。2007 年有 33 位学生成为注册护士和注册助产士。2007 年学生考试通过率达到 92.8% ,使齐邦戈卫生学校成为卢旺达同行业高等级学校。该学校后续的使用效果一直良好,为卢旺达持续输送医疗卫生人才。

不过援助中也遇到一些问题。比如,当地人很少愿意学习医疗技术,即便少数人学到了医疗技术,也会很快离开所在医院,转去待遇好的其他医院,使得改善贫困地区医疗愿景无法有效实施。结果是一直在培训当地人才,却无当地人才能够使用,对援助的依赖也越陷越深。中国医疗队被绑定在齐邦戈医院实质就是当地产生了援助依赖。这种援助依赖在卢旺达甚至整个非洲都有普遍性,使得援助的长效作用很难发挥出来。

案例 3:对几内亚的粮食援助①

1958 年 10 月,几内亚宣布独立,独立之初几内亚在经济上严重依赖法国。独立前,几内亚的出口 67% 输往法国,由于不等价交换,其贸易逆差惊人。1956 年进口 800 万美元,出口仅 80 万美元。当时,几内亚的财政入不敷出,每年依赖法国拨款。几内亚独立后,法国立即停止各种经济援助,导致几的经济严重困难。

当时,几内亚的粮食严重依赖法国,在几宣布独立后,法国切断对几的粮食供应。几内亚在独立之初,农业又遭遇灾荒,每年缺粮四五万吨,其国内面临严重饥荒问题。基于政治上的考量,在几独立之初遭遇口粮短缺的几年,中国及时向几内亚提供大米援助,分别于 1959 年和 1960 年向几内亚提供 5000 吨和 1 万吨大米援助。中国援助的大米对缓解几内亚独立之初的饥荒发挥了重要作用,对维护几内亚的经济和政治稳定作出了重要贡献。

实事求是地讲,虽然中国当时是出于"政治挂帅"的目标,然而中国的援助却实实在在地帮助了几内亚克服粮食困难、减少饥饿,为几内亚今后的经济发展和进一步减贫打下了一定的基础。

(二)促增长效应

案例 4:对布基纳法索的农业垦区援助②

1973 年,中国与布基纳法索建交,同年 11 月,中国派出农业专家接替台湾

① 资料来源:周弘等主编.中国援外 60 年[M].北京:社会科学文献出版社,2013:104 - 139.
② 资料来源:周弘等主编.中国援外 60 年[M].北京:社会科学文献出版社,2013:168 - 170.

的农耕队。中国农业专家先后在三个地区扩建和新建水稻农业垦区,面积达2034公顷。垦区建成后,中国于1981年将其移交给布基纳法索政府,中国专家撤离回国。由于布方缺乏农田水利管理经验,导致水稻产量下降。1985年,中国再次派出农业专家,帮助上述三个垦区完善农耕系统,并建立一套调动农民积极性的经营方式。由于当地农民自古就没有在固定土地耕种的习惯,导致没有保养土地的积极性。中国专家采用承包形式分田到户,建立农业合作社,并提供技术指导。

在一系列经营管理改进后,到80年代后期,三个水稻垦区成为布基纳法索全国闻名的富庶农业区。1987年,三个垦区水稻单产达到每公顷10.5吨(双季稻),每个农户纯收入达到40万—80万非洲法郎(约合1300—2600美元)。垦区农民温饱有了保障,纷纷添置各种交通工具,不少农民也盖起了新房。农业的发展也推动农产品加工、农具维修和商业的发展,逐渐开始出现农贸市场和小镇,并带动其他地区农民来垦区安家落户。其中,发展最好的班若垦区原本只是一个700人的小村落,到80年代末发展成为8000多人的乡镇。尽管后来中国与布基纳法索的政治关系忽冷忽热,但中国援建的农业垦区却得到了布方的高度认可。

案例5:中国—南太平洋岛国农业"南南合作"①

2007年,中国政府、联合国粮农组织(简称FAO)与南太平洋7国②签署了"粮食安全特别计划"框架下的《"南南合作"三方协议》。2004年至2007年,中国先后派出28名农业专家与技术人员奔赴上述七国,为当地提供技术支持和援助。

中国项目组的工作获得FAO、受援国政府和农民的普遍欢迎和肯定,项目组在扶贫和减贫方面的合作成果主要有:

改良农牧措施、传授实用技术。引进63项农作物栽培技术,延长了蔬菜生产期使得产量大幅提高。引进畜牧实用技术57项,开展了6项技术试验,改变了当地传统的养殖方法,提高了畜牧生产效率和产品质量。引进尼罗罗非鱼等水产养殖技术15项,推广了单性养殖、轮放轮捕等多项养殖技术。

引进动植物新品种,帮助驯化野生品种。成功引进热带绵羊、贪食沼虾、蔬

---

① 资料来源:中国农业部国际合作司.农业"南南合作"风采录与成果集[R].2012.
② 7国是:库克群岛、斐济、密克罗尼西亚联邦、纽埃、汤加、瓦努阿图和萨摩亚。

菜和水果等新品种,使得萨摩亚和汤加的热带绵羊和贪食沼虾产量迅猛增加。

帮助改进农业水利建设,提高农业生产水平。帮助设计大田分块和排水系统,节约了灌溉成本。在当地推广节水技术,指导整修喷、滴灌系统。为当地农民寻找地下水源、安装滴灌系统。

积极组织技术培训,加强能力建设。中国技术专家通过各种形式累计培训当地农业人员 2000 多人次,有力地促进了当地人员的能力建设。

案例 6:中国—蒙古的农业合作①

2010 年 1 月,中国、蒙古和 FAO 签署了一个三方协议,以帮助提高蒙古的农业生产能力。该项目资金来源于中国捐赠的 3000 万美元信托基金。中方从当年 5 月开始,就派出技术人员,为蒙方提供技术援助。该项目的合作成果是多方面的,体现在畜牧业、种植业、食品安全和贸易、人力培训等方面:

畜牧业技术推广方面。中国专家引进 42 种饲草新品种,种植面积达 193 公顷。成功引进 80 天短日期饲料玉米,填补蒙古不能生产饲料玉米的空白。中国专家在蒙古国肯特省指导建立高产饲草料基地,解决了项目单位饲料不足的问题。针对蒙古农业病虫害及鼠害严重问题,中国专家示范防治病虫害及鼠害 100 公顷,杀灭率达 90% 以上,控制面积各达 5000 公顷。中国专家参与选出配种羊 17000 多只,进行同期发情试验 78 头,示范驱虫药浴 935 头只次,完成胚胎移植 149 次,制作冻精 1200 支,参与指导 6000 余头家畜人工授精工作,为蒙古畜牧业技术普及打下良好基础。

种植业方面。中国专家测量水渠 25000 米、测量平地约 4000 公顷,安装小型喷灌机 4 处,新建水仓 3 处、提水站 3 处,为项目区发展农业奠定了基础。指导温室蔬菜种植 15100 多平方米,露地种植 25000 多平方米,收获蔬菜约 70 吨;推广蔬菜品种 32 个,引进 10 余种树苗和花卉;推广无土栽培技术;指导建设冬季温室,延长蔬菜生产时间,为蒙古蔬菜自给作出了贡献。中国专家指导建造了一座储藏量 200 吨的储藏窖,投入使用后即储藏 120 吨马铃薯、30 吨胡萝卜,取得了良好的示范效果。中国专家还指导培训了一批掌握维修中国农业机械的技术人员。

食品安全和贸易领域。针对蒙古的食品安全状况,中国专家组成立了 HACCP 食品安全认证体系工作小组,按要求建成了"额尔德尼"屠宰加工厂,

---

① 资料来源:中国农业部国际合作司. 农业"南南合作"风采录与成果集[R]. 2012.

在牛羊加工各环节提供示范性技术。在一个企业安装了一套面粉加工设备,并编制了面粉厂HACCP食品安全管理体系。中国专家还参与蒙古商交所、农副产品交易所、农业产业链建设、面粉销售网络建设等方面的讨论和规划,为蒙古农业市场化建设奠定一定基础。

人力培训方面。中国专家举办各类技术和管理培训13期,参与各类培训活动15期,直接培训400多人次。2010年和2011年,组织蒙古技术管理人员到中国考察培训9批次,为蒙古的农牧业发展提供人力支持。此外,中国为微型示范项目购置物资设备54件套,价值30万美元。

项目实施两年来(2010—2011年),中国援助的项目提高了蒙古国国家规划人员、研究人员、农业官员和农民的能力,扩大了农业生产规模,帮助进行反季节生产,确保全年市场供应,为提高蒙古国农业生产水平和保障粮食安全作出了巨大贡献。该项目得到了蒙古政府和当地农民的高度评价。

案例7:中埃苏伊士经贸合作区

经贸合作区是中国与东道国开展经贸深度合作的一种新尝试,经贸合作区集合了援助、投资、贸易和产业转移的要素。中国政府对经贸合作区提供一定的财政援助,金额为2亿~3亿人民币,并最多提供20亿人民币的中长期贷款[①]。本质上,经贸合作区是在中国政府大力推动下的对外投资行为,但其也带有很深的援助烙印,体现了促进受援国经济发展、推广中国经验、促进中国企业"走出去"的愿望。

中埃苏伊士经贸合作区规划面积7平方公里,于2007年设立。截至2012年底,第一期工程已完工,建成面积1.34平方公里,园区累计投资7千万美元,吸引45家国内大企业入驻,吸引投资近6亿美元,为当地提供就业岗位2万多个[②]。苏伊士经贸合作区的运营为当地带来了新的技术、知识和管理经验,也为当地政府创造了税收和就业,有利于当地的能力建设和减贫[③]。

不过,经贸合作区在经过几年的经营后,目前还暴露出一些深层次的问题。第一,产业配套不够完善,企业生产所需要的配套产业还不够完善,不利于经营。第二,由于园区的长期投入巨大,而中国政府资金支持有限,园区后续开发

---

① 人民网.中国将建50个境外经济贸易合作区,欲解决贸易摩擦[EB/OL].http://finance.people.com.cn/GB/4505340.html,2014-9-15.

② 张菲.中非经贸合作区建设模式与可持续发展问题研究[J].国际贸易,2013,(3):36.

③ 安春英.浅析中国埃及苏伊士经贸合作区[J].亚非纵横,2012,(4):1-6.

缺乏资金支撑。第三,外部协调困难。由于援助的运营主体是企业,而在与埃及政府部门打交道时,常受到腐败、行政效率低下等干扰,导致协调难度较大,优惠政策难以落实①。

(三)社会救助与促增长并存效应

案例8:对拉美地区的能源援助②

在20世纪80—90年代,中国就向拉美地区援建小型水电项目,当时在圭亚那等地区援建的项目就发挥了较好的作用。进入新世纪后,中国继续在拉美地区援建电力项目。比如,2004年至2006年,中国在古巴援建的两个发电项目缓解了古巴局部电力供应紧张的难题。玻利维亚波多西省处于高原地带,居民生活用电长期无法解决。2006年至2008年,中国援建波多西省的农村电气化项目,为此共修建48公里电力线路。该援建项目的竣工有效解决当时数十个村镇的用电问题,受到当地政府和居民的高度赞扬。2004年至2007年,中国援建圭亚那糖厂联合发电项目,有效地降低制糖成本,并提高了能源使用效率。2008年6月,为缓解安提瓜和巴布达电力供应紧张问题,中国提供3亿人民币优惠贷款,援助两国建设新电厂,总装机容量为30兆瓦。

这些能源项目的援助,有效地改善了受援国的能源使用条件,改善了居民的生活条件,为当地经济发展提供了能源支持,为深入减贫奠定了较好的基础。

(四)案例分析小结

案例分析表明,从援助项目看,援助的减贫效应是明显的,当然其中也存在一些深层次的问题。案例表明:第一,从社会救助效应看,援助能够有效改善受援国的福利水平。案例1、2、3、8分别从改善受援地区饮用水条件、提高医疗卫生水平、缓解粮食饥荒、提供家庭电力的角度说明援助的减贫效应。第二,从促增长效应看,援助可以帮助受援方提升农业生产能力(案例4、5、6),创建经贸合作园区(案例7),进行基础设施建设(案例8的能源项目援建)等方式帮助当地发展经济与促进减贫。第三,可以发现有的援助项目可同时兼有改善民生和提升增长能力的作用(案例8)。第四,在开展对外援助时,也存在一些深层次难题,这些难题对提升援助效果存在一定阻碍作用。比如案例2中医护人员的流失,案例7中的受援国产业配套、援助资金不足等问题。

---

① 张菲.中非经贸合作区建设模式与可持续发展问题研究[J].国际贸易,2013,(3):34–39.
② 资料来源:周弘等主编.中国援外60年[M].北京:社会科学文献出版社,2013:305.

当然,本文所列举的 8 个案例肯定不能完全代表中国所有的对外援助活动,但是我们大致可以认为中国对外援助在微观援助项目层面上是利贫的。

第四节 中国援非的经验与教训

中国对外援助遍及亚非拉等地区,虽然存在援助地域的差异,但对非洲援助中所积累的经验和教训具有普遍意义。同时,由于非洲在中国对外援助中的重要性,因此本节以非洲为例,考察中国对外援助中所取得的经验和教训。

一、中国对非援助的历史与现状

长期以来,对非援助成为新中国的基本国策。早在 1956 年,新中国就开始向非洲提供援助。半个多世纪以来,由于国际和国内形势的变化,对非援助的内涵也发生了巨大的变化。尤其进入新世纪以来,中国国力不断增强,对非援助逐年大幅攀升,援助规模在世界援助总量中不断上升,对非洲的影响尤为明显。

(一)援非历史

新中国对非洲的援助大体上经历了三个阶段:

第一阶段,1956—1978 年。新中国成立以后,面临着非常复杂的国际政治环境。在 50—70 年代,受到西方阵营的封锁和孤立,在 60 年代初期,又与苏联产生了严重的分歧和冲突。可以说,新中国在改革开放以前的相对长时间内,是被边缘化的。自 20 世纪 50 年代开始,非洲的独立和民族运动蓬勃发展,中国按照毛主席三个世界的战略思想,视非洲国家为重要的战略盟友。当时,即便在国内经济较困难的情况下,中国依然对非提供大量援助,帮助非洲兄弟国家经济建设和社会发展。其中著名的援助项目包括坦赞铁路工程。该时期内的援助,主要目标是与广大的非洲国家结成反帝国反殖民主义的同盟军,拓展新中国的政治生存环境。当时,援非工程在帮助非洲国家发展,改善当地基础设施,造福当地百姓方面起到了巨大作用和影响,受到了非洲国家的赞赏。同时,中国也得到了来自非洲国家的巨大支持。比如新中国进入联合国,非洲国家的支持功不可没。

第二阶段,1978—1990 年代末。十一届三中全会以后,中国将经济建设上升为国家的中心工作,同时,非洲国家的民族解放和独立运动基本告一段落,发展和减贫也成为当时中非所共同面临的重大课题。于是,中国逐渐将经济合作和互利共赢的精神,纳入对非洲的发展援助工作中;这一时期的援非呈现出新的变化:一方面是逐渐淡化政治色彩,经济发展成为援助的中心目标。另一方面援助更加务实和平等,将南南合作的理念嵌入援助的过程中,在援助中追求经济合作的机会。

第三阶段,21 世纪初至今。进入 21 世纪后,中国国家实力迅速增强,有更大的经济实力向外提供发展援助。而非洲发展依然处于相对落后状态,在千年发展目标的推动下国际社会持续关注非洲的减贫和发展,非洲在中国的对外经济和外交关系中地位不断突出。在这种时代背景下,中非在 2000 年召开了中非合作论坛,创立了双边对话磋商解决重大发展问题的平台。在此期间,中国逐渐加大了对非洲的发展援助。这段时间,中国对非援助部门集中在项目建设、项目贷款融资和债务减免方面。此外,中国在发展经验推广、人力资源开发、农业技术推广和教育合作方面也开展了卓有成效的工作。在这段时间内,中国对非援助呈现新的特征:其一是援助与经贸合作相结合的机制愈加灵活。在对非援助中,积极将援助与促进双边经贸合作相互结合。比如著名的"安哥拉"模式就是这种机制的典型模式。其二是推广或借鉴中国的发展经验。中国国内的发展和减贫经验受到非洲各国的广泛关注和重视,中国经验也成为援非的重要特征,学习中国发展经验也成为非洲普遍的共识。

(二)中国援非特征事实

近 60 年来,中国对非洲提供了大量的援助,对非援助一直占据中国对外援助的核心地位。例如,2009 年,中国近 45.7%[①]的对外援助资金用于对非援助,而 2010 年至 2012 年,约 51.8%[②]援助资金用于非洲地区。中国的对非援助主要是通过双边机制进行,主要采取项目援建、实物援助、技术合作和债务减免等方式,对非援助主要集中在经济基础设施、工业、能源和资源、农业等部门。2000 年后,中国对非援助规模快速增长,虽然中国政府并没有公布对非援助规模,但根据全球发展中心的估计,2000—2011 年中国对非洲援助的总官方援助

① 资料来自《中国的对外援助(2011)》白皮书。
② 资料来自《中国的对外援助(2014)》白皮书。

流(包括官方发展援助和其他官方流)约为 754 亿①美元。截至 2012 年底,53 个非洲国家接受了中国的援助,援建成套项目 1000 多个,派出人员 35 万多人次,700② 多人献出了生命。经过近 60 年的发展,中国对非援助呈现以下发展特征:

(1)对非援助领域分布广泛,软硬领域全面发展。中国对非的援助涵盖了中国对外援助的所有领域,主要包括:农业、基础设施、教育、医疗、工业等。随着中非合作的深入以及中国经济实力的增长,中国对非援助规模稳步提升。中国援非主要领域和重点事项参见表4—6。

从 20 世纪 50 年代至 80 年代末期,中国的援非领域主要集中在硬件设施方面,主要分布于农业、社会公共基础设施、经济基础设施、教育和医疗领域。到 20 世纪 90 年代,中国逐渐开始注重软领域的援助,技术援助、人道主义援助等项目比重增加,援助与投资和贸易相结合逐渐增多。自 2000 年以来,随着非洲地位的上升以及中非关系发展的需要,在中非合作论坛机制的推动下,中国对非洲的援助方式和领域进一步趋于全面、合理,软领域援助得到空前重视。2006 年 11 月中国政府提出推动中非关系的八项政策③中,援非涉及市场开放、关税减免、经济贸易合作区、公共设施、农业、教育培训和医疗卫生等领域。而在 2009 年"中非合作论坛"④部长级会议上,中国政府提出新的八项举措,援非方式和领域进一步拓展,援非领域包括清洁能源、应对气候变化、技术援助、科技合作、金融和投资(优惠贷款、债务减免)、贸易援助(市场开放、关税减免)、农业、医疗卫生、人力资源培训、教育和人文交流等。而根据《北京行动计划》⑤,进一步强调减贫合作、应对气候变化与环境治理等软领域援助合作的重要性。

---

① Strange, et al. China's Development Finance to Africa: A Media – Based Approach to Data Collection [R]. Center for Global Development Working Paper (323), April 2013:23.

② 腾讯网. 中国对非援助知多少? [EB/OL]. http://news.qq.com/newspedia/africa.htm,2014 – 12 – 15.

③ 胡锦涛主席在中非合作论坛北京峰会开幕式上的讲话[EB/OL]. http://news.xinhuanet.com/world/2006 – 11/04/content _5289040.htm,2014 – 12 – 11.

④ 温家宝. 全面推进中非新型战略伙伴关系——在中非合作论坛第四届部长级会议开幕式上的讲话[EB/OL]. http://www.focac.org/chn/ltda/dsjbzjhy/bzhyzyjh/t627094.htm,2014 – 12 – 11.

⑤ 中非合作论坛官方网站. 中非合作论坛第五届部长会议——北京行动计划(2013—2015)[EB/OL]. http://www.focac.org/chn/ltda/dwjbzzjh/hywj/t954617.htm,2014 – 12 – 11.

表4—6 中国对非援助主要领域与事项

援助领域	主要援助事项
医疗卫生	（截至2009年底，援建54所医院、30个疟疾防治中心，提供2亿元的抗疟药品；→（至2010年，派出1.8万人次医疗人员，累计治疗患者2亿多人次，并培训数万名医护人员；→（2010—2012年，又援建竣工27所医院，派驻43支医疗队，累计诊治患者557万余名。
教育培训	（到2009年底，建成107所学校，提供29465人次奖学金，外派104名农业专家和312名青年志愿者；→（截至2010年6月，培训各类人员3万多人次；→（2010年至2012年，又提供18743个奖学金名额，培训27318人次官员和技术人员。
减灾和人道主义	（2003年，向阿尔及利亚地震灾区提供救灾援助总计536万美元；→（自2004年以来，向苏丹提供近1.5亿元无偿援助；→（2011年，中国向突尼斯和埃及提供5000万元人道援助。④2011年，中国向非洲之角国家提供4亿多元粮食援助；→⑤2012年，向萨赫勒地区国家提供粮食援助。
基础设施	（截至2009年底，援建500多个项目；→（为帮助非洲改善基础设施，中国提供大量优惠贷款；2007年至2009年提供50亿美元优惠贷款；2010年到2012年，提供优惠性质贷款达113亿美元；→（其他大量优惠商业贷款。
农业领域	（截至2009年底，援建农业技术试验站、推广站、农场等农业项目142个，向33个国家派出104名高级农业专家；在联合国粮农组织框架下，派出600多名农业科技人员；→②2005年开始对部分输华农产品提供关税优惠；→③截至2013年3月，有25个农业技术示范中心建成、在建或待建；①每年还援助一定数量的粮食、种子、化肥和农具等物资。

资料来源：2010年和2013年的《中国与非洲的经贸合作》白皮书，2011年的《中国的对外援助》白皮书。

（2）援助方式更加灵活、多元。20世纪50—70年代，中国的对非援助方式主要是成套项目援建、一般物资援助和派遣医疗队等。而到80年代，提供信贷、合作管理、中方代管、援外与工程承包、援外与多边援助相结合、中国援助与第三国相结合等新的援助方式不断出现（杨立华，2013）。而到90年代，随着"大经贸"和"走出去"战略的提出，中国的对非援助逐渐与贸易、投资和债务减免相结合，逐渐配合企业走出去战略的实施，于是不断涌现新的援助方式，比如政府补贴优惠贷款、资源换贷款、经济贸易合作区等。同时，人力资源开发、志

---

① 唐晓阳. 中国对非洲农业援助形式的演变及其效果[J]. 世界经济与政治，2013，(5)：61.

愿者、债务减免等形式成为传统援助方式的有益补充。最为引人注目的是,中非合作论坛成为中国对非援助的重要对话平台和推动机制,使得中国对非援助水平大幅跃升。

二、中国对非援助的成功经验

相比于西方庞大的援助规模,虽然中国援非规模远远不及,但所取得的成效却是有目共睹的。其中原因是中国坚持了正确的援助理念和指导方针。这些援助理念的形成充分反映了中国自身发展和减贫的经验和记忆,比如发展权优先、坚持自力更生、不干涉内政等。这些在国内建设中所形成的理念逐渐演变成了对外援助中所坚持的基本原则,目前看这些原则是成功的,一定意义上,这些原则也成为指导援非事业获得成功的宝贵经验,这些经验归纳起来主要有如下几点:

第一,坚持发展优先原则,不附加任何政治条件。各国对发展权与人权和民主的关系的认识存在较大差异,西方一贯主张人权和民主高于发展权。而对于落后的贫穷国家,饿着肚子谈论民主与自由是无价值的,这也是中国在发展和受援过程中所积累的与西方所不同的理念。同样对于非洲而言,目前根本任务是发展经济和改善民生。中国对非洲的援助,坚持不附加政治条件,体现了中国不干涉他国内政的外交原则。事实上,不附加政治条件,可以有效维护受援国家发展道路的自我选择。

第二,坚持援助与经贸合作相结合。诸多的经验表明,国际援助只是发展的一个催化剂,而开展国际贸易和吸引外部投资对促进经济发展的作用更大。在援非过程中,中国也积极将援助与投资和贸易等形式相结合,推动在南南合作机制下与非洲的共同发展。比较著名的例子有"中非经贸合作区",类似于非洲的经济特区,就是将援助和投资、贸易相结合的典型案例。这种经贸合作区可以将中方的技术、资金和产业优势,与非洲的市场和资源优势结合起来,将有助于非洲脱贫致富、加速工业化进程、将资源优势转化为发展优势以及帮助非洲自我能力建设。另外,在资源开发领域,比如著名的"安哥拉模式",就是以"石油换贷款",利用中国的援助贷款,帮助安哥拉进行油气开发和基础设施建设。

与经贸合作相结合的援助方式,将传统西方的单向"赐予"转向"双向合作",它实质上包含了平等、参与和共同发展的特征。从中国对外援助的历史事实看,对于经济援助,单纯的赠予对援助双方都不利,尤其对于一个经济发展水平还相对落后的中国更是如此。双向平等的援助合作关系,有利于平等关系的建立,保证受援国能够平等参与援助进程,真正体现了建立援助合作伙伴关系的要求。另外,互利共赢的援助关系有利于援助的持续进行,符合中国经济发展水平的要求。

第三,借鉴中国发展经验。中国的发展经验表明:要实现长效且快速的减贫,应坚持自我发展为主、国际救济为辅的道路。中国的发展实践表明,在没有大量外部援助的基础上,充分利用国际经济环境能够实现较快的发展和减贫。中国的发展经验表明贫穷国家可以通过参与国际分工、鼓励贸易出口和吸引投资来促进本国的发展。自改革开放以来,中国在实现自身的发展和减贫过程中,积累了丰富的发展经验。比如,更加重视经济基础设施建设,积极推广经济特区建设,政府主导大规模基础设施建设。在对非援助中,中国应将自身的发展经验推广至非洲。实际上,中国对非援助也自觉继承了国内的发展经验。比如在援助实践中,较之西方对社会部门的重视,而中国却将援助的重点放在经济基础设施建设。自 2006 年北京峰会后,中国将国内的经济特区、产业园区和工业园区等发展经验推广至对非援助领域,寄希望将中国的成功发展经验引入非洲。到目前为止,中国在赞比亚等国家的经贸合作区①建设初见成效。这些经贸合作区的建设实质上是将中国发展经验与对非援助、投资和贸易相结合起来,是一种独特的援助形式。此外,中国在改革开放中,政府主导的大型工程投资建设对经济拉动作用显著,对大型工程的援建也是对非援助的重点内容。

从非洲接受援助的历史看,西方国家曾经提供过数以万亿美元的援助,而非洲的发展并不令人满意。非洲已经开始认识到自我发展的重要性,尤其是来自发展水平相接近的中国的发展经验尤为弥足珍贵。众多的非洲领导人也呼吁学习和借鉴中国的发展经验和模式。比如,南非总统祖马认为非洲国家应借鉴中国经验加快发展步伐;博茨瓦纳银行行长利纳·莫霍霍认为,中国的发展模式能够启发非洲国家如何从低收入国家成为中等收入国家②。

---

① 截至 2013 年 8 月,中国已经在非洲设立了 7 个国家级境外经贸合作区,分别是:赞比亚中国经贸合作区、尼日利亚广东经济贸易合作区、毛里求斯经济贸易合作区、尼日利亚莱基自由贸易区 – 中尼经贸合作区、埃塞俄比亚东方工业园、埃及苏伊士经贸合作区、阿尔及利亚中国江铃经贸合作区。资料引自:中国境外经贸合作区版图[J]. 国际商务财会,2013,(8):66 – 67.

② 人民网. "中国发展模式' 成为非洲发展借鉴良方"[EB/OL]. http://www.022net.com/2011/5 – 6/481732162620651.html,2015 – 02 – 24.

三、中国对非援助对非洲减贫的影响

中国对非洲的援助对非洲减贫的影响是多方面的。不过,如果从援助对减贫影响的路径看,中国的援助同样通过"社会救助路径"和"发展(增长)路径"两条路径影响非洲的减贫。具体来看,中国援非对非洲减贫的影响表现在:

(一)社会救助路径

第一,中国在民生领域的援助对穷人的救助功效显而易见。在医疗卫生、教育等民生领域,中国对非洲投入了大量援助力量。针对非洲地区医疗卫生落后、传染疾病多发的状况,中国政府对非洲援建大量医院、提供医疗设备和药品、外派医疗专家人员、培训当地医护人员。中国在非洲国家援建了近30所医院和30①个疟疾防治中心。从1963年至2014年,中国援外医疗队在非洲51个国家和地区救治了数以亿计的患者②。中国向数十个非洲国家提供青蒿素抗疟疾药品,为当地居民解除疾病的困扰。中国在非洲援建学校,为留学生提供奖学金,并外派志愿者服务当地教育事业。中国在非洲共援建了150③所中小学校,目前每年向非洲提供5000④个左右奖学金名额,以促进非洲教育事业的发展。中国还在非洲援建清洁能源和供水项目,以改善当地居民的生活条件。

第二,中国在非洲遭受自然灾害、疾病、政治动荡情况下,所提供的各种粮食和紧急人道主义援助,对帮助非洲国家人民渡过难关、恢复生产发挥了积极作用。例如,2003年,向阿尔及利亚地震灾区提供救灾援助总计536万⑤美元。2011年,中国向突尼斯和埃及提供5000万元人道援助,同年中国向非洲之角国家提供4亿多元粮食援助⑥。

这些与民生紧密相关的援助项目,对受援地区消除贫困无疑会产生积极效果。

① 钟和.中国晒出对外援助成绩单非洲占比过半[N].中华建筑报,2014-7-18(12).
② 陈海波.51年中国医疗队在非洲[N].光明日报,2014-8-24(5).
③ 钟和.中国晒出对外援助成绩单非洲占比过半[N].中华建筑报,2014-7-18(12).
④ 国务院新闻办公室.中国与非洲的经贸合作(2010)白皮书[M].北京:人民出版社,2010.
⑤ 国务院新闻办公室.中国与非洲的经贸合作(2010)白皮书[M].北京:人民出版社,2010.
⑥ 国务院新闻办公室.中国与非洲的经贸合作(2013)白皮书[M].北京:人民出版社,2013.

(二)发展(增长)路径

第一,中国在农业领域对非洲的援助有力地缓解非洲的饥饿和贫困。中国通过援建农场、农业示范中心、技术推广站等形式,帮助非洲提高农业生产能力,应对粮食安全问题。中国还派遣农业管理和技术专家,指导当地农业生产,传授适用技术,培训农业科技人员。至 2012 年 6 月,中国已派出 50 个农业技术组,为非洲国家培训 2000 名农业技术人员,帮助提高非洲实现粮食安全的能力[①]。中国还通过联合国粮农组织、世界贸易组织等多边机构向非洲提供资金、人员和技术,帮助非洲实现农业发展。中国通过各种农业援助项目,有利于调动受援农民积极性,提高农业生产技术水平,促进农业增产、农民增收,还能辐射周边地区,带动邻近区域农业经济发展。

第二,中国对非洲基础设施领域的援助,有助于受援国实现经济增长和减少贫困。薄弱的基础设施是制约非洲经济发展和摆脱贫困的重要因素,世界银行估计破败的基础设施导致非洲人均增长率至少下降 1%[②],增加基础设施投资成为非洲发展的重要途径。即便在挖掘潜能的基础上,非洲基础设施每年缺口达 310[③] 亿美元,而随着经济增长的需要,非洲在基础设施方面的缺口还会扩大。中国在非洲的基础设施领域长期投入大量资金,特别自中非合作论坛创立以来对非优惠贷款明显增加,2006 年、2009 年和 2012 年中国分别宣布向非洲提供优惠贷款 50、100 和 200 亿美元,其中基础设施领域是优惠贷款的主要受惠领域。据统计中国已是非洲大陆基础设施领域最大的双边投资方,仅 2013 年对非融资就高达 134[④] 亿美元。中国在能源、交通运输、水和通讯等基础设施领域对非洲的大量援助,弥补了非洲在该领域的不足,对促进非洲经济发展发挥建设性作用。此外,中国在基础设施建设方面相比西方和非洲有价格上的优势,中国企业通过援助方式所承建的工程项目有利于降低非洲的基础设施服务价格,减少企业的经营成本,扩大吸引外商投资非洲的吸引力。

---

① 武芳."雪中送炭"与"授人以渔"——谈中国对非洲农业援助[N]国际商报,2012 - 7 - 19 (T05).

② Foster ,V. and Cecilia, B. G. (Eds). Africa's Infrastructure: A Time for Transformation[M]. World Bank Publications,2010:43.

③ Foster ,V. and Cecilia, B. G. (Eds). Africa's Infrastructure: A Time for Transformation[M]. World Bank Publications,2010:9.

④ ICA (The Infrastructure Consortium for Africa). Infrastructure Financing Trends in Africa −2013 Report[R]. December 2014.

第三,中国通过援助项目所带动的双边合作极大促进非洲的减贫。中国通过对非洲的援助,加深了双边交流的深度,极大地促进了双边经贸领域的合作。中国对非洲的援助,极大地扩大了双边贸易额,促进了中国企业对非洲的投资。2013 年中国与非洲的贸易额就突破 2000 亿美元大关,自非进口 1174. 3 亿美元[1]。中国对非投资也大幅增长,截至 2012 年存量超过 150 亿美元[2]。贸易和投资的增加,对经济增长和消除贫困的促进作用更为深远。援助活动的增加,增进了非洲对中国的认识和好感,使得中国的经济发展和减贫成就愈加引起非洲国家的兴趣和关注,尤其在减贫领域,中国的成功经验对非洲的影响是巨大的。近些年来,非洲国家纷纷派出官员和科技人员来华学习中国的管理和技术,仅 2010 年至 2012 年,中国就对非培训 27318[3] 人次官员和技术人员。

四、教训与应对

多年的援助实践表明,无论有意或无意,中国的援非或多或少会被部分西方人士横加猜忌、质疑和指责。遭受西方的质疑俨然成为中国对非洲援助的一部分,中国唯一要做的就是坦然面对。面对指责,中国在援非过程中,应该本着真诚对待,努力消除援助中的负面影响,着实帮助非洲实现经济的发展和民生的改进。

(一)援非的教训

虽然中国对非援助取得了显著的成效,期间也积累了不少经验,逐渐形成了自己独特的援助模式和特色。与此同时,中国在援助过程中,由于自身或外部的因素,也得到了不少教训或挑战,科学认识这些教训或挑战有利于未来援助工作的开展。中国援非过程中所遭受的教训或质疑主要体现为:

(1)中国援外管理方法存在的问题招致国际的质疑,同时也导致国内的批评。

首先,援助信息不够透明。由于援助概念和统计口径的差异、援助管理的不足、国内外压力的考量以及中国文化和哲学方面的因素,导致中国在援助金

---

① 环球网.2013 年中国与非洲贸易额首次突破 2000 亿美元[EB/OL]. http://china. huanqiu. com/News/mofcom/2014 - 01/4797330. html,2015 - 02 - 28.

② 苑基荣. 中国投资成非洲发展催化剂[N]. 人民日报,2013 - 5 - 8(3).

③ 国务院新闻办公室. 中国与非洲的经贸合作(2013)白皮书[M]. 北京:人民出版社,2013.

额的分配和使用上,资料公布还不够详实和透明,这也招致西方社会对中国援助的质疑和指责(Lancaster,2007;Grimm,2011)。Grimm(2011)建议中国政府应提升援助的透明度,建立专门的援助监测机构,开展统计数据的收集、监测和公布,以降低外界的质疑。Dreher 和 Fuchs(2011)则进一步指出提高援助的透明度对中国自身是有利的。

其次,对非援助宣传不够到位。长期以来,中国对非援助一直是做得多说得少,未能进行有效的宣传,导致国际社会对中国的援助政策缺乏了解,容易产生误解或质疑。

近些年来,中国对非援助也成为网民所关注的议题。其中也不乏质疑和批评,认为中国当前还存在大量的贫困人口,国内还有诸多民生问题没有得到妥善解决,认为对非援助是"打肿脸皮充胖子"。可见,加强对援外工作的宣传,创造良好的国内外舆论环境,获取国际社会和国内民众的更多支持,是做好对非援助的重要挑战。

(2)中国援助与经贸合作相结合的援助方式饱受"新殖民主义"的指责。新世纪以来,随着中国对非援助蓬勃发展,中国对非洲的援助和合作已经对西方在非洲的传统优势地位构成挑战,也引起了西方的警觉和担忧,纷纷指责中国的援助是对非洲的掠夺,中国在非洲开展的经济合作是控制非洲经济的手段,目的是在抢占非洲的资源和市场,是经济上的殖民主义。

事实上,中国历史上饱受殖民主义的迫害,中国现在和将来都不会将殖民主义强加给其他国家。部分西方人士往往喜欢将互惠的经济行为与"殖民主义"挂钩,比如,中国在向安哥拉提供"石油换援助"的合作中,被西方指责为中方提供的贷款是捆绑援助,是掠夺安哥拉资源的敲门砖。

(3)中国不附加政治条件的援助被指责忽视良治和民主建设,容易纵容腐败和暴政,是不负责任的行为。概括来说,西方的指责表现为:第一,中国的援助实质上置受援国改革和良治于不顾,是机会主义。第二,中国的援助会助长腐败和劣政,有损非洲的可持续发展。总之,西方对中国不附加条件的援助总体上是持质疑和指责的态度。

(二)教训产生的原因

(1)中国的援助与各方的利益冲突客观存在。对非援助原本是一件有利于非洲发展的好事,然而随着援助的开展,也带来了诸多利益冲突。

首先,中国对非援助逐渐形成了自身的特色和模式,对西方主导的援助模式已构成了挑战。在附加政治条件、援助与经贸合作、援助领域选择、数据的透明度等方面,中西方存在较大的理念差异。在争夺非洲的市场、资源和话语权方面不可否认地存在利益冲突,如何与现有西方援助体系良好共处是一个有待解决的课题。

其次,受援国自我保护意识日益增强。随着援助的深入发展,广大非洲国家在接受援助的同时,也十分重视避免援助中的负面影响,对援助的质量和水平提出了更高的要求。许多援助项目中,环境破坏、就业外移、企业竞争加剧、贸易逆差等现象客观损坏了受援国的利益。

再次,长期大量的对非援助,必然影响到国内贫困人群的感受,易招致批评和质疑。虽然对非援助与经贸合作相结合,有利于中国的经济发展,然而,这种合作的好处并不一定有利于国内贫困人群。

(2)与西方缺乏有效沟通,对援助认知差异显著。比如,西方将援助更多地视为单边的给予,而中国现阶段更愿意将援助视为双方平等合作的机会,是互惠互利的行为。可以说,西方对中国援助理念的形成缺乏深刻的认识和理解,也没能真正体会发展与合作对于中国的意义,往往忽视了中国依然是一个发展中国家的事实。虽然部分指责是毫无根据的,但同时不可忽视的是,由于双方的发展阶段和援助历史不同,对待援助的认知也存在显著的差异,显然这些都需要加强了解和沟通。国内学者金玲(2010)对中西方的援助认知差异进行了梳理,发现这些认知的差异事实是很多质疑和指责的来源。可见,在援助中如何与西方进行有效沟通,缩小认知差异将是当前乃至将来很长时间内所需要解决的问题之一。

(三)中国的应对

要减少或消除国际社会对中国援非的指责、质疑和非议等问题,可从以下几个方面入手:

第一,扎实做好对外援助工作,使援助真正惠及广大非洲人民。树立正确的援非观念,牢固树立帮助非洲共同发展的援助理念,急非洲之所急、想非洲之所想,确实帮助非洲提升能力建设,促进当地经济发展、减缓贫困。合理安排援助项目,满足非洲的实际需要,减少"面子工程",使援助能够接地气,直接面向受援国贫困家庭,争取做到精准援助,使广大受援地区群众得到实实在在的好处,帮助其实现发展和脱贫。

第二,抓好援助宣传工作,争取话语主动权,消除误解。要多向国际社会宣传中国的援助理念、援助主张和援助成绩,加强与媒体的沟通,最大程度降低误会的产生。利用好中非合作论坛的平台,加强与受援国磋商,促进合作水平的不断提升。在受援国加强与当地居民的沟通,真心实意帮助当地居民,吸纳当地居民参与援助项目,向居民展示援助的效果,以实际行动打消受援国群众的疑虑。在国内应加强宣传对外援助工作的重要性和意义,对外援助应坚持量力而行,及时了解国内民众的心声,争取国内群众的理解和支持。

第三,提高援助透明度。对不涉及国家秘密的数据、资料等要及时公布,要及时说明援助资金的去向、分布、援助目标、项目进展和效果等情况,减少国际猜疑。加强援助的过程监管,提高援助透明度,提高援助效率、减少浪费、防止渎职和腐败现象的发生。

第四,对某些无端的质疑、指责要及时澄清、反驳和斗争。对于国际上某些不怀好意的指责应及时利用事实进行澄清,并给予严正的反驳。利用事实说明我国援助的目标、动机、做法以及成就,揭穿某些不负责言论虚伪的本质。

第五章　受援国减贫效果的
实证分析

第二、三、四章分别从理论、发达国家的援助实践和中国的援外实践的角度考察了援助对减贫的影响,虽然得到了一些有益的发现和启发,然而其研究结论还缺乏现代量化分析的支撑。官方发展援助究竟对减贫产生了什么影响,要完整回答这一问题还需要从计量实证的角度加以分析。本章将从受援国的视角,利用计量实证方法检验援助对减贫的影响。

第一节　文献评价与研究改进

过去人们常常认为援助首先通过促进经济增长,然后经济增长会促进减贫,然而大量的实证研究表明援助对经济增长的作用是存在争议的,于是开始怀疑援助的减贫作用。实际上即便援助对受援国整体经济增长没有影响,然而援助可以对减贫产生直接影响(Alvi 等,2012)。由于援助往往直接投入受援国的贫困家庭和贫困地区,而这些家庭或地区往往只占受援国的一小部分,所以在宏观上这些援助未必能够拉动受援国整个经济增长,然而确实能够减少贫困。

关于官方发展援助减贫效果的实证研究,直到 20 世纪末期才开始慢慢出现,由于相关数据和资料的限制,国际上在该领域的研究并不丰富,国内的相关研究也处于空白或起步状态。其中有代表性的是 Oyolola(2007)、Mohsen 等(2009)、Chong 等(2009)和 Alvi 等(2012)的研究。Oyolola 利用 49 个国家的样本,发现总体上援助对贫困没有直接影响,Mohsen 和 Oyolola(2009)发现如果将援助方利益、人口和婴儿死亡率作为控制变量,外国援助对减少受援国的贫困有积极影响,Chong 等(2009)发现当考虑制度因素后,国际援助对改善收入分配和减少贫困是有益的,但是这种影响并不是太明显。Alvi 等(2012)利用动态面板数据技术,发现援助能够减少贫困,并发现多边援助和赠与援助比双边援助和贷款援助对减贫的效果更好。

已有的实证研究本质上区别不大,细小的区别主要体现在样本选择、时间范围、贫困度量等方面。从样本选择上看主要是使用国家层面数据,时间范围主要集中在 1970—2000 年。对于贫困的度量,早期数据主要用健康、教育和寿命等人类贫困指标,后来的研究更多使用经济贫困指标。纵观现有文献,发现存在以下不足:第一,仅仅考察了当期援助对贫困的影响,没有考察援助对减贫的时滞效应。第二,没有考虑受援国客观存在的差异性问题。第三,所考察的数据只覆盖到 2004 年,不能完全观察到千年发展目标实施以来援助减贫的最新变化。

实际上援助对减贫的传导作用机制是复杂的。从援助减贫实践上看,一笔国外的援助投入到受援国的家庭、企业或政府部门,往往是通过不同的项目实施,这些项目的实施要么旨在帮助受援国培养经济增长的能力,要么直接对贫困人群的救助,进而期望这些能力的培养和对贫困的救助有助于受援国经济发展和社会进步,最终形成对贫困的减缓,然而这一系列的过程都需要花费时间。总之,援助要取得利贫或减贫的效果可能需要花费一些时间。

事实上不同的受援国在经济发展水平、人文环境、民族特性和风俗习惯等方面都存在较大差异,而这些差异客观上导致援助在不同的受援国所能发挥的作用不同。因此,有必要对不同的国家进行区分,以便更加深入考察援助在不同受援国的不同减贫效应。本书认为,那些收入相对较高的受援国经济基础较好,其吸收援助和将援助转化为减贫的能力更好,其减贫效果也可能更好。而那些经济收入相对较低的受援国,往往伴随着政治动荡、环境恶劣、基础设施落后等,其对外部援助的吸收和转换能力更差,所以可能导致其减贫效果不好。本章按照该思路,收集到 76 个国家数据,按照人均 GDP 的不同划分为两个组①,进而按不同组别进行回归检验。

与以前的实证文献相比,存在如下的不同或改进:首先,本书考察了援助对

---

① 按照人均 GDP 每年 500 美元的标准分为两个组。按世界银行每天 1.25 美元的贫困标准,每年约为 456 美元,于是取近似值为 500 美元。人均 GDP 低于 500 美元的国家,平均来看整个国家几乎处于极端贫困状态,其将援助转化为减贫的能力可能更低,基于此推断因此按 500 美元标准分组。

减贫的滞后影响。在后文的回归模型中,加入了援助的滞后项,实证结论也发现滞后期的援助对减贫的作用要大于当期援助,这也是本书的贡献之一。其次,按照人居 GDP 水平将样本国家进行归类,并按照总样本和分组样本分别进行回归分析,也发现了不同收入组的援助减贫效果并不相同。再次,将数据拓展至 2012 年,力图观察援助在受援国减贫的最新变化。

第二节　数据来源与模型设定

一、数据说明与描述统计

　　由于数据的可获得性,本书用经济贫困中的收入贫困指标(其他人类发展指数、多维贫困指数数据不全)来衡量贫困状况,并分别用三个不同子指标来衡量受援国的贫困水平,它们分别是贫困率、贫困深度和贫困强度。其中贫困率也称为贫困发生率,指生活在贫困线(1.25 美元/每天)以下人口的比例,该指数的缺点是不能够区分贫困的分布状况,不能反映贫困程度的大小。贫困深度也称为贫困缺口率,该指标反映了贫困的平均深度,其计算公式可表示为:$P = (S - y^*)/S$,其中 P 为贫困深度,S 为贫困线,y^* 为贫困人口平均收入水平,该指标反映了贫困程度,但是不能反映贫困人口的规模和占总人口的比重,也不能反映贫困人口的分布结构。贫困强度,则反映贫困的严重程度,其将贫困深度进行平方,然后进行算术平均,其公式为 $P = (1/N) \times \sum [(S - y_i)/S]^2$,其中 N 表示贫困人口总数,S 表示贫困线,y_i 表示第 i 个贫困人口的收入水平,其实质是赋予贫困人口中最贫困人群最大权重。

　　官方发展援助数据来自于 OECD—DAC,贫困数据来自于世界银行 Poveal-Net 数据库,人均 GDP、通胀率、开放度、金融发展水平、老年抚养比、工业增加值、农业增加值等变量数据来自于世界银行发展指数(WDI)。各数据说明和来源见表 5—1。

表 5—1　主要变量的说明与数据来源

变量	说明	数据来源
Aid(of GNI):总援助	总援助额占 GNI 的比重	OECD—DAC
Multilateral aid:多边援助	多边援助占 GNI 比重	OECD—DAC
Bilateral aid:双边援助	双边援助占 GNI 比重	OECD—DAC
Grants aid:赠与援助	赠与援助占 GDP 比重	OECD—DAC
Loan aid:贷款援助	贷款援助占 GDP 比重	OECD—DAC
GDP per capita:人均 GDP	人均 GDP(2005 年不变价美元),取自然对数	世界银行:WDI
Inflation:通胀率	按消费者价格指数衡量的通货膨胀(年通胀率)	世界银行:WDI
Openness:开放度	进出口总额占 GDP 的比重,并取自然对数	世界银行:WDI
Finance:金融发展水平	银行部门提供的国内信贷(占 GDP 的比重)	世界银行:WDI
Age dependency ratio:老年抚养比	被抚养老年人口与工作年龄人口之比,比例越高说明养老负担越重	世界银行:WDI
Industry , value added:工业增加值	工业增加值占 GDP 的比重	世界银行:WDI
Agricultural, value added:农业增加值	农业增加值占 GDP 的比重	世界银行:WDI
Poverty rate:贫困率	贫困率:生活在贫困线(每天 1.25 美元)以下人口的比重	世界银行:Povcal-Net
Poverty gap: 贫困深度	贫困深度指数:平均收入差距占贫困线的比重	世界银行:Povcal-Net
Squared poverty gap:贫困强度	贫困强度指数:贫困深度指数平方后的平均值,更多赋予最穷人群的权重	世界银行:Povcal-Net

　　本书也检验了不同援助形式对减贫的影响。首先按照援助来源将援助细分为多边援助与双边援助,其中多边援助是指通过国际多边组织提供的援助;而双

边援助是指援助国直接向受援国提供的援助。其次,将援助按照不同方式划分为赠与援助和贷款援助,赠与援助是指通过现金、商品和服务方式向受援国提供的无需偿还的援助;贷款援助一般贷款期限较长、利率较低,但需要偿还本金。

由于数据的可获得性原因,收集了 76 个国家,从 1989 年至 2012 年的数据。由于中国的减贫基本靠自己力量完成,而不是依靠国际援助,所以受援国没有包括中国的数据。由于 1989 年以前的很多国家数据缺失,以及自 80 年代末期以来,国际社会更加注重援助的减贫功能,所以选取 1989 年至 2012 年的数据。由于贫困数据是每 3 年发布一次,所以在回归中其他解释变量全部采用 3 年的平均数据,例如 1990 年的援助额代表了 1989—1991 年 3 年的平均值。

表 5—2 是全部 76 个国家主要变量的统计特征。从该表可知,总援助占GNI 的比重的分布范围从 –0.2%—68.5%,生活在贫困线(每天 1.25 美元贫困线)以下人口占总人口的分布范围从 0%—90.1%。表 5—3、表 5—4 是按照收入分组后的主要变量统计特征。

表 5—2　全部 76 个国家主要变量的统计特征

	样本	均值	标准差	最小值	最大值
Aid(of GNI)	608	0.078	0.091	–0.002	0.685
Multilateral aid	608	0.031	0.039	–0.002	0.226
Bilateral aid	608	0.047	0.056	–0.006	0.458
Grants aid	608	0.065	0.079	0.000	0.521
Loan aid	608	0.024	0.028	0.000	0.228
GDP per capita	608	6.915	1.034	4.776	9.028
Inflation	608	0.601	4.783	–0.038	99.631
Openness	608	4.175	0.482	2.611	5.374
Finance	608	0.351	0.330	–0.694	1.890
Age dependency ratio	608	7.311	2.444	4.111	21.680
Industry , value added	608	0.289	0.119	0.086	0.763
Agricultural , value added	608	0.235	0.146	0.023	0.640
Poverty rate	608	0.324	0.259	0.000	0.901
Poverty gap	608	0.133	0.133	0.000	0.567
Squared poverty gap	608	0.074	0.086	0	0.435

表 5—3　高收入组 54 国的主要变量统计特征

	样本	均值	标准差	最小值	最大值
Aid(of GNI)	432	0.046	0.059	-0.002	0.331
Multilateral aid	432	0.017	0.0258	-0.002	0.214
Bilateral aid	432	0.029	0.037	-0.006	0.240
Grant aid	432	0.036	0.048	0.000	0.295
Loan aid	432	0.016	0.021	0.000	0.194
GDP per capita	432	7.397	0.798	5.711	9.028
Inflation	432	0.528	3.032	-0.025	37.633
Openness	432	4.269	0.481	2.611	5.374
Finance	432	0.418	0.362	-0.694	1.890
Age dependency ratio	432	7.855	2.664	4.784	21.680
Industry，value added	432	0.331	0.114	0.086	0.763
Agricultural，value added	432	0.170	0.106	0.023	0.591
Poverty rate	432	0.212	0.196	0.000	0.839
Poverty gap	432	0.082	0.096	0.000	0.540
Squared poverty gap	432	0.045	0.061	0	0.396

表 5—4　低收入组 22 国的主要变量统计特征

	样本	均值	标准差	最小值	最大值
Aid(of GNI)	176	0.156	0.106	0.014	0.685
Multilateral aid	176	0.066	0.043	0.005	0.226
Bilateral aid	176	0.089	0.069	0.009	0.458
Grant aid	176	0.134	0.095	0.012	0.521
Loan aid	176	0.042	0.033	0.0002	0.228
GDP per capita	176	5.732	0.392	4.776	6.577
Inflation	176	0.779	7.528	-0.038	99.631
Openness	176	3.946	0.402	2.703	4.936
Finance	176	0.186	0.129	0.013	0.685
Age dependency ratio	176	5.978	0.844	4.111	8.520

续表：

	样本	均值	标准差	最小值	最大值
Industry , value added	176	0.187	0.048	0.086	0.343
Agricultural , value added	176	0.393	0.103	0.179	0.640
Poverty rate	176	0.599	0.176	0.147	0.901
Poverty gap	176	0.259	0.130	0.025	0.567
Squared poverty gap	176	0.144	0.096	0.006	0.435

　　表5—5是全部76个国家主要变量间的相关系数，从该表可知，贫困与人均GDP、开放度、金融发展水平、老年抚养比例和工业增加值负相关，说明人均收入越高、贸易开放程度越高、金融发展水平和工业化水平越高越有利于减少贫困，其中老年抚养比例与减贫成反比，可能说明那些贫困程度越低的国家人均寿命越高，而不是说老年比例越高越能够减少贫困。而贫困与援助、通胀率和农业增加值正相关，说明通货膨胀和农业比重越高越不利于减贫。而援助与贫困的正相关可能说明越贫困的国家接收的援助越多，而不是说援助提高了贫困水平。

二、计量模型与方法

　　根据以往的文献研究，一般认为贫困存在较大的惯性（Stevens，1999；Hoynes等，2006），并认为经济增长对贫困存在较大影响，所以在此建立一个基础模型：

$$P_{it} = b_1 P_{i,t-1} + b_2 Y_{it} + v_i + \varepsilon_{it} \tag{5.1}$$

　　其中i和t分别代表国家和时间，P_{it}和Y_{it}分别代表i国家t时期的贫困水平和人均收入水平，$P_{i,t-1}$代表i国家$t-1$期的贫困水平，v_i表示不可观测的国家异质性项，ε_{it}是随国家与时间而改变的扰动项，b_1和b_2是回归系数。

　　本书重点关注援助对贫困的影响。以往的文献只考虑当期援助对贫困的影响，由于援助发挥减贫的作用需要花费一定时间，于是在模型中增加滞后期援助的影响，以便更全面考察援助的减贫效应。当同时考虑滞后期和当期援助

对贫困的影响后,本文建立如下计量模型①:

$$P_{it} = b_1 P_{i,t-1} + b_2 Y_{it} + b_3 AID_{i,t-1} + b_4 AID_{i,t} + X_{it}'\theta + v_i + \varepsilon_{it} \qquad (5.2)$$

其中,$AID_{i,t}$ 表示 i 国家 t 时期所接受的援助,$AID_{i,t-1}$ 表示 i 国家 $t-1$ 时期所接受的援助;X_{it}' 是一些影响贫困的控制变量,参考 *Alvi* 等(2012)和 *Chong* 等(2009)的研究成果,并结合数据的可获得性,选用通胀水平、贸易开放度、金融发展水平、老年抚养比、工业增加值和农业增加值作为控制变量。另外进入2000 年后,国际社会十分重视减贫,并为此制订了千年发展目标,考虑到减贫可能存在一个阶段性的变化,于是控制变量增加一个时间虚拟变量,用 Dum 2000 表示。θ 表示控制变量对贫困的影响大小系数,b_3 和 b_4 分别表示援助对贫困的滞后(间接)和当期(直接)影响系数。本书认为援助对减贫的影响重点表现在间接的滞后效应上,即应该重点关注 b_3。

现实中,越穷的国家越可能接受更多的援助,这可能意味着援助受到贫困的反向影响,因此援助与贫困可能存在内生性问题。本文在实证过程中,将当期援助视为内生性变量,由于援助贷款会影响受援国的金融水平,于是也将金融发展水平也视为内生性变量。由于模型中存在被解释变量的滞后项,为避免内生性和惯性所导致估计的不一致性,于是选用系统 GMM 估计方法进行估计。

---

① 与 Alvi 等(2012)使用的控制变量相比,本书少了"民主得分"变量(笔者没有获得完整的数据),但增加了"工业增加值"、"农业增加值"和一个时间虚拟变量,笔者认为工农业结构比民主程度更能影响受援国的贫困。由于所选样本缺乏完整可靠的不平等数据,所以没有引入该变量,这也是本模型的不足之处,不过面板模型能够较好控制遗漏变量的影响。另外,vi 的引入是基于各国存在不随时间改变的国家特质或差异,也能较好反映或控制这些差异的影响,比如文化、制度、社会环境和民族特性等。

表 5—5　全部国家主要变量相关系数表

	Poverty rate (贫困率)	Poverty gap (贫困深度)	Squared poverty gap (贫困强度)	GDP per capita (人均GDP)	Aid(of GNI) (总援助)	Multilateral aid (多边援助)	Bilateral aid (双边援助)	Grant aid (赠与援助)	Loan aid (贷款援助)	Inflation (通胀水平)	Openness (贸易开放度)	Finance (金融发展水平)	Age dependency ratio (养老抚养比)	Industry value added (工业增加值)	Agricultural value added (农业增加值)
Poverty rate	1.000														
Poverty gap	0.955	1.000													
Squared poverty gap	0.885	0.983	1.000												
GDP per capita	-0.771	-0.666	-0.576	1.000											
Aid(of GNI)	0.605	0.574	0.524	-0.618	1.000										
Multilateral aid	0.601	0.570	0.514	-0.638	0.938	1.000									
Bilateral aid	0.558	0.536	0.494	-0.559	0.971	0.827	1.000								
Grant aid	0.602	0.572	0.520	-0.615	0.912	0.863	0.880	1.000							
Loan aid	0.472	0.438	0.397	-0.535	0.830	0.820	0.778	0.645	1.000						
Inflation	0.052	0.072	0.080	-0.041	-0.032	-0.030	-0.031	-0.036	-0.037	1.000					
Openness	-0.233	-0.174	-0.131	0.292	-0.122	-0.139	-0.101	-0.125	-0.069	-0.068	1.000				
Finance	-0.439	-0.406	-0.367	0.392	-0.294	-0.296	-0.271	-0.294	-0.214	-0.008	0.125	1.000			
Age dependency ratio	-0.472	-0.415	-0.364	0.412	-0.304	-0.290	-0.292	-0.327	-0.183	-0.010	0.171	0.193	1.000		
Industry value added	-0.382	-0.305	-0.244	0.537	-0.439	-0.474	-0.383	-0.441	-0.383	0.025	0.393	0.073	0.120	1.000	
Agricultural value added	0.646	0.553	0.475	-0.824	0.584	0.624	0.514	0.556	0.487	0.061	-0.362	-0.394	-0.280	-0.626	1.000

第三节　实证结果分析

在这一部分,展示了系统 GMM 的估计结果。首先对全部 76 个国家的样本进行系统 GMM 估计,其结果见本章表 5—6、5—7 和 5—8。然后按照收入的差异将全部国家分为两个组,分组的目的是考虑到不同收入水平的国家对援助吸收的能力可能存在差别,收入相对较高的国家能够较好运用援助资源,其援助减贫效果可能更好一些。而收入较低的国家对援助资源使用的能力更低,从而可能导致援助减贫效果不佳。其中一个组的人均 GDP 大于 500 美元,共有 54 个国家,而另一个组的人均 GDP 低于 500 美元,共有 22 个国家。将 500 美元作为分组界限居于这样的考虑:按照世界银行每天 1.25 美元的绝对贫困标准线,折算成每年为 456.25 美元,接近 500 美元的分组线,制定该分组标准可基本将受援国按照人均 GDP 分成绝对贫困线以上和以下的不同国家组。

高收入组回归结果分别见本章表 5—9、5—10 和 5—11,低收入组回归结果分别见本章表 5—12、5—13 和 5—14。对于不分组、高收入组和低收入组,回归都按照公式(5.2)来进行,其中都使用稳健标准差进行估计。

本书使用 Arellano-Bond test 来检验扰动项的 1 阶和 2 阶自相关性,用 Sargan test 来检验工具变量的有效性。从所关注的回归模型看,在所有的检验结果中,都不能拒绝不存在 2 阶自相关和工具变量是有效的原假设。

一、不分组回归结果

表 5—6、5—7、5—8 显示了将全部 76 个样本国家进行汇总回归的结果,分别将总援助(Aid)、多—双边援助(Multilateral aid—Bilateral aid)和赠与—贷款援助(Grant aid—Loan aid)的减贫效果报告如下。

(一)总援助的减贫效应

表 5—6 显示的结果是总援助的减贫效果。其中分别用贫困率、贫困深度和贫困强度三个不同的贫困指标来考察援助的减贫效果。第(1)、(3)、(5)栏仅仅将总援助加入基础模型(式 5.1)当中,第(2)、(4)、(6)栏在基础模型的基础上再加入通胀等其他控制变量后的回归结果。

现在分别来考察本书所关注的第(2)、(4)、(6)栏。

首先,整体上从全部76个国家的数据看,没有证据显示总援助能够减少贫困。原因可能与援助在不同受援国家的减贫效果不同有关,而76个国家中包括一些对援助吸收不好的国家。不过,从滞后期和当期总援助回归系数的符号看,滞后期总援助的减贫效果要好于当期总援助的。回归结果表明,滞后期的总援助的回归系数都是负数,且都是不显著的。而第(2)栏的当期总援助回归系数为正数,且是显著的。第(4)栏当期的总援助回归系数为正数,第(6)栏当期的总援助回归系数为负数,且都是不显著的。

另外,可以发现贫困率、贫困深度和贫困强度的滞后项系数都是正数且显著的,说明过去的贫困状况确实能够影响当期的贫困水平,即贫困确实具有一定的惯性效应,这一结论也印证使用动态面板模型的合理性,贫穷存在惯性的结论也与诸多文献研究相一致(Steven,1999;Hoynes 等,2006;Chong 等,2009;Alvi 等,2012)。

回归结果显示,时间虚拟变量(Dum2000)的回归系数都是负的,且对贫困率和贫困深度回归中是显著有效的。然而,只有微弱的证据显示用人均GDP指标衡量的经济发展水平能够有利于减贫,可能与受援国收入分配不均有关。不过如果仅从回归系数符号看,人均GDP的提高有利于减少贫困。

从回归结果看,受援国通胀水平的高低会影响贫困水平,从第(4)和(6)栏可知,通胀水平的上升会扩大贫困深度水平,会进一步扩大最贫困人群的贫困深度,即通货膨胀对减贫是不利的。这一结论也符合普遍的预期。

(二)多边援助与双边援助的减贫效应

表5—7显示的结果是多边援助和双边援助的不同减贫效果。现在重点关注第(2)、(4)、(6)栏的回归结果。

第(2)栏考察了多边和双边援助对贫困率的影响。回归结果说明滞后期的多边援助能减少受援国的贫困率,且统计上是显著的。而滞后期的双边援助回归系数也是负数,但统计上并不显著。另外可知道当期的多边援助和双边援助对贫困率的回归系数都是正数,且都不显著。第(4)栏考察了多边援助和双边援助对贫困深度的影响,回归结果表明滞后期的多边援助能够减少贫困深度,而滞后期的双边援助对贫困深度的影响是不显著的。当期的多边援助和当期的双边援助回归系数都为正数,且都是不显著的。第(6)栏则考察了多边援助和双边援助对贫困强度指标的影响。回归结果表明滞后期的多边援助和滞后期的双边援助对贫困强度指标的影响都是不显著的。当期的多边援助的回归系数为负数,但不显著;而当期的双边援助回归系数为正数,也不显著。

总体上看,多边援助与双边援助在减贫的效果上并不相同。从滞后期的援助看,部分证据显示滞后期的多边援助能够减少贫困,而没有证据表明滞后期的双边援助能够减少贫困。从当期的援助看,虽然没有证据显示当期多边援助和当期双边援助能够减少贫困,但如果从系数符号和大小看,当期多边援助对减贫的影响要好于当期双边援助。

同样,在细分多边和双边援助情况下,贫困的滞后项回归系数都是正向且显著的,再次说明贫困确实存在惯性效应。回归结果显示,时间虚拟变量(Dum2000)的回归系数都是负的,且都显著有效。

另外,人均 GDP 水平对贫困的回归系数都是负的,且都显著有效,说明在此模型下人均收入水平的提高能够有效减少贫困。从回归结果看,受援国通胀水平的高低会影响贫困水平,从第(2)、(4)和(6)栏可知,通胀水平的回归系数都是正数,且都是显著的,说明通胀水平的提高是不利于贫困人群的,这一结论也类似于表5—6的结论。该结论说明在减贫过程中,尤其要注意通货膨胀的消极影响。

(三)赠与援助与贷款援助的减贫效应

表5—8显示的结果是赠与援助和贷款援助的不同减贫效果。现在重点关注第(2)、(4)、(6)栏的回归结果。

从第(2)栏的回归结果看,滞后期的赠与援助和滞后期的贷款援助的回归系数都是负数,但都不显著。而当期的赠与援助和贷款援助的回归系数都是正数,同样不显著。从第(4)栏的回归结果看,滞后期的赠与援助和滞后期的贷款援助的回归系数都是负数,只有滞后期的贷款援助回归系数是显著的。当期的赠与援助和当期的贷款援助的回归系数都为正数,也都不显著。从第(6)栏的回归结果看,滞后期的赠与援助的回归系数为正数,不显著;滞后期的贷款援助的回归系数是负数,且是显著的。当期的赠与援助回归系数为负数,不显著;当期的贷款援助的回归系数为正数,也不显著。

总体上看,赠与援助与贷款援助在减贫的效果上并不相同。从滞后期援助的减贫效果看,没有证据显示滞后期赠与援助能够减少贫困,而部分证据显示滞后期贷款援助能够有效减少贫困深度和贫困强度指标。从当期援助的减贫效果看,赠与援助和贷款援助的减贫效果都不明确。

　　同样,在细分赠与和贷款援助情况下,贫困的滞后项回归系数都是正向且显著的,再次说明贫困确实存在惯性效应。回归结果显示,时间虚拟变量(Dum2000)的回归系数都是负的,在第(2)和(4)栏都是显著的。

　　另外,从本文所关注的模型来看,人均 GDP 指标对贫困的回归系数都是负的,部分证据显示其有利于减贫。回归结果再次显示,受援国通胀水平的提高是不利于减少贫困的。

(四)该样本下的回归结论

　　从表 5—6、5—7 和 5—8 的结果综合来看,只有部分滞后期的援助能够减少贫困,而没有证据显示当期的援助能够减少贫困,说明滞后期的援助对减贫的影响要好于当期援助,其原因可能是援助要发挥作用确实需要花费一定的时间。而如果将总援助细分为多边援助和双边援助后,发现对减贫的贡献基本来自滞后期多边援助,即多边援助对减贫的影响要好于双边援助。这一现象的出现,可能与它们的援助动机差异有关,一般认为多边援助更多偏向于减贫和发展等经济动机,而双边援助更偏好于政治和国家关系的动机。而将援助细分为赠与援助和贷款援助后,发现对减贫的贡献基本来自滞后期贷款援助。另外,发现贫困的持久性确实存在,也发现通货膨胀对减贫是不利的,部分证据显示人均收入水平的提高有利于减少贫困。

表 5—6　全部 76 个国家的系统 GMM 估计:总援助

	(1)	(2)	(3)	(4)	(5)	(6)
被解释变量	贫困率: Poverty rate		贫困深度: Poverty gap		贫困强度: Squared poverty gap	
Lagged aid	−0.331	−0.355	−0.036	−0.088	0.004	−0.036
	(0.239)	(0.126)	(0.831)	(0.456)	(0.972)	(0.573)
Aid	0.444 *	0.515 * *	0.075	0.081	−0.030	−0.003
	(0.054)	(0.029)	(0.667)	(0.560)	(0.812)	(0.977)
GDP per capita	−0.037	−0.046 *	0.004	−0.012	0.0004	−0.010
	(0.405)	(0.090)	(0.773)	(0.265)	(0.949)	(0.183)

续表：

被解释变量	(1)	(2)	(3)	(4)	(5)	(6)
	贫困率： Poverty rate		贫困深度： Poverty gap		贫困强度： Squared poverty gap	
Inflation		0.001		0.001＊＊		0.001＊＊＊
		(0.127)		(0.036)		(0.001)
Openness		0.000		0.004		−0.001
		(1.000)		(0.766)		(0.927)
Finance		−0.023		−0.012		−0.006
		(0.662)		(0.662)		(0.786)
Age dependency ratio		0.001		0.003		0.003
		(0.916)		(0.264)		(0.168)
Industry，value added		0.111		0.084		0.070
		(0.349)		(0.201)		(0.102)
Agricultural，value added		−0.092		0.023		0.019
		(0.501)		(0.701)		(0.663)
Lagged poverty rate	0.851＊＊＊	0.791＊＊＊				
	(0.000)	(0.000)				
Lagged poverty gap			0.937＊＊＊	0.867＊＊＊		
			(0.000)	(0.000)		
Lagged squared poverty gap					0.921＊＊＊	0.852＊＊＊
					(0.000)	(0.000)
Constant	0.289	0.3640	−0.036	0.032	−0.002	0.042
	(0.416)	(0.112)	(0.770)	(0.745)	(0.967)	(0.607)
Dum2000		−0.021＊		−0.009＊		−0.005
		(0.082)		(0.077)		(0.180)
Observations	532	532	532	532	532	532
2阶自相关检验(p)	0.37	0.34	0.17	0.18	0.13	0.18
Sargan 检验(p)	0.26	0.27	0.10	0.23	0.28	0.23

注：＊、＊＊、＊＊＊分别表示10%、5%、1%的显著水平,括号内是 p 值,采用稳健标准误差。

表 5—7　全部 76 个国家的系统 GMM 估计：多边援助与双边援助

被解释变量	(1)	(2)	(3)	(4)	(5)	(6)
	贫困率： Poverty rate		贫困深度： Poverty gap		贫困强度： Squared poverty gap	
Lagged multilateral aid	-0.564＊＊	-0.788＊＊＊	-0.293	-0.394＊＊	-0.163	-0.207
	(0.025)	(0.000)	(0.236)	(0.032)	(0.277)	(0.115)
Lagged bilateral aid	-0.047	-0.035	0.084	0.041	0.068	0.033
	(0.800)	(0.826)	(0.579)	(0.776)	(0.452)	(0.653)
Multilateral aid	-0.536	0.168	-0.238	0.046	-0.262	-0.072
	(0.464)	(0.764)	(0.342)	(0.888)	(0.209)	(0.717)
Bilateral aid	0.824	0.507	0.239	0.120	0.131	0.063
	(0.128)	(0.254)	(0.314)	(0.502)	(0.365)	(0.593)
GDP per capita	-0.043	-0.054＊＊	-0.007	-0.019＊＊	-0.007	-0.015＊
	(0.415)	(0.048)	(0.575)	(0.033)	(0.314)	(0.065)
Inflation		0.001＊		0.001＊＊		0.001＊＊＊
		(0.055)		(0.021)		(0.000)
Openness		0.020		0.015		0.007
		(0.342)		(0.273)		(0.492)
Finance		-0.032		-0.020		-0.017
		(0.321)		(0.301)		(0.208)
Age dependency ratio		0.000		0.003		0.003
		(0.999)		(0.295)		(0.124)
Industry , value added		0.051		0.051		0.046
		(0.588)		(0.345)		(0.338)
Agricultural , value added		-0.111		-0.004		-0.003
		(0.506)		(0.956)		(0.948)
Lagged poverty rate	0.834＊＊＊	0.785＊＊＊				
	(0.000)	(0.000)				
Lagged poverty gap			0.906＊＊＊	0.838＊＊＊		
			(0.000)	(0.000)		

续表：

	(1)	(2)	(3)	(4)	(5)	(6)
被解释变量	贫困率： Poverty rate		贫困深度： Poverty gap		贫困强度： Squared poverty gap	
Lagged squared poverty gap					0.878＊＊＊	0.819＊＊＊
					(0.000)	(0.000)
Constant	0.343	0.384＊	0.052	0.063	0.058	0.059
	(0.419)	(0.086)	(0.578)	(0390)	(0.310)	(0.420)
Dum2000		−0.027＊＊		−0.013＊＊		−0.006＊
		(0.015)		(0.018)		(0.073)
Observations	532	532	532	532	532	532
2阶自相关检验(p)	0.31	0.31	0.23	0.28	0.20	0.27
Sargan 检验(p)	0.19	0.40	0.22	0.29	0.24	0.23

注：＊、＊＊、＊＊＊分别表示10%、5%、1%的显著水平，括号内是p值，采用稳健标准误差。

表5—8　全部76个国家的系统GMM估计：赠与援助与贷款援助

	(1)	(2)	(3)	(4)	(5)	(6)
被解释变量	贫困率： Poverty rate		贫困深度： Poverty gap		贫困强度： Squared poverty gap	
Lagged grant aid	−0.173	−0.127	−0.014	−0.008	0.003	0.007
	(0.157)	(0.284)	(0.827)	(0.916)	(0.932)	(0.877)
Lagged loan aid	−0.299	−0.523	−0.287	−0.422＊	−0.200	−0.282＊＊
	(0.364)	(0.243)	(0.165)	(0.064)	(0.244)	(0.025)
Grant aid	0.025	0.175	−0.059	0.011	−0.071	−0.023
	(0.881)	(0.219)	(0.502)	(0.926)	(0.131)	(0.773)
Loan aid	0.568	0.297	0.331	0.214	0.178	0.109
	(0.198)	(0.621)	(0.265)	(0.401)	(0.326)	(0.691)
GDP per capita	−0.051＊	−0.046	−0.011	−0.015＊	−0.010＊	−0.013＊
	(0.081)	(0.169)	(0.308)	(0.062)	(0.077)	(0.096)

续表：

	(1)	(2)	(3)	(4)	(5)	(6)
被解释变量	贫困率：Poverty rate		贫困深度：Poverty gap		贫困强度：Squared poverty gap	
Inflation		0.001*		0.001**		0.001***
		(0.070)		(0.036)		(0.006)
Openness		0.028		0.015		0.007
		(0.232)		(0.354)		(0.552)
Finance		−0.035		−0.016		−0.008
		(0.274)		(0.265)		(0.592)
Age dependency ratio		−0.001		0.003		0.003
		(0.897)		(0.337)		(0.174)
Industry, value added		−0.005		0.051		0.046
		(0.970)		(0.386)		(0.255)
Agricultural, value added		0.013		0.032		0.016
		(0.935)		(0.635)		(0.765)
Lagged poverty rate	0.824***	0.791***				
	(0.000)	(0.000)				
Lagged poverty gap			0.906***	0.867***		
			(0.000)	(0.000)		
Lagged squared poverty gap					0.878***	0.842***
					(0.000)	(0.000)
Constant	0.405*	0.289	0.089	0.024	0.075*	0.040
	(0.096)	(0.318)	(0.323)	(0.755)	(0.078)	(0.619)
Dum2000		−0.027**		−0.012**		−0.007
		(0.022)		(0.021)		(0.108)
Observations	532	532	532	532	532	532
2阶自相关检验(p)	0.30	0.33	0.37	0.42	0.38	0.43
Sargan检验(p)	0.46	0.42	0.37	0.47	0.40	0.36

注：*、**、***分别表示10%、5%、1%的显著水平,括号内是 p 值,采用稳健标准误差。

二、高收入组回归结果

表5—9、5—10、5—11 显示了 54 个高收入组国家的回归结果,分别将总援助、多—双边援助和赠与—贷款援助的减贫效果报告如下。

(一) 总援助的减贫效应

表5—9 显示的结果是总援助的减贫效果。现在分别来考察本书所关注的第(2)、(4)、(6)栏。

第(2)栏说明滞后期的总援助能够减少贫困率,而当期的总援助非但没有减少贫困率,反而导致贫困率提高。第(4)栏考察了援助对贫困深度的影响,回归结果说明总援助能减少受援国的贫困深度,且也表现为滞后效应,而当期的援助对减少贫困深度而言是不显著的。第(6)栏考察了援助对贫困强度的影响,回归结果说明滞后期的援助能减少受援国的贫困强度,且统计上是显著的,即说明援助对减贫是有帮助的。而当期的总援助对贫困强度指标的影响是不显著的。

另外,可以发现贫困的滞后项回归系数都是正数且显著的,说明过去的贫困状况确实能够影响今后的贫困水平。回归结果显示,时间虚拟变量(Dum2000)的回归系数都是负的,但统计上并不显著。回归结果显示,用人均GDP 的回归系数都为负数,但都不显著。出现这种情况可能与收入分配不平等有关,比如,人均 GDP 虽然提高了,但这种人均 GDP 的提高可能更多是由于贫困线以上人群收入提高的结果,而对贫困线以下的贫穷人群而言收入并未提高多少所致。

(二) 多边援助与双边援助的减贫效应

表5—10 显示的结果是多边援助和双边援助的不同减贫效果。现在重点关注第(2)、(4)、(6)栏的回归结果。

第(2)栏考察了多边和双边援助对贫困率的影响,回归结果说明滞后期的多边援助能够减少受援国的贫困率。而滞后期的双边援助对贫困率的影响虽然是负向的,但统计上并不显著。另外可知道当期的多边援助的回归系数为负数,但不显著;而当期的双边援助对贫困率的回归系数为正数,且显著。第(4)

栏考察了多边援助和双边援助对贫困深度的影响,回归结果说明滞后期的多边援助能减少受援国的贫困深度。而滞后期双边援助的回归系数为负数,但是统计上并不显著。当期的多边援助回归系数为负数,但不显著;而当期双边援助的回归系数为正数,且显著。第(6)栏则考察了多边援助和双边援助对贫困强度指标的影响,回归结果说明滞后期的多边援助和双边援助的回归系数都为负数,且都不显著。当期的多边援助回归系数为负数,不显著;当期的双边援助回归系数为正数,不显著。

同样,在细分多边和双边援助情况下,贫困的滞后项回归系数都是正向且显著的,再次说明贫困确实存在惯性效应。回归结果显示,时间虚拟变量(Dum2000)的回归系数都为负数,且统计上都不显著,其结果同总援助模型(表5—9)的结论大体一致。另外,人均 GDP 指标对贫困的回归系数都是负的,且对贫困率和贫困深度都是显著的。

(三)赠与援助与贷款援助的减贫效应

表5—11 显示的结果是赠与援助和贷款援助的不同减贫效果。现在重点关注第(2)、(4)、(6)栏的回归结果。

从第(2)栏的回归结果看,滞后期的赠与援助能减少受援国的贫困率;而滞后期的贷款援助对贫困率的影响是不显著的。而当期的赠与援助和贷款援助的回归系数都是正数,且都不显著。第(4)栏考察了赠与援助和贷款援助对贫困深度的影响,从第(4)栏的回归结果看,滞后期的赠与援助能减少受援国的贫困深度,而滞后期的贷款援助对贫困深度的影响是不显著的。而当期的赠与援助和当期的贷款援助的回归系数是不显著的。第(6)栏则考察了赠与援助和贷款援助对贫困强度指标的影响,回归结果显示,滞后期的赠与援助能够减少贫困深度指标。而滞后期的贷款援助回归系数是负的,但不显著。当期的赠与援助和当期的贷款援助对贫困的影响是不显著的。

总体上看,赠与援助和贷款援助的减贫效果并不相同。滞后期的赠与援助能够减少受援国的贫困率、贫困深度和贫困强度。而没有证据显示滞后期的贷款援助能够减少贫困。另外,回归结果表明,当期赠与援助与贷款援助对减贫的效果是不显著的。

同样,在细分赠与援助和贷款援助情况下,贫困的滞后项回归系数都是正向且显著的,再次说明贫困确实存在惯性效应。回归结果显示,时间虚拟变量(Dum2000)的回归系数都是负的,且统计上都不显著,其结果同总援助模型以及多—双边援助模型类似(表5—9和5—10)的结论大体一致。另外,人均GDP指标对贫困的回归系数都是负的,且都是显著的,表明在此样本下人均收入水平的提高能够有效减少贫困。

(四)该样本下的回归结论

总体上看,在剔除掉22个低收入国家后,与全部76个国家组相比,援助对减贫的影响有了新的变化,对比表明(对比表5—6和5—9),滞后期的总援助对减贫的效果显著增加,可能是高收入组国家对援助的吸收能力更强,能够有效地将援助资源转化为减贫成果。综合看,此样本下,滞后期援助的减贫效果要好于当期援助的,与不分组有类似的结论。

如果将总援助分解为多边和双边援助后,则可发现援助对减少贫困的贡献主要来自于多边援助,即多边援助在减贫上要好于双边援助,这一结论类似于Headey(2008)和Alvi等(2012)的发现。而如果将援助分解为赠与援助和贷款援助后,发现援助的减贫效果主要来自于滞后期赠与援助,即滞后期赠与援助的减贫效果好于贷款援助;而当期赠与援助和贷款援助的减贫效果统计上是不显著的。另外,发现贫困的持久性确实存在,部分证据显示人均收入水平的提高有利于减少贫困,没有发现该样本组国家的贫困水平在进入21世纪后有显著下降的过程。

表5—9 高收入组国家的系统 GMM 估计:总援助

被解释变量	(1)	(2)	(3)	(4)	(5)	(6)
	贫困率:Poverty rate		贫困深度:Poverty gap		贫困强度:Squared poverty gap	
Lagged aid	−0.696 *	−0.846 * * *	−0.310	−0.397 *	−0.153	−0.189 *
	(0.076)	(0.006)	(0.139)	(0.058)	(0.244)	(0.082)
Aid	0.506 *	0.876 * * *	0.091	0.218	−0.030	0.041
	(0.088)	(0.010)	(0.679)	(0.443)	(0.855)	(0.834)
GDP per capita	−0.079 *	−0.056	−0.018	−0.024	−0.012	−0.012
	(0.071)	(0.128)	(0.269)	(0.250)	(0.217)	(0.549)
Inflation		0.002		−0.000		0.000
		(0.238)		(0.963)		(0.962)

续表：

被解释变量	(1)	(2)	(3)	(4)	(5)	(6)
	贫困率： Poverty rate		贫困深度： Poverty gap		贫困强度： Squared poverty gap	
Openness		0.038		0.011		0.002
		(0.285)		(0.615)		(0.888)
Finance		−0.001		0.001		−0.010
		(0.978)		(0.954)		(0.666)
Age dependency ratio		−0.002		−0.000		0.001
		(0.632)		(0.906)		(0.691)
Industry ,value added		0.169		0.076		0.053
		(0.124)		(0.339)		(0.349)
Agricultural ,value added		−0.081		0.026		0.013
		(0.559)		(0.868)		(0.850)
Lagged poverty rate	0.800 * * *	0.718 * * *				
	(0.000)	(0.000)				
Lagged poverty gap			0.868 * * *	0.830 * * *		
			(0.000)	(0.000)		
Lagged squared poverty gap					0.846 * * *	0.781 * * *
					(0.000)	(0.000)
Constant	0.628 *	0.290	0.149	0.121	0.097	0.072
	(0.075)	(0.322)	(0.254)	(0.406)	(0.191)	(0.610)
Dum2000		−0.022		−0.006		−0.003
		(0.102)		(0.531)		(0.718)
Observations	378	378	378	378	378	378
2阶自相关检验(p)	0.45	0.60	0.27	0.40	0.29	0.52
Sargan 检验(p)	0.44	0.47	0.45	0.45	0.38	0.45

注：*、* *、* * *分别表示10%、5%、1%的显著水平,括号内是 p 值,采用稳健标准误差。

表 5—10　高收入组国家的系统 GMM 估计：多边援助与双边援助

被解释变量	(1)	(2)	(3)	(4)	(5)	(6)
	贫困率： Poverty rate		贫困深度： Poverty gap		贫困强度： Squared poverty gap	
Lagged multilateral aid	− 1.134 * *	− 1.153 * *	− 0.432 * *	− 0.403 *	− 0.171 *	− 0.162
	(0.047)	(0.019)	(0.020)	(0.092)	(0.082)	(0.414)
Lagged bilateral aid	− 0.234	− 0.491	− 0.108	− 0.233	− 0.061	− 0.117
	(0.560)	(0.465)	(0.672)	(0.436)	(0.718)	(0.384)
Multilateral aid	− 0.984	− 0.048	− 0.708 * *	− 0.425	− 0.568 * *	− 0.447
	(0.280)	(0.946)	(0.033)	(0.499)	(0.011)	(0.557)
Bilateral aid	1.240	1.214 *	0.539	0.527 * *	0.322	0.316
	(0.161)	(0.069)	(0.103)	(0.019)	(0.155)	(0.291)
GDP per capita	− 0.122 * *	− 0.079 * *	− 0.046 *	− 0.035 *	− 0.027 * * *	− 0.022
	(0.026)	(0.042)	(0.051)	(0.065)	(0.002)	(0.253)
Inflation		0.001		0.000		− 0.000
		(0.545)		(0.913)		(0.792)
Openness		0.032		0.010		0.005
		(0.414)		(0.656)		(0.763)
Finance		0.006		− 0.004		− 0.005
		(0.889)		(0.926)		(0.857)
Age dependency ratio		− 0.001		0.001		0.001
		(0.727)		(0.759)		(0.788)
Industry, value added		0.099		0.030		0.014
		(0.394)		(0.801)		(0.911)
Agricultural, value added		0.003		− 0.008		− 0.007
		(0.983)		(0.947)		(0.942)
Lagged poverty rate	0.727 * * *	0.760 * * *				
	(0.000)	(0.000)				
Lagged poverty gap			0.794 * * *	0.808 * * *		
			(0.000)	(0.000)		

续表：

	(1)	(2)	(3)	(4)	(5)	(6)
被解释变量	贫困率：Poverty rate		贫困深度：Poverty gap		贫困强度：Squared poverty gap	
Lagged squared poverty gap					0.768 ***	0.775 ***
					(0.000)	(0.000)
Constant	0.967 **	0.476 *	0.360 *	0.220	0.214 ***	0.148
	(0.026)	(0.086)	(0.049)	(0.107)	(0.002)	(0.305)
Dum2000		−0.012		−0.002		−0.000
		(0.307)		(0.837)		(0.980)
Observations	378	378	378	378	378	378
2阶自相关检验(p)	0.37	0.50	0.11	0.19	0.06	0.13
Sargan 检验(p)	0.29	0.66	0.21	0.81	0.33	0.85

注：*、**、***分别表示10%、5%、1%的显著水平，括号内是 p 值，采用稳健标准误差。

表5—11　高收入组国家的系统 GMM 估计：赠与援助与贷款援助

	(1)	(2)	(3)	(4)	(5)	(6)
被解释变量	贫困率：Poverty rate		贫困深度：Poverty gap		贫困强度：Squared poverty gap	
Lagged grant aid	−0.747 ***	−0.738 **	−0.297 ***	−0.265 **	−0.160 ***	−0.147 ***
	(0.003)	(0.023)	(0.001)	(0.011)	(0.002)	(0.007)
Lagged loan aid	−0.432	−0.451	−0.132	−0.191	−0.058	−0.058
	(0.483)	(0.409)	(0.411)	(0.257)	(0.529)	(0.502)
Grant aid	0.494	0.573	0.188 *	0.181	0.086	0.075
	(0.145)	(0.150)	(0.224)	(0.272)	(0.160)	(0.513)
Loan aid	−0.213	0.178	−0.444 **	−0.239	−0.361 ***	−0.234
	(0.735)	(0.797)	(0.025)	(0.412)	(0.002)	(0.440)
GDP per capita	−0.097 *	−0.074 **	−0.041 ***	−0.041 ***	−0.024 ***	−0.023 ***
	(0.054)	(0.011)	(0.005)	(0.002)	(0.009)	(0.005)

续表：

	(1)	(2)	(3)	(4)	(5)	(6)
被解释变量	贫困率： Poverty rate		贫困深度： Poverty gap		贫困强度： Squared poverty gap	
Inflation		0.000		-0.001		-0.000
		(0.978)		(0.611)		(0.843)
Openness		0.029		0.014		0.001
		(0.414)		(0.534)		(0.905)
Finance		0.019		0.012		0.001
		(0.718)		(0.658)		(0.968)
Age dependency ratio		-0.006		-0.002		-0.000
		(0.190)		(0.699)		(0.906)
Industry, value added		0.105		0.046		0.036
		(0.397)		(0.520)		(0.549)
Agricultural, value added		0.008		-0.010		-0.016
		(0.963)		(0.906)		(0.764)
Lagged poverty rate	0.806 ***	0.781 ***				
	(0.000)	(0.000)				
Lagged poverty gap			0.820 ***	0.801 ***		
			(0.000)	(0.000)		
Lagged squared poverty gap					0.810 ***	0.772 ***
					(0.000)	(0.000)
Constant	0.769 *	0.478 *	0.328 ***	0.261 **	0.191 ***	0.175 **
	(0.056)	(0.059)	(0.004)	(0.022)	(0.007)	(0.029)
Dum2000		-0.013		-0.004		-0.001
		(0.218)		(0.698)		(0.903)
Observations	378	378	378	378	378	378
2 阶自相关检验(p)	0.46	0.53	0.11	0.15	0.06	0.10
Sargan 检验(p)	0.54	078	0.32	0.87	0.47	0.91

注：*、**、***分别表示10%、5%、1%的显著水平,括号内是 p 值,采用稳健标准误差。

三、低收入组回归结果

本书同时将低收入组的 22 个国家进行回归,同样采用动态面板模型。表5—12、5—13、5—14 显示了对 22 个低收入组国家进行回归的结果,分别将总援助、多—双边援助和赠与—贷款援助的减贫效果报告如下。

(一)总援助的减贫效应

表 5—12 显示的结果是低收入组总援助的减贫效果。现在重点关注第(2)、(4)、(6)栏的回归结果。

滞后期的总援助对各贫困指标的回归系数都为负数,且它们在统计上都不显著。可见,对于低收入组来说,滞后期的援助既没有减少贫困率,也没有缩小贫困深度和贫困强度。也没有证据显示当期总援助对减贫是有效的。导致低收入国家的援助减贫效果不好的原因可能与这些国家的基础经济状况、制度和政策有关,或者贫困本身就存在一种陷阱,使得低收入组国家很难将外部援助转化为减少贫困的成果。

此外在大多数情况下,贫困的滞后项系数都是正数且显著的,总体看,低收入组国家同高收入组国家一样,存在明显的贫困惯性效应。回归结果显示,时间虚拟变量(Dum2000)的回归系数都是负的,但都不显著。从回归结果看,人均 GDP 对贫困的影响是负向的,但并不显著。另外,从回归结果看,工业增加值对贫困强度的回归系数是负的,且显著。

(二)多边援助与双边援助的减贫效应

表 5—13 显示的结果是低收入组多边援助和双边援助的不同减贫效果。重点关注第(2)、(4)、(6)栏。

只有滞后期的双边援助对贫困深度的回归系数是负数且显著。整体看,无论是滞后期还是当期的援助,没有充分的证据显示多边援助或双边援助能够减少贫困。同样,在细分多边和双边援助情况下,大部分情况下,贫困的滞后项回归系数符号都是正的,且都是显著的。时间虚拟变量(Dum2000)的回归系数都不显著。

另外,人均 GDP 指标对贫困的回归系数都是负数,但都不显著。通货膨胀水平的上升会导致贫困深度和贫困强度指标提高,即恶化贫困状况。

(三)赠与援助与贷款援助的减贫效应

表5—14显示的结果是赠与援助和贷款援助的不同减贫效果。现在重点关注第(2)、(4)、(6)栏的回归结果。

滞后期的赠与援助和贷款援助对贫困的回归系数几乎都是负数,但都不显著。当期赠与援助的回归系数都是负数,都不显著;而当期的贷款援助的回归系数都是正数,其中对贫困深度的回归系数是显著的,对贫困率和贫困强度回归系数不显著。总体看,对低收入组国家,无论是赠与援助还是贷款援助,没有证据显示其能有效减少贫困。而如果从回归系数大小看,滞后期的贷款援助对减贫要好于赠与援助;从回归系数符号看,当期赠与援助对减贫的影响要好于贷款援助。

同样,在大部分情况下贫困的滞后项回归系数符号都是正的,且都是显著的。时间虚拟变量(Dum2000)的回归系数都是负的,只有对贫困强度的回归系数是显著的,其他都不显著。另外,人均GDP指标对贫困的回归系数都是负的,但都不显著。开放度的回归系数都为正数,且对贫困深度和贫困强度的回归系数是显著的。

总之,与高收入组相比,低收入组的援助减贫效果更差。对于低收入组而言,无论是滞后期的总援助还是当期的总援助,没有证据显示其能减少贫困,如果从回归系数的符号看,滞后期的总援助效果更好一些。而对于多边与双边援助,没有充分的证据显示哪种援助的减贫效果更好。而对于赠与与贷款援助,同样也没有充分的证据显示哪种援助的减贫效果更好。

四、稳健性检验

为了检验收入较高国家组援助的减贫效果是否好于低收入组,分别将人均GDP按照600、700、800、900和1005① 美元标准进行分组检验,检验的结果支持收入高的国家组援助的减贫效果比低收入组的好。同时再次证明:援助减贫的滞后效应确实存在、对于减贫而言多边援助好于双边援助、贫困的确存在较强的惯性。

---

① 人均GDP 1005美元的标准是世界银行划分中低收入与低收入国家的分界线,考虑到样本不能过小,所以把人均GDP 1005美元以上的28个国家统一做回归分析。而如果按照人均GDP 3975美元以上的中高收入标准划分,样本国家只剩6个导致样本过小,无法进行回归。

其次按不同时间进行稳健性检验。考虑到样本大小的需要,把所考察的全部 76 个国家按照时间不同分为两段,一个时间段为 1989—2003 年,另一时间段为 1998—2012 年[①]。并按照人均 GDP500 美元的标准将 76 个国家分为高低两个组,分别在两个时间段内检验,检验结果表明:援助在各个时期内对减贫的贡献主要来自较高收入国家组,即高收入组国家援助的减贫效果好于低收入组,且援助对减贫的作用表现在滞后期上、多边援助好于双边援助、贫困具有较强的持久性,其结论与前文基本一致。

从与其他研究的一致性看,关于"多边援助减贫效果好于双边援助"的结论与 Alvi 等在 2012 年的发现是一致的,关于"贫困具有较强的持久性"也符合众多文献的研究结论。由于区分了受援国经济发展水平的差异性,且考虑了援助减贫的时滞性,从稳健性检验看"较高收入受援国的减贫效果好于低收入的"和"援助减贫存在时间滞后效应"的结论基本是比较稳健的,这两个结论也符合经济学直觉,比如一般认为经济发展水平相对较高的国家将援助转化为减贫的能力比较低国家更好,援助转化为实际的减贫效果确实需要花费一定时间等。

表 5—12　低收入组国家的系统 GMM 估计:总援助

被解释变量	(1)	(2)	(3)	(4)	(5)	(6)
	贫困率: Poverty rate		贫困深度: Poverty gap		贫困强度: Squared poverty gap	
Lagged aid	-0.058	-0.102	-0.074	-0.189	-0.041	-0.018
	(0.864)	(0.654)	(0.461)	(0.326)	(0.501)	(0.775)
Aid	0.137	0.170	0.088	0.152	0.026	-0.011
	(0.836)	(0.589)	(0.539)	(0.585)	(0.713)	(0.900)
GDP per capita	-0.185	-0.169	-0.145	-0.084	-0.073	-0.036
	(0.365)	(0.488)	(0.223)	(0.361)	(0.287)	(0.468)
Inflation		0.001		0.001		0.001 ***
		(0.488)		(0.230)		(0.003)

[①]　如果直接分为 1989—2000 年和 2001—2012 年,各时间段内只有 4 期的贫困数据,有的检验无法进行,所以将时间分别拓展至 5 期各 15 年。

续表：

被解释变量	(1)	(2)	(3)	(4)	(5)	(6)
	贫困率：Poverty rate		贫困深度：Poverty gap		贫困强度：Squared poverty gap	
Openness		0.044		0.039		0.039 *
		(0.431)		(0.403)		(0.064)
Finance		0.174		0.233		0.184 *
		(0.623)		(0.405)		(0.100)
Age dependency ratio		−0.007		−0.014		−0.019
		(0.906)		(0.504)		(0.182)
Industry , value added		−0.756		−0.888		−0.627 * *
		(0.528)		(0.108)		(0.021)
Agricultural , value added		0.158		−0.078		−0.052
		(0.674)		(0.830)		(0.508)
Lagged poverty rate	0.711 * *	0.735				
	(0.039)	(0.334)				
Lagged poverty gap			0.649 * *	0.941 * * *		
			(0.024)	(0.002)		
Lagged squared poverty gap					0.744 * * *	1.218 * * *
					(0.003)	(0.000)
Constant	1.205	1.031	0.914	0.585	0.450	0.233
	(0.394)	(0.479)	(0235)	(0.320)	(0.294)	(0.386)
Dum2000		−0.019		−0.020		−0.006
		(0.337)		(0.288)		(0.527)
Observations	154	154	154	154	154	154
2阶自相关检验(p)	0.45	0.35	0.46	0.30	0.32	0.11
Sargan 检验(p)	0.91	1.00	0.92	1.00	0.94	1.00

注：*、* *、* * *分别表示10%、5%、1%的显著水平，括号内是 p 值，采用稳健标准误差。

表5—13　低收入组国家的系统 GMM 估计:多边援助与双边援助

被解释变量	(1)	(2)	(3)	(4)	(5)	(6)
	贫困率: Poverty rate		贫困深度: Poverty gap		贫困强度: Squared poverty gap	
Lagged multilateral aid	0.283	0.773	0.096	0.253	0.005	0.156
	(0.624)	(0.602)	(0.841)	(0.602)	(0.983)	(0.740)
Lagged bilateral aid	−0.279	−0.105	−0.105	−0.387 ∗ ∗	−0.059	0.143
	(0.458)	(0.807)	(0.684)	(0.046)	(0.387)	(0.260)
Multilateral aid	−0.684	−0.267	−0.681	0.012	−0.265	−0.228
	(0.460)	(0.901)	(0.273)	(0.978)	(0.192)	(0.579)
Bilateral aid	0.560	0.158	0.438	0.157	0.168	0.167
	(0.189)	(0.910)	(0.266)	(0.290)	(0.329)	(0.622)
GDP per capita	−0.136	−0.128	−0.124	−0.069	−0.089 ∗ ∗	−0.064
	(0.171)	(0.438)	(0.163)	(0.212)	(0.033)	(0.121)
Inflation		0.001		0.001 ∗		0.001 ∗
		(0.352)		(0.054)		(0.057)
Openness		0.021		0.047		0.035
		(0.740)		(0.234)		(0.228)
Finance		0.233		0.251		0.155 ∗
		(0.625)		(0.161)		(0.070)
Age dependency ratio		−0.031		−0.027		−0.007
		(0.438)		(0.186)		(0.510)
Industry, value added		−0.705		−0.875 ∗ ∗		−0.404
		(0.448)		(0.028)		(0.155)
Agricultural, value added		−0.044		−0.057		−0.060
		(0.949)		(0.727)		(0.585)
Lagged poverty rate	0.803 ∗ ∗ ∗	0.975				
	(0.000)	(0.132)				
Lagged poverty gap			0.709 ∗ ∗ ∗	1.142 ∗ ∗ ∗		
			(0.005)	(0.000)		

续表:

	(1)	(2)	(3)	(4)	(5)	(6)
被解释变量	贫困率: Poverty rate		贫困深度: Poverty gap		贫困强度: Squared poverty gap	
Lagged squared poverty gap					0.694 * * * (0.000)	1.021 * * * (0.000)
Constant	0.881 * (0.207)	0.908 (0.495)	0.784 (0.179)	0.473 (0.217)	0.554 * * (0.034)	0.305 (0.239)
Dum2000		−0.007 (0.863)		−0.013 (0.439)		0.001 (0.930)
Observations	154	154	154	154	154	154
2 阶自相关检验(p)	0.50	0.17	0.41	0.12	0.36	0.11
Sargan 检验(p)	1.00	1.00	1.00	1.00	1.00	1.00

注:*、* *、* * *分别表示10%、5%、1%的显著水平,括号内是 p 值,采用稳健标准误差。

表 5—14　低收入组国家的系统 GMM 估计:赠与援助与贷款援助

	(1)	(2)	(3)	(4)	(5)	(6)
被解释变量	贫困率: Poverty rate		贫困深度: Poverty gap		贫困强度: Squared poverty gap	
Lagged grant aid	−0.027 (0.767)	0.000 (0.998)	−0.008 (0.873)	−0.008 (0.920)	−0.016 (0.773)	−0.093 (0.356)
Lagged loan aid	−0.496 (0.313)	−3.095 (0.260)	−0.306 (0.547)	−0.876 (0.101)	−0.204 (0.528)	−0.225 (0.700)
Grant aid	−0.092 (0.429)	−0.057 (0.805)	−0.102 (0.299)	−0.158 (0.173)	−0.130 * (0.070)	−0.066 (0.639)
Loan aid	0.339 (0.739)	2.515 (0.188)	0.347 (0.610)	0.804 * (0.071)	0.351 (0.433)	0.582 (0.205)
GDP per capita	−0.135 (0.277)	−0.175 (0.262)	−0.146 (0.147)	−0.116 (0.130)	−0.107 (0.126)	−0.021 (0.609)

续表：

被解释变量	(1)	(2)	(3)	(4)	(5)	(6)
	贫困率： Poverty rate		贫困深度： Poverty gap		贫困强度： Squared poverty gap	
Inflation		0.001 *		0.001		0.000
		(0.071)		(0.481)		(0.717)
Openness		0.035		0.059 * *		0.057 * *
		(0.567)		(0.050)		(0.019)
Finance		−0.421		−0.037		0.037
		(0.412)		(0.815)		(0.775)
Age dependency ratio		−0.040		−0.010		−0.029
		(0.133)		(0.490)		(0.253)
Industry , value added		−0.749		−0.572		−1.151 *
		(0.302)		(0.103)		(0.082)
Agricultural , value added		−0.175		−0.170		−0.237
		(0.534)		(0.374)		(0.149)
Lagged poverty rate	0.875 * * *	0.286				
	(0.000)	(0.613)				
Lagged poverty gap			0.629 * *	0.704 * *		
			(0.017)	(0.038)		
Lagged squared poverty gap					0.551 * *	0.861 * * *
					(0.048)	(0.001)
Constant	0.849	1.895	0.932	0.782	0.681	0.394
	(0.313)	(0.171)	(0.156)	(0.185)	(0.136)	(0.171)
Dum2000		−0.080		−0.028		−0.015 *
		(0.201)		(0.101)		(0.099)
Observations	154	154	154	154	154	154
2阶自相关检验(p)	0.83	0.78	0.70	0.93	0.60	0.31
Sargan 检验(p)	1.00	1.00	1.00	1.00	1.00	1.00

注：*、* *、* * *分别表示10%、5%、1%的显著水平,括号内是 p 值,采用稳健标准误差。

政策篇

第六章　提高援助减贫效果的
建议与思考

在有限的援助资源下,要提升援助的减贫效果,必须重新审视和改进现有的援助政策。笔者认为,要提升援助的减贫效果,需要考虑科学接续"后2015"议程、探索资金筹集新模式、制定正确的援助战略并修正现有政策等。下文将分别从这些方面进行论述。

第一节　科学接续"后2015"议程

随着2015年的到来,千年发展目标面临到期与接续的问题。为更好接续千年发展目标,需要国际社会一道科学制定"后2015"发展议程,以便为今后的国际发展和减贫工作提供目标。关于如何接续和制定"后2015"议程,联合国系统、各国政府、研究机构、非政府组织、公民组织、专家学者等都进行了广泛讨论。至今,其完整的图景还未真正清晰浮现,我们也只能触摸到它的一个大致框架。

一、关于"后2015"议程的基本共识

(一)新议程应遵循原则的共识

虽然关于"后2015"议程的讨论还存在诸多分歧,国际社会普遍认为,有必要将post-MDGs(后千年发展目标)与SDGs(可持续发展目标)相结合,进而产生一套综合性的目标。基于各方的共识,"后2015"国际发展目标应该遵循如下原则①:

---

① European Commission . Towards a Post—2015 Development Framework[EB/OL]. http://ec. europa. eu/europeaid/how/public—consultations/towards __post—2015—development—framework __en. htm,2013 –3 –27.

第一，继承性原则。"后 2015"发展目标应当继承国际社会就援助领域所达成的共识，尤其应继承千年发展目标的消除贫困目标，并吸收其经验和教训，同时将可持续发展理念充分考虑进来。

第二，包容性原则。未来框架应当透明、开放和广泛参与，要兼顾历次援助议程的建设性倡议或目标，兼顾发达国家、新兴市场国家、最不发达国家等所有国家的利益，兼顾消除贫困、经济发展和环境保护，兼顾各群体的利益，尤其要照顾边缘化人群的利益。

第三，灵活性原则。目标设置和执行应争取求同存异、先易后难，将国际社会普遍关注的焦点问题置于优先位置，科学设置阶段性目标，促进整体目标的达成。

第四，可测度性原则。所有数量或质量指标应透明、清晰、可测度并有时间限制。所有的概念性术语必须定义准确且普遍接受，并有助于目标的执行。

第五，公正性原则。使贫困人群能够获得必要的发展资料，确保财富能够公正分配，减少发达国家过度消费对落后国家贫困人群的影响，使每个人有公平的发展机会。维护性别、收入、资源分配和代际平等。

(二)新议程关键领域设置的共识

"后 2015"发展议程的主要领域在不同的会议和活动上已有所讨论，国际社会倾向于采用具有优先次序的方式来选择主要领域。其中，名人小组的《新型全球合作关系》[①]报告提出了五大目标：消除极端贫困；可持续发展；经济转型；建立和平有效、开放问责的制度；新型全球伙伴关系。而网络委员会的《可持续发展行动议程》[②]则基于"可持续发展"概念界定了"后 2015"议程的十项优先政策。综合国际机构和学者的讨论，"后 2015"议程所设定的主要领域应当包括：

消除贫困，保障贫困群体基本生活需要。贫穷依旧是国际社会应当关注的焦点之一。世界上还有数亿计的人群生活在极端贫困线以下，各国应提供力所能及的援助帮助全球的减贫工作，帮助贫穷国家自我发展能力建设。

可持续发展。实现经济、社会和环境的可持续发展。合理开发自然资源，

---

① United Nations. A New Global Partnership：Eradicate Poverty and Transform Economies through Sustainable Development：The Report of the High – Level Panel of Eminent Persons on the Post – 2015 Development Agenda[R]，May 30,2014.

② Sustainable Development Solutions Network. An Action Agenda for Sustainable Development：Report for the UN Secretary – General[R]，June 6, 2014.

科学保护生态环境。加强对水资源、能源和海洋的开发和保护；保护生物多样性，保护森林系统；科学应对气候变化，加强各类自然灾害的预报、防灾、减灾和灾后重建工作①。

实现经济转型。使经济增长具有更广泛的包容性，推动就业的增长，使增长和减贫具备坚实的基础。

提高全球治理能力，共建和谐世界。提高全球应对粮食安全、经济危机、恐怖主义、战乱、腐败等世界性问题，加强危机管理的全球协调。

提供平等发展机会，促进公平正义。未来的发展目标应重视不平等发展问题，应倡导为各国家、阶层、家庭提供平等发展机会。包括：提供体面的工作，消除职业歧视和性别歧视；提供基本的健康医疗服务；为每个公民提供均等的教育机会，建设发达的教育体系；消除现有不合理的国际政治经济秩序，为各国创造平等的发展机会②。

二、新议程面临的挑战

虽然对"后2015"议程的制定已经形成了一些共识，然而要全面执行"后2015"议程目标也有诸多的挑战，这些挑战可能来自以下几个方面：

机制缺陷。现有国际议程普遍存在约束力和可执行性低下、预见性不足、目标设置易偏离实际、缺乏激励机制的缺陷，将来的议程很可能面临同样的难题。

政治意愿。就国际层面来说，各国发展目标次序的偏好并不一致，对于穷国来说，更愿意在解决国内的贫困基础上再来考虑环境问题，而发达国家更愿意优先考虑环保问题。就援助国国内来说，长期大规模的对外援助会导致部分国内选民的质疑。此外，国家间的政治博弈、国家竞争力的争夺、局部冲突都可能使"后2015"议程执行蒙上阴影。这些都会导致各国对官方发展援助的政治热情不同。

多目标。现有关于"后2015"议程的讨论，普遍的结论是应当兼顾千年发

---

① United Nation. Current Ideas on Sustainable Development Goals and Indicators[R]. RIO 2012 Issues Briefs, No. 6 ,2012.

② ECE, ESCAP, UNDESA, UNICEF, UNRISD, UN WOMEN. Addressing Inequalities：The Heart of the Post—2015 Agenda and the Future We Want for All[R]. May 2012.

展目标和可持续发展目标的诉求,即在消除贫困的基础上,兼顾考虑经济、社会和环境的可持续发展。仔细分析,社会和环境目标对于援助议程来说本身就比较勉强。另外,不同的群体的发展诉求不同,而诉求的复杂性可能导致国际发展目标陷入面面俱到而重点却不突出的局面,不利于国际发展目标的实现。

不平等发展。对于消除贫困,满足人的基本生存需要,官方发展援助或许是良好的催化剂①。然而,未来的国际发展议程要消除人类的不平等发展和贫富差距却难以完全实现。那些长期存在的促进不稳定和不平等的力量不会自动消失②。现有已积累的不平等,将侵蚀未来议程的效果,使得不平等发展长期存在。例如,当落后国家还在为基本生存权奋斗的时候,发达国家却倡导人权高于一切;当落后国家急需发展工业的时候,全球却面临着生态环境的约束;当落后国家迫切需要人才与科技的时候,发达国家正悄然广揽人才,并忙于推销知识产权保护。此外,未来不平等现象还将广泛存在。例如,人们获取信息、知识、技术、教育和社会资源的机会并不平等;气候变化、自然灾难、经济危机等因素对不同人群产生不同冲击也导致新的不平等。这些不平等可能拖累目标的实施和实现。

资金来源。资金的筹资是实现减贫的基本保障,也是最为核心的议题。消除贫穷和帮助落后国家将是官方发展援助的长期责任,但是其资金的来源将非常困难。现有千年发展目标的援助承诺大部分发达国家不能履行,倘若设置可持续发展的目标,就需要更加规模庞大的可持续发展资金来支撑。即使有新兴市场国家加入资金的援助方,即便国际社会也探索了诸多的创新融资机制,援助的资金依然匮乏。此外,现有发达国家按照 GNI 的 0.7% 的目标提供援助资金是否可以改革,都是应该讨论的问题。

三、接续"后 2015"议程的建议

虽然"后 2015"议程不可能完全是援助减贫的议题,但其核心应该围绕发展和减贫进行。基于对"后 2015"议程的讨论,要科学接续新议程应该:科学设置议程的内容和领域;借鉴 MDGs 的经验教训,弥补机制设计缺陷;提升援助的

---

① United Nation. The Post – 2015 Development Agenda—The Millennium Development Goals In Perspective[R]. No. 74, April 2011.

② 托马斯·皮凯蒂著,巴曙松等译.21 世纪资本论[M].北京:中信出版社,2014:22.

政治意愿;议程目标尽量明确化和合理化;限制不平等对减贫的危害;科学筹集援助资金。在接续新议程时,除了以上的建议外,还应在以下方面有所突破:

第一,提升援助动力。无论是过去和将来,援助的动力源于人道主义、国际关系需要、拓展经贸活动手段等。但是,在减贫领域,援助更多源于对贫困的人道关怀,因此往往更多体现了利益由援助方单边输出的特征。长期的利益单边输出明显缺乏后劲,也将是"后2015"议程所面临的主要问题。因此,秉着提升援助动力的需要,援助方可适当选择援助领域和援助方。比如,在关注受援国的发展和减贫的同时,可以增加对抑制非法移民、海盗、疾病传播、恐怖主义等活动的投入。在强调援助单边利益的同时,也可适当加强双边经贸合作,将援助与投资和贸易等结合起来,使得援助方能够有所回报。总之,在不损害受援方利益同时,可以大胆尝试不同模式来提升援助动力。

第二,弥合立场的分化。源于各援助方主体利益和诉求的差异,当下对"后2015"议程的讨论呈现出不同的声音,比如发达国家倾向于将国际规则设置、环境保护、可持续发展置于更优先地位,有的甚至主张抛弃千年发展目标重新建立新的框架,而发展中国家则强调发展与减贫的重要性。另外,现有讨论呈现不利于发展中国家的趋势。比如,过于关注发展的手段或条件,存在偏离发展主题的危险;过于关注国际规范的设置,可能导致发展目标与价值规范相脱节;过于集中应对当下政策危机,MDGs存在被淡化危险(张春,2013)。立场的分化实质上反映出利益的冲突和认识的差异。要科学制定并平稳接续"后2015"议程,必须统一认识,认清贫困的危害性和发展的重要性。国际社会要适当相互妥协,照顾相互关切,将援助结果导向与过程监控相结合起来,将发展和环境保护结合起来,制定可持续发展的减贫目标。

第三,科学筹集资金来源。现在,援助资金主要来源于发达国家,新兴市场国家也逐渐成为援助资金新的提供方。要满足受援方对资金的需求,必须建立一个更加科学合理的资金筹集方案。发达国家按照各自GNI的0.7%的目标提供援助资金,是联合国所确定的目标。其实,该目标也存在较大的弊端,比如资金分配没能考虑各援助国人均收入的差异,没能考虑未来的新兴援助方的义务分配,同时也缺乏实质的约束力。另外,资金来源也较为单一,主要是各援助方提供的财政支持。因此,要科学接续"后2015"议程,应该在筹集资金来源上有所改进。本着改进现有筹资模式,下一节就该问题做更深入的讨论。

第二节　探索新的筹资模式：基于人均收入视角的讨论

对国际减贫而言，无论是当前还是将来，各国所提供的官方发展援助资金是至关重要的。目前，发达国家依然是官方发展援助资金的主要提供方。然而，援助资金的需求和供给之间长期存在巨大的缺口。在可预见的未来，援助资金的筹集依然是一个难题。

实际上国际社会也数次召开了关于官方发展援助筹资的国际会议，就资金筹集提出了指导性建议和原则。多次的国际会议对发达国家的援助义务都有阐述，而对新兴援助国并未做出要求。多年以来，联合国要求①发达国家按照国民总收入（Gross National Income，GNI）的0.7%的目标提供官方发展援助（Official Development Assistance，ODA），绝大多数发达国家也承诺按照 GNI 的0.7%的目标履行义务。但从 2002—2012 年 OECD 发展援助委员会（DAC）国家的数据看，只有瑞典、挪威、荷兰、卢森堡和瑞士达到了联合国的援助标准，而大部分国家没能达到约定的目标，导致援助资金长期陷入短缺的状态，也是导致援助效果不佳的原因之一。

近些年来，发达国家经济发展放缓、国内财政普遍困难，对外提供援助也遇到了严重障碍。以西方为主导的国际舆论也时常响起要新兴市场国家履行更多国际义务的呼声，包括中国在内的主要新兴市场国家也倍感压力。当前新兴市场国家正逐渐由传统的受援国向援助国转变，未来新兴市场国家在提供援助资金方面将扮演越来越重要的角色。虽然国际社会对发达国家和新兴市场国家的援助义务的标准并不相同，普遍认为发达国家的援助属于"南北援助"范畴，而新兴市场国家提供的援助属于"南南合作"的范畴，前者更多体现义务，而后者更多体现合作的特征。实际上，发达国家之间的人均收入水平也存在较大差异，不禁要问，按照经济总量的固定比例提供援助金额是否存在不合理之处？能否进行相关的改革？同时，这种改革是否能够通盘考虑未来新兴国家的援助义务问题？

---

① 这些要求体现在众多联合国会议成果文件中。其中，新世纪以来重要的会议包括 2002 年蒙特雷筹资大会和 2012 年联合国可持续发展大会。

一、现有筹资模式的履行、不足与改进

按照 GNI 的 0.7% 目标提供官方发展援助形成于 20 世纪 60—70 年代,并多次得到国际会议的确定,其中包括非常重要的 2002 年蒙特雷筹资大会。蒙特雷筹资大会认为国际社会提供足够的援助资金是实现千年发展目标的关键,并重申了发达国家应提供 GNI 的 0.7% 资金进行官方发展援助。最近,在 2012 年的"里约 + 20"可持续发展大会上,又重申要求发达国家履行承诺,向发展中国家提供占其 GNI 的 0.7% 的官方发展援助。总之,按照国民总收入的 0.7% 的标准提供发展援助成为考察发达国家履行援助义务的关键指标。

(一)发达国家援助义务的履行状况

那么,0.7% 的援助目标执行情况如何呢?发达国家提供援助的主体是 OECD 的发展援助委员会(DAC)国家,OECD 国家提供了官方发展援助的绝大部分。从绝对规模看发达国家所提供的援助金额持续增加,但与其承诺目标还相差甚远。绝大部分发达国家没能达到约定的 0.7% 的目标,其援助金额占比一直在 0.2% 至 0.4% 之间,导致每年援助资金缺口 1500 亿美元左右。2003—2012 年的数据显示 OECD 的平均援助水平一直在 0.3% 附近徘徊,而 G7 国家的平均水平还要略微低于 OECD 的水平,G7 国家中如果按照援助占 GNI 比重来衡量,最慷慨的国家是英国和法国,而最吝啬的国家是意大利和美国(数据参见表6—1、图6—1 和图6—2)。

从表6—1、图6—1 和图6—2 可以清晰地知道,整体看,2003 年以来发达国家没有很好履行援助目标,实际所提供的援助离设定 0.7% 的目标相距甚远。

表6—1 2003—2012 年主要国家和组织提供 ODA 占 GNI 比重　　单位:%

年份	OECD 平均	G7 平均	美国	日本	德国	法国	加拿大	英国	意大利
2003	0.24	0.21	0.15	0.2	0.28	0.4	0.24	0.34	0.17
2004	0.25	0.22	0.17	0.19	0.28	0.41	0.27	0.36	0.15
2005	0.32	0.3	0.23	0.28	0.36	0.47	0.34	0.47	0.29
2006	0.3	0.27	0.18	0.25	0.36	0.47	0.29	0.51	0.2
2007	0.27	0.23	0.16	0.17	0.37	0.38	0.29	0.36	0.19

续表：

年份	OECD 平均	G7 平均	美国	日本	德国	法国	加拿大	英国	意大利
2008	0.3	0.25	0.18	0.19	0.38	0.39	0.33	0.43	0.22
2009	0.31	0.26	0.21	0.18	0.35	0.47	0.3	0.51	0.16
2010	0.32	0.28	0.21	0.2	0.39	0.5	0.34	0.57	0.15
2011	0.31	0.27	0.2	0.18	0.39	0.46	0.32	0.56	0.2
2012	0.31	0.28	0.19	0.17	0.38	0.45	0.32	0.56	0.13

资料来源：OECD/DAC。

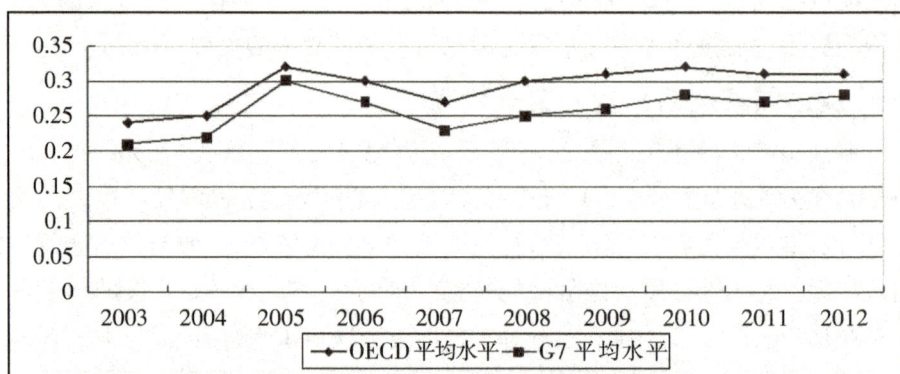

图 6—1　OECD 和 G7 的平均援助水平

资料来源：OECD/DAC。

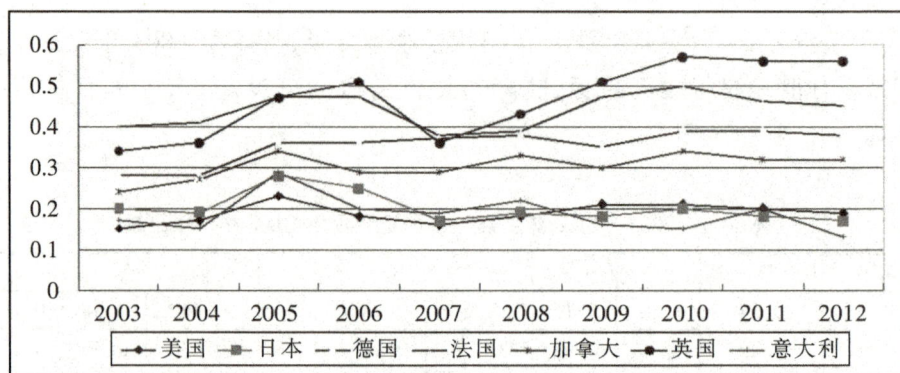

图 6—2　G7 各国的援助水平

资料来源：OECD/DAC。

(二)现有筹资模式的不足

实际上,联合国要求发达国家按照 GNI 的固定比例提供 ODA,可用公式表示为:

$$ODA = a \times GNI \qquad (6.1)$$

其中,a 表示比例系数(目前 a 可以视为等于 0.7%),ODA 表示一国提供官方发展援助金额,GNI 表示一国的国民总收入。

按照国民总收入 0.7% 的比例来安排援助责任,其逻辑是简单按一国经济总量来衡量其援助责任,而没有考虑各国人均国民收入的差异。

从政治上来讲,各国按照经济总量的 0.7% 提供发展援助,表面看似乎比较"公平",实则不公平。事实上发达国家间人均收入也存在较大差距,现有筹资模式不能体现人均收入高的应负担更多的原则。另外,将来逐渐会有更多的新兴市场国家也将步入发达国家的行列,如果简单按照 GNI 基数来分配资金的筹集,简单按照 0.7% 的原则提供援助,可能会导致人均收入 1 万美元和人均收入 5 万美元的国家的人均援助负担率都相同,不能体现收入差距的事实,这其实是一种新的不公平。所以说,援助资金的筹集应该既要考虑各国的经济总量水平,也要考虑人均收入水平。

(三)基于人均收入指标的改进

官方发展援助资金提供的主体是政府,但是承担官方发展援助的是一国的纳税人,人均收入是衡量一国富裕程度的更好指标。如果将国际援助看成一种国际转移支付形式,那么资金提供方理应要考虑人均收入的指标来安排转移支付,即人均收入越高,则应该提高援助负担率,类似于一种累进税收。

我们不妨用 ANI(Average National Income)表示人均国民收入,用 N 表示各国人口数量,则,$GNI = ANI \times N$。用 ODA 表示各援助国官方发展援助金额,用 GR(Gross Rate)表示官方发展援助金额与国民总收入之比,即:

$$GR = ODA/GNI \qquad (6.2)$$

用 $AODA$(Average ODA)表示援助国人均官方发展援助金额,AR(Average Rate)表示人均官方发展援助金额与人均国民收入之比,即:

$$AR = AODA/ANI \qquad (6.3)$$

由于 $AODA \times N = ODA$,且综合式(6.1)、(6.2)、(6.3),显然有:

$$AR = (AODA \times N)/(ANI \times N) = ODA/GNI = GR \qquad (6.4)$$

依据前文的论述,国际援助的筹资目标如果着眼于人均国民收入(用 ANI 表示)来制定累进比例,而不是国民总收入(GNI),我们可以建立下述关键等式:

$$GR = AR = b_1 + b_2 \times ANI \qquad (6.5)$$

其中 GR、AR 和 ANI 如前文定义,b_1 是基础比例系数,b_2 是随人均收入水平累进的系数。等式(6.5)的含义是:各国提供援助比例应该包括两部分,一部分是基础比例,另一部分是按照人均收入水平增长而增长的比例。

由公式(6.5)自然可以得到等式:

$$ODA = b_1 \times GNI + b_2 \times (ANI \times GNI) = b_1 \times ANI \times N + b_2 \times (ANI^2 \times N)$$
$$(6.6)$$

如果忽略 GNI 与 GDP 差异,ANI 与人均 GDP 的差异,可直接用 GDP 代替 GNI,用 $AGDP$(代表人均 GDP)代替 ANI,则等式(6.6)可以写为:

$$ODA = b_1 \times GDP + b_2 \times (AGDP \times GDP) \qquad (6.7)$$

等式(6.7)意味着援助金额 ODA 主要取决于 GDP 和 $AGDP$ 的影响,只不过其中 $AGDP$ 是以交叉形式与 GDP 联合影响 ODA。

二、人均收入筹资模型的影响估计

至此,有必要讨论人均收入筹资模型对各援助国的影响,因此首先需要确定新筹资模型的系数。然后再按照估计出的参数对援助国的责任进行测算,并分析其所带来的影响。

实际上确定新模型的参数必需依赖于国际社会的协商,而不是用数学方法进行简单估算。但是如果从理论上先确定相关的参数,再利用所估计的模型与实际援助情况进行比较分析,也许会得到有益的洞察。因此现在回到对等式(6.5)的系数估计上来,下文将使用 OECD 国家的数据对新模型进行简单的拟合估计,于是可以建立回归模型:$GR = AR = b_1 + b_2 \times ANI + \varepsilon$,其中 ε 为误差项。

(一)数据选择

OECD 中的 34 个国家都对外提供发展援助,由于包括非 DAC 国家的人均收入水平的差距范围更大,有更多较低人均收入的国家包含在内,经济水平更接近新兴国家的情况,于是选用全部 34 个 OECD 国家作为样本。根据本书模型参数估计的需要,选用横截面模型进行估计更加合理。ANI[①] 是根据世界银行公布的各年各国人均国民收入计算而来,同时为了减少经济数据的波动性,把 2009—2011 共 3 年的平均数作为各国的 ANI 数据;同样,将各国 2009 年至 2011 年共 3 年的 GR 的平均数值作为 GR 数据(具体数据参看表 6—2。)从这三年的平均数值看,智利、墨西哥和土耳其是 ODA 资金的净输入方,其余国家都为 ODA 资金的净输出方。

表 6—2　2009—2011 年 OECD 国家 ANI 与 GR 平均值

国家	澳大利亚	奥地利	比利时	加拿大	智利	捷克	丹麦	爱沙尼亚	芬兰	法国	德国	希腊
ANI	46063	47280	45563	43566	11003	18310	59363	14557	47147	42330	43363	26303
GR	0.32	0.297	0.577	0.32	−0.06	0.123	0.88	0.103	0.54	0.477	0.377	0.17
国家	匈牙利	冰岛	爱尔兰	以色列	意大利	日本	韩国	卢森堡	墨西哥	荷兰	新西兰	挪威
ANI	12857	35987	42467	27237	35470	41510	20080	72736	9000	48940	28940	87013
GR	0.1	0.283	0.523	0.073	0.17	0.187	0.113	1.02	−0.05	0.793	0.273	1.143
国家	波兰	葡萄牙	斯诺伐克	斯诺文尼亚	西班牙	瑞典	瑞士	土耳其	英国	美国		
ANI	12373	21590	15973	23757	31493	50920	72123	9787	39163	47310		
GR	0.083	0.277	0.09	0.137	0.393	1.037	0.427	−0.024	0.547	0.207		

资料来源:World Bank 和 OECD/DAC。注:ANI 单位为美元,GR 单位为%。

(二)数据处理和参数估计

为了消除异方差问题,本书将数据进行自然对数化处理,用 LGR 表示取自然对数后的 GR 数据,$LANI$ 表示取自然对数后的 ANI 数据;为了使对数化有意义,将三个资金净输入方国家(智利、墨西哥和土耳其)剔除,因此样本数为 31 个。

将 ANI($LANI$)和 GR(LGR)的散点图描绘如图 6—3 和图 6—4,图 6—4 的数据是取自然对数后的图形。综合图 6—3 和图 6—4,可以发现 GR 同 ANI 之间呈现较强的线性关系,进一步计算发现 GR 同 ANI 的线性相关系数为 0.81,LGR 和 $LANI$ 的线性相关系数为 0.85,这也印证了采用线性模型的合理性。

---

① 数据来源:World Development Indicators.

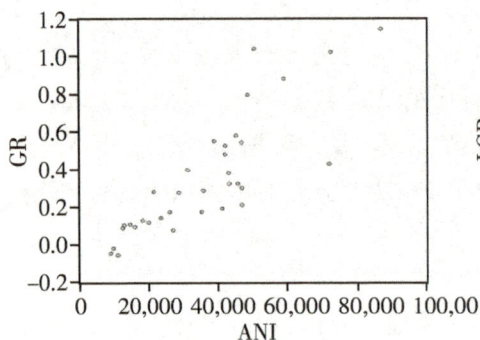

图6—3 ANI 和 GR 分布散点图

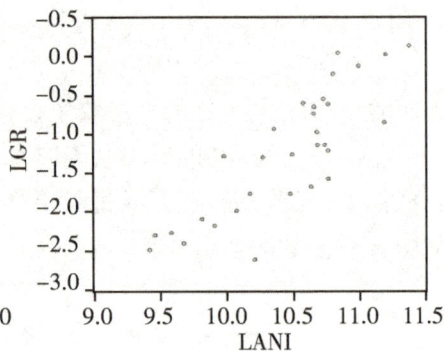

图6—4 LANI 和 LGR 分布散点图

本书用 OLS 方法,回归结果如下:

$$LGR = -15.2698 + 1.3422 \times LANI \qquad (6.8)$$
$$t = (-9.3201)(8.5705)$$

其中,$R^2 = 0.7169$,调整的 $R^2 = 0.7072$,$F = 73.4531$,$DW = 1.8332$。该模型表明,模型能够拟合数据的 70% 以上,t 统计量显示回归系数是显著的;在 5% 的显著水平上,DW 值显示残差不存在序列自相关性;在 5% 的显著水平上,用 White 检验异方差,模型不存在异方差问题。模型表明,随着人均收入的提高,援助比例是增加的。等式(6.8)实际上是用发达国家的横截面数据所拟合出的一条援助与人均收入的直线,它能够帮助我们按照人均收入水平来衡量各国的援助履行情况。显然,新模型参数的确定只是建立在"默认"现行 OECD 国家 2009—2011 年的援助行为之上,其目的是为讨论各国的援助义务提供一个简单的参考基准。

(三) ANI 模型对发达国家援助义务影响测算

基于人均收入水平所建立的筹资模型对发达国家的影响如何,也是本书所关注的一个方面。要测算基于 ANI 指标的新模型所带来的影响依然需要确定具体的筹资模式,以及确定关键参数才能得到。为了从侧面说明新模型所带来的变化,这里选用前文估计得到的公式(6.8)来阐述这种变化。根据模型回归公式(6.8),可以对各国的 GR 目标值进行测算,不妨用 GRF(Gross Rate Forecast)表示估算的目标值。为节省篇幅,仅将各国的真实值 GR 与人均筹资模型估算值 GRF 对比总结在表6—3 中,为了直观起见,将表6—3 的数据绘成图6—5。

表6—3　OECD 各国 2009—2011 年平均的 GR 和 GRF 值对比表　　单位:%

国家	澳大利亚	奥地利	比利时	加拿大	智利	捷克	丹麦	爱沙尼亚	芬兰	法国	德国	希腊
GRF	0.424	0.439	0.418	0.394	0.062	0.123	0.596	0.09	0.438	0.379	0.391	0.2
GR	0.32	0.297	0.577	0.32	-0.06	0.123	0.88	0.103	0.54	0.477	0.377	0.17
国家	匈牙利	冰岛	爱尔兰	以色列	意大利	日本	韩国	卢森堡	墨西哥	荷兰	新西兰	挪威
GRF	0.077	0.305	0.38	0.21	0.299	0.369	0.139	0.783	0.047	0.46	0.227	0.997
GR	0.1	0.283	0.523	0.073	0.17	0.187	0.113	1.02	-0.05	0.793	0.273	1.143
国家	波兰	葡萄牙	斯洛伐克	斯诺文尼亚	西班牙	瑞典	瑞士	土耳其	英国	美国		
GRF	0.073	0.153	0.102	0.174	0.255	0.485	0.775	0.053	0.341	0.44		
GR	0.083	0.277	0.09	0.137	0.393	1.037	0.427	-0.024	0.547	0.207		

GR 数据来源:World Bank 和 OECD/DAC。

注:$GR = ODA/GNI$,是 2009—2011 三年各国实际援助的平均值;GRF(模型估算值)所使用的 ANI 是各国 2009—2011 三年的平均值。

从表6—3 和图6—5 可以清楚发现,如果用 ANI 模型测算的目标值作为援助的新目标,从 2009—2011 年平均水平看,有 17 个 OECD 国家实际援助均达到或超出人均收入筹资模型的估算值,而按照 GNI 的 0.7% 原目标则只有瑞典、荷兰、卢森堡、丹麦和挪威 5 个国家达到,所以 OECD 国家的援助总体履行率大大提高了(通过对其他年份的测算,也有相同的发现,限于篇幅,没有一一报告)。而在 ODA 资金提供大户的 G7 国家只有英国和法国达到了新目标,其余国家都没达到该目标。按照模型测算,OECD 国家的平均 ODA/GNI 估算值为 0.326%,G7 国家的平均 ODA/GNI 估算值为 0.373%,均高于近 10 年真实平均值(真实值[①]为 0.293% 和 0.257%),可见,无论是按照 0.7% 的目标还是按照模型目标,平均而言 G7 或 OECD 国家都没有很好履行国际义务,尤其是 G7 国家。

[①]　真实平均值可根据表6—1 计算。

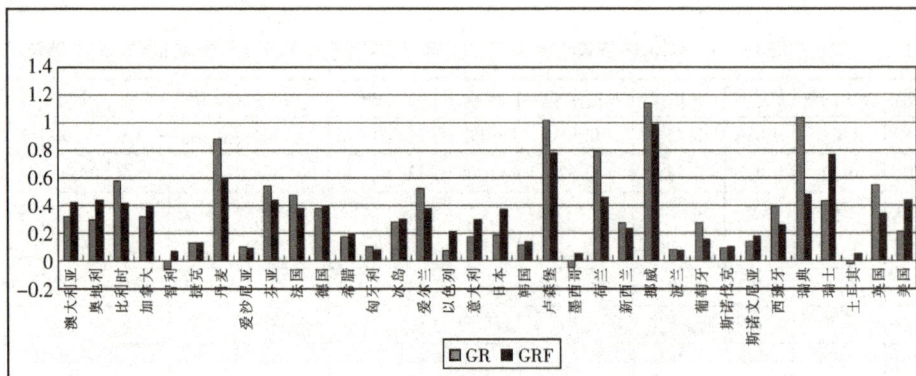

图6—5　OECD各国2009—2011年的GR和GRF平均值对比图

三、人均收入筹资模型的拓展讨论

上面讨论了基于经济总量的发展筹资目标的不足与改进问题,主张应将人均收入水平纳入考量范畴。本书提出按照人均收入水平而制定不同的援助比例的思路,并推导出(6.5)、(6.6)、(6.7)三个等式,这三个等式实质是一致的。回溯到筹资等式(6.5),该等式只是说明援助占经济总量之比应该与人均收入水平成正比,即人均收入水平高的国家,GR值越高,而不是所有国家简单按照0.7%或其他统一标准执行。等式(6.6)则表明:一国提供的援助资金总额,应该与人均国民收入和国民总收入成正比(或与人均国民收入和人口规模成正比);即当不同国家的人均国民收入相同时,援助义务的差异主要取决于人口规模的不同;而当人口规模相同时,不同国家的援助义务差异主要取决于人均国民收入水平。等式(6.7)与等式(6.6)的唯一差别是用人均国民生产总值来替代人均国民收入,其内涵完全相同。

讨论人均收入模型的拓展是必要的,一方面可使模型更加符合实际的需要,另一方面也可增加对新模型的认知。为此,现对已提出的模型进行相关的拓展讨论。鉴于等式(6.5)、(6.6)、(6.7)是一致的,现集中讨论等式(6.5)的拓展问题,目的是探讨如何确定各发达国家的援助义务。

按照等式(6.5)可知:$GR = AR = b_1 + b_2 \times ANI$,该筹资模式是拓展讨论的出发点,由于$b_1$不等于零,可将其称谓有基础比例的连续型筹资模型。此外,等式(6.5)也可以做如下拓展:

A. 无基础比例型,即将 b_1 设为零。即援助比重 $GR = b_2 \times ANI$,一旦 b_2 被确定,各国的援助义务只与该国的人均国民收入水平相关。当然系数 b_2 的确定可以进行国际协商。

B. 按收入分段筹资模式。按照人均收入水平划分不同区间,并直接规定不同收入区间不同的援助标准。考虑到当前各主要 DAC 国家的人均国民收入也存在较大差异(2 万—7 万亿美元),且将来新兴国家也将步入发达国家行列,对于不同收入段的国家,这种方案好处是简单明了,使各国在捐赠时可以非常明确地了解自己所处的位置。

C. 基础收入以上筹资模式。若考虑到新兴市场国家逐渐成为援助方,为了将这类国家的援助义务与发达国家相区分开来,可以制定一个提供援助的人均收入起点,即:$GR = b_1 + b_2 \times (ANI - 最低标准)$。

现将 4 种新的拓展模型以及现有筹资模型汇总在表6—4,并简单分析了 5 个模型的特点和待解决问题。实际上,前四种模式都是基于人均收入水平来差异化制订各国提供援助的具体比例,相对而言能够照顾到各国人均收入水平的差别,特别对人均收入水平低而经济总量大的国家比较公平。第 5 种是现行联合国设定的筹资方式,特点是简单但缺乏公平性,援助实践中也没能得到很好执行。

对人均收入筹资模型的讨论,必然需要考虑该模型对各援助国的影响。显而易见,新筹资模型显然不利于那些人均收入水平更高的发达国家,而有利于人均收入水平更低的国家。将来现有的新兴发展中国家也逐渐步入发达国家行列,某一天对这些后来国家的援助义务也采用发达国家的标准,鉴于人均收入逐渐增长性,则人均收入筹资模型对后来的新兴市场国家是有利的。一个简单的例子是,未来的 10 年左右,按照人均 1.2 万美元(2010 年价格)的标准中国也将步入高收入国家行列,那么是否中国也应按照那些人均收入在 5 万以上的国家承担同样的 GNI 的 0.7% 的援助义务呢? 显然这是不公平的。

需要指出的是,要建立一个被广泛接受且可行的筹资模式是一个十分复杂的过程,其影响因素众多。从政治层面上看,采取哪种具体的筹资模型以及模型中各参数的确定,都需要得到国际社会的认可。从经济层面而言,一方面需要考虑各援助国的经济状况、财政能力、非 ODA 援助规模(如私人部门的援助);另外,还需要考虑受援国的资金需要。本书所提出的考虑人均收入差异的筹资模型,也只希望起到抛砖引玉的作用。

表6—4 人均筹资模型的拓展与对比

模式	援助责任计算	人均收入水平适应性	特点	待解决问题
1. 有基础比例的连续型收入筹资模式	$GR = b_1 + b_2 \times ANI$	适合各种收入	公平,人均收入越高GR越大	标准尚待政治上认可,b_1和b_2待确定
2. 无基础比例的连续型收入筹资模式	$GR = b_2 \times ANI$ 例如,$GR = 0.7\% \times ANI$	适合各种收入	较公平,人均收入越高GR越大	模型本身以及b_2待确定
3. 按收入分段筹资模式	例如: $ANI = 1—2$万美元,$GR = 0.2\%$ $ANI = 2—3$万美元,$GR = 0.4\%$ $ANI = 3—4$万美元,$GR = 0.6\%$ $ANI = 4—5$万美元,$GR = 0.8\%$ $ANI = 5$万美元以上,$GR = 1\%$	适合各种收入	较公平,执行简单,区间内援助负担无差异	各收入段划分以及援助比例需谈判解决
4. 基础收入以上筹资模式	例如: 人均收入1万美元以下不需援助,$GR = 0\%$; 人均收入1万美元以上: $GR = b_1 + b_2 \times (ANI—最低标准)$;	适合各种收入	较公平,人均收入低于某一水平的国家可以不提供援助	参数待确定,尚待政治上认可
5. 现行按GNI的0.7%筹资模式	$GR = 0.7\%$	不考虑人均收入	简单、不公平、只考虑经济总量、忽视人均收入的差异	不公平、不科学

注:GR、AR含义与前书相同。

四、关于中国对外援助责任与履行的讨论

进入新世纪以来,中国逐渐加大了对外援助,中国正从传统的受援国向援助国地位转变,正如本书开头所说一样,国际社会对中国当前的援助规模似乎是不满意的。因此,有必要对中国对外援助状况进行评估,以科学评判我国是否恰当地进行了对外援助。

(一)中国对外援助履行状况

实际上,中国尚属于发展中国家,使用发达国家的标准显然是不合适的。但是,目前国际上对发展中国家的对外援助义务并没有统一的标准,使我们缺乏对中国援助状况的一个比较基准。那么我们不妨按照人均收入标准来估算中国对外援助的履行情况。

现将中国2000—2011年的对外援助数据汇总于表6—5。由表6—5可知,如果直接按照 GNI 的 0.7% 标准计算,中国显然是没有履行援助责任。如果按照 OECD 国家的实际援助规模平均为 GNI 的 0.3% 水平计算,中国也没有达到这一标准。

从前文的分析可以得知,OECD 国家的实际援助规模平均为 GNI 的0.3%,距离0.7%目标还相距甚远,这里暂且不考虑 OECD 国家的人均国民收入接近10000美元的智利、墨西哥、土耳其还处在接受援助的边缘,不妨让人均国民收入比上述3国低得多的中国也参照模型预测的 OECD 的现有援助标准,也就是按照 OECD 高收入国家的行事方式进行援助。如果按照本书提出的人均收入的模式(公式6.5)来衡量,即同样按照现在发达国家的援助"标准",并使用等式(6.8)所得到的参数来估算。经测算,中国长期以来援外金额均超出新模型的目标值(参见表6—5)。从表6—5数据可以发现,近些年我国对外援助(A)占 GNI 之比大致维持在 0.04% 附近。而如果按照日本学者 Naohiro Kitano 和 Yukinori Harada[1] 在 2014 年的估计(参见表中 A^+ 一行),这一数据与 OECD/DAC 定义的 ODA 比较接近,这一平均比例提高至 0.057%,可以大致认为是我国 ODA/GNI 之比例,可见无论是从哪种标准看我国对外援助(A 或者 A^+)占

---

[1]　Naohiro ,K. and Yukinori, H. Estimating China's Foreign Aid 2001 –2013[R]. JICA Research Institute Working Paper,NO.78,June 2014.

GNI 比重基本上高于基于人均收入模型(见等式 6.5)的简单测算值。例如,2011 年中国的援外支出达 159.09 亿元人民币,按照当年汇率计算折合 24.63 亿美元,援助占我国 *GNI* 比例达 0.034%,而按照日本学者估计该比重为 0.062%,都高于基于新模型得到的理论比例。可见,如果按照新援助模型,比照 OECD 国家近年的援助行为,即使作为发展中国家的中国,长期以来也已超额履行了对外援助义务。

　　然而,中国在对外进行发展援助时,还应考虑国内的贫困问题。虽然中国自身的减贫问题取得了巨大成就,然而按照世界银行的贫困标准看,我国还存在数以亿计的贫困人群,且这些人群大部分分布于老少边穷地区,贫困强度高、减贫难度大,还需要花费巨大的资源用于国内的减贫。客观上,中国对世界减贫的贡献首先应是解决国内贫困问题,其次才是对其他国家贫困人口的援助。所以在考虑中国对外援助责任时应该考虑国内减贫资金需求。显然,如果考虑到中国国内存在的贫困现象和减贫事业,那么中国的"超标"程度就更大了。

　　正如上文所述,如果基于 *ANI* 指标的测算,我国长期处于"超标"进行国际援助,这一现象主要原因来自两方面。一方面,由于我国经济增长强劲,经济实力增强,财政能力不断增强,我国有充足的财力持续增加对外发展援助。另一方面,开展对外援助是我国的对外经济和外交政策之一,我国为了加强与广大发展中国家的经济合作,巩固和强化各国对华关系,充实南南合作的内涵,而执行了积极对外发展援助政策的结果。

表 6—5　2000—2012 年中国对外援助

	2000	2001	2002	2003	2004	2005	2006	2007	2008	2009	2010	2011	2012
A(现价亿元)	45.88	47.11	50.03	52.23	60.69	74.7	82.37	111.54	125.59	132.96	136.11	159.09	166.95
A⁺(现价亿元)	—	61.32	65.37	68.15	78.45	95.12	114.25	167.7	167.29	212.39	245.71	291.20	360.44
GNI(现价亿元)	98000.5	108068.2	119095.7	134977	159453.6	183617.4	215904.4	266422	316030.3	340320	399759.5	468562.4	516282.1
A 占 GNI 比重(%)	0.047	0.044	0.042	0.039	0.038	0.041	0.038	0.042	0.04	0.039	0.034	0.034	0.032
A⁺占 GNI 比重;%	—	0.057	0.055	0.050	0.049	0.052	0.053	0.063	0.053	0.062	0.061	0.062	0.070
ANI(现价美元)	930	1000	1100	1270	1490	1740	2040	2480	3050	3610	4240	4900	5720
公式 8 测算比例(%)	0.0023	0.0025	0.0028	0.0034	0.0042	0.0052	0.0065	0.0084	0.0111	0.0139	0.0173	0.0210	0.0258

　　资料来源:*ANI* 数据来源于世界银行数据库,2000 年和 2001 年对外援助数据来自张郁慧(2012)的研究成果,2002—2012 年对外援助数据来自于

2003—2013年各年《中国统计年鉴》,GNI数据来自于《中国统计年鉴2013》。

注:A代表援外支出,为纯中国对外援助财政支出数额;A^+是日本学者Naohiro Kitano and Yukinori Harada 对中国对外援助金额的估计值,其构成包括双边赠与、双边无息贷款、双边优惠贷款和多边对外援助金额;GNI代表国民总收入,ANI表示人均国民收入。

(二)未来中国的对外援助

在可见的未来,中国对世界的影响力会不断上升。从经济的角度看,中国对世界的影响主要来自于国际贸易、国际投资、国际金融合作和国际援助,其中前三项立足点是基于商业利益,而国际援助的立足点是国际关系和国际合作,其更强调单边资金输出。就发展规模来看,基于商业利益的国际贸易、国际投资和国际金融将是国际援助不可比拟的,但是就撬动国家双边关系、提供国际公共产品、履行国际义务等方面来看,国际援助的边际收益远远高于前三者。综合援助的国际义务和收益考虑,未来中国的对外援助规模将随经济实力的增强而增加,其比重也将会逐渐提高。

未来的10年内,中国的经济总量很可能接近或超越美国而居世界第一,所面临的援助压力会越来越大,但就人均国民收入而言,我国达到主要发达国家的水平还有漫长的路要走。此外,国内尚有数以亿计的贫困人口,如果大规模提供国际援助,将面临巨大的国内舆论压力。总体看,中国的经济总量巨大,而人均收入水平远未发达,国内发展也极不均衡,扶贫任务依然艰巨。在这种国情下,如何提供对外援助、规模多少合适、参照标准是什么? 这将是我国政府迫切需要考虑的课题。

如果将人均国民收入(或人均GDP)为1.2万美元视为跨入高收入国家的门槛,显然中国还需要数年的时间,简单按照7%的经济增长速度,中国将在2024年进入高收入国家行列①,届时国际社会对中国的援助责任将提出更高的要求。基于对经济基本状况的如此判断,我国在2024年前按照现行的南南合作模式提供援助面临的政治压力较小,而如果进入高收入国家后,再按照当前基于南南合作方式提供对外援助就会承受较大的国际政治压力。而即便是在

---

① 按照2012年人均国民收入为5720美元的基准,且不考虑通货膨胀因素计算,即以2012年的价格计算。

步入高收入国家之前的阶段,南南援助模式下我国每年又该提供多少援助,这种援助规模置于世界范围处于什么水平?而当步入高收入国家行列后,按照 GNI 的基准提供援助对我国而言是不利的,也是不合理的,这也是本文提出基于 ANI 标准的援助模型的出发点之一。为此,有必要在不同情境下,对未来我国一段时间内的对外援助规模进行简单的估计。

对我国未来 10 年内的对外援助规模的测算必然需要尊重一定的模式标准。以下设计四种援助模式,并进行援助规模的大致测算,仅作为对比分析的一个大致参考。简而言之,模式 1 是以按照经济总量为基准,并延续现行的援助行为提供对外援助;而模式 2 是按照人均国民收入水平并参考发达国家执行标准提供援助;模式 3 是以经济总量为基准并逐步提高援助占 GNI 的比重而提供对外援助;模式 4 是简单按照联合国要求的按照 GNI 的 0.7% 提供援助。具体而言:

模式 1 是按照我国新世纪以来的行事基准进行援助,即不考虑外界的援助责任标准,并主要基于我国经济总量的考虑,而忽略人均收入的影响。为此可用援助额与国民总收入(GNI)进行简单线性拟合,将表 6—5 的前三行数据重新整理成图 6—6。因此可以按照援助规模和 GNI 的散点图拟合出它们间的线性关系,并据此来简单估计未来中国对外援助规模随 GNI 的变化情况。利用 2001—2012 年 A 与 GNI 的数据,拟合出直线为:$A = 16.39726 + 0.0003105 \times GNI$;利用 2001—2012 年 A^{+} 与 GNI 的数据,拟合出直线为:$A^{+} = -28.48259 + 0.000703 \times GNI$。

模式 2 是按照现行发达国家基于 ANI 的援助标准,即基于等式(6.8)来推算。由于我国人均国民收入水平较低,按照该模式总体对我国比较有利。

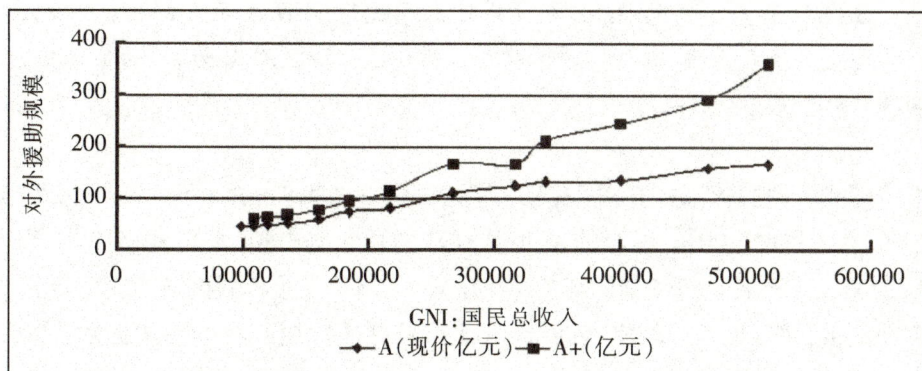

图6—6　中国对外援助支出规模与国民收入分布散点图(2000—2012 年)

资料来源:表6—5。

注:A 代表援外支出,为纯中国对外援助财政支出数额;A^+是日本学者 Naohiro Kitano and Yukinori Harada2014 年的估计值,其构成包括双边赠与、双边无息贷款、双边优惠贷款和多边对外援助金额。

表6—6　不同模式下中国对外援助规模估算(2014—2025 年)

时间	中国经济 发展水平估计①	模式1—4 的援助额测算(亿元)	援助动机和利益	援助可 参照国家
2014	GNI:62.47,ANI:6921	模式1—4:210/411,208,500,4347	以进行国际合作、改善国际关系为主,提供国际公共产品和履行国际义务为辅	新兴市场国家
2015	GNI:68.72,ANI:7613	模式1—4:230/455,260,584,4810		
2016	GNI:75.59,ANI:8375	模式1—4:251/503,325,680,5291		
2017	GNI:83.15,ANI:9212	模式1—4:275/556,407,790,5820		
2018	GNI:91.46,ANI:10133	模式1—4:300/614,508,915,6402,7043		
2019	GNI:100.61,ANI:11147	模式1—4:329/679,636,1056,7043		
2020	GNI:110.67,ANI:12261	模式1—4:360/750,794,1217,7747		
2021	GNI:121.74,ANI:13487	模式1—4:394/827,993,1400,8522		
2022	GNI:133.91,ANI:14836	模式1—4:432/913,1242,1607,9374		
2023	GNI:147.30,ANI:16320	模式1—4:474/1007,1552,1841,10311		
2024	GNI:162.03,ANI:17952	模式1—4:520/1111,1940,2106,11342	履行国际义务,改善国际关系国际公共产品公共产品	高收入国家
2025	GNI:178.23,ANI:19747	模式1—4:570/1225,2426,2406,12476		

① 中国经济发展水平估计值以 2012 年数据为基准,按照年均增长率为 7%,年通胀率为 3%的水平估算,不考虑汇率变动,也不考虑人口的变化。2012 年的 GNI 为 516282 亿元(2013 年统计年鉴数据),ANI 为 5720 美元。

注:GNI 代表国民总收入,单位为万亿人民币;ANI 表示人均国民收入,单位为美元。模式 1 中,斜线"/"前为 A 的估计值,斜线"/"后为 A^+ 的估计值。A 和 A + 的含义与表 6—5 中相同。

模式 3 按照逐渐提高对外援助占 GNI 比重的思路,并假设每年比重提高 0.005%,并假定 2014 年对外援助占 GNI 的比重为 0.08%①,2015 年比重为 0.085%,如此递推,至 2025 年比重提升至 0.135%。该模式的特点是逐渐提高援助比重,并逐渐承担较多援助责任,能够较好应对国际社会对中国承担援助责任不足的指责,并能较好过渡。

模式 4 按照联合国提出的按照 GNI 的 0.7% 的标准进行援助。该模式是简单易行,然而没能考虑人均收入水平较差的特点,且援助责任较大。

四种模式下援助数据测算见表 6—6,可见四种模式下,中国对外援助规模差异较大。当然,实际援助责任的多少属于政治议题,在此仅为对外援助政策制定者提供一些不同策略下的比较。

五、小结与启示

通过本节的分析,主要结论与启示有:

第一,现有的官方发展援助筹资模式是基于 20 世纪 60—70 年代的环境而制订的,并不符合当前国际形势的新变化,且在援助实践中,OECD 国家并没有良好的履行记录。当前按照经济总量指标(GNI 基数)来指导筹集官方发展援助资金并不合理也不符合实际情况,国际社会在确定各国的国际援助义务时,应该充分考虑一国国民的富裕程度,即人均国民收入差异性。

第二,理论上讲,基于人均国民收入水平的援助模型更加科学和合理。建立了相应的筹资模型,即 $GR = AR = b_1 + b_2 \times ANI$,认为人均收入越高,应该承担的援助责任越大,而不是笼统地按各国的经济总量简单规定 0.7% 的比例。此外,利用发达国家的数据,对基于人均收入筹资模型的参数进行了简单估计。

第三,对人均收入筹资模型的拓展在政治上是必要的,这些拓展应该使发

---

① 根据 Naohiro Kitano 和 Yukinori Harada 在 2014 年的估计,中国 2013 年对外援助规模为 439.38 亿元,占同期 GNI(566130.2 万亿)的 0.0776%,又基于近年我国对外援助规模增加较快的特点,所以将 2014 年的援助占比设定为 0.08%。

展筹资更加科学合理、便于实际执行、能够得到国际社会的政治支持。

第四,如果基于经济总量指标来测度,发现中国对外援助水平是远远低于高收入国家的。实际上要衡量中国是否履行了对外援助的责任或义务,应该要考虑中国人均国民收入水平和本国的减贫问题。如果将这两个因素包括在内,并用发达国家的模型来度量中国的援助水平,发现我国长期以来,实质上是在"超标准"实行对外援助。未来,中国必然会步入高收入国家行列,在此之前中国沿用南南合作援助模式在政治上是可行的,但所受的国际压力会随着人均收入和经济总规模增长而不断增大。本书测算了四种援助模式下中国未来10余年内的援助规模变化情况,依照不同的模式,援助规模相差甚大,这些不同的援助模式为政策制订者提供了一些理论的对照。

当前,国际社会在讨论国际援助资金问题时,更多集中于怎么拓展资金的来源渠道,强调资金在受援国的使用效率和分配上,而对形成于近半个世纪前的筹资规则却缺乏必要的质疑,似乎国际社会有意或无意将其给忽视了。总而言之,官方发展援助筹资的改革是时候了。

第三节 制定科学合理的援助减贫战略

制定有效的援助减贫政策,正确的战略思想至关重要。只有战略方向正确,才能保证其战术的有效性。总结过去和现在的援助经验,以及对将来的展望,援助要发挥出国际减贫的作用,必须要树立正确的指导思想、促进援助参与方的合作和融合。

一、树立正确的指导思想

科学制定援助减贫政策,首先必须确定正确的指导原则,才能更好发挥援助的功效。笔者认为制定政策的指导原则体现在以下三个方面。

(一)输血与造血相结合

输血有两层含义,一是要坚定援助能够缓解贫困的信心,二是国际社会应该给予持续的援助。首先,援助是缓解贫困的有效工具之一,对此应有信心。长期以来,源于援助对经济增长作用的争议性,人们甚至怀疑援助的减贫功效。

部分学者甚至认为援助是导致贫困的根源。实际上,外部的援助能够提供大量的资源帮助贫困人群的生活。从微观家庭和个人的角度看,援助确实能够有效地帮助穷人,可以提高福利,保障基本生活需要,提高教育水平,改善医疗条件等。从国家层面而言,如果脱离外部的援助,许多发展中国家的贫困状况会更加糟糕。所以,国际社会不应怀疑援助对减少贫困的输血作用。其次,为了更好减少贫困,国际社会应给予持续的援助。许多国家很难依靠自身的力量来实现减贫的目标。因此,国际社会用通过援助的输血功能,为广大发展中国家的贫困人群提供最基本的生活所需,为其实现造血功能打下坚实基础。

造血就是要培育受援国的自我发展能力,使援助成为发展与增长的催化剂。长期而言,要稳固援助的减贫成果,必须要促进受援国的经济增长。受援国可以通过利用援助提供的资金、技术、人才培训、设备、基础建设等资源,以及科学借鉴援助国的发展经验,为自身的发展提供可靠的保障,让援助成为催化自身增长的工具。不过,也不应该过高估计援助对发展的作用。由于援助资源的有限以及非内生性,因此,援助并不必然会带来长效的增长。确切地说,援助仅仅是发展的催化剂,要催化增长,还需要其他条件。

总之,输血是手段,造血是目标。只有通过输血的手段才有可能达成造血的目标,不过也不可高估援助的造血功能,援助只能是一种催化造血功能的催化剂。所以,在制定援助政策时,要将援助的输血功能和造血功能结合起来,才能真正实现援助的减贫目标。

(二)托底保障与抑制返贫相结合

托底保障简而言之就是援助的兜底功能,是对贫困人群基本需求的保障。托底保障可从两方面理解:一是保障绝对贫困人群的最低需要,二是不可盲目过大制定不切实际的减贫目标。在具体的实施过程中,应着眼于多维贫困,加强对底层民众基本福利的援助,比如,从基本教育、卫生、水、疾病防治等方面入手。

抑制返贫就是要防止处于贫困线以上的人群向下流动,防止已脱贫人群的返贫。由于冲突、动荡、社会脆弱等因素的客观存在,对于部分人群(包括刚刚脱贫人群)都容易再次陷入贫困状况。因此,援助应该帮助这部分人群,以抑制返贫的发生。

托底保障是援助的基本职能,而抑制返贫是稳固贫困基本面的手段。两者相结合才能更好实现减贫功能。

（三）公平援助与提高效率相结合

援助减贫的公平性体现在两个方面：一是减少援助中出现的不公平条件；二是要公平地分配援助资源。首先，减少不合理的援助条件，确实照顾受援国或贫困人群的利益，使援助在公平的条件下实施。其次，国际社会应该公平合理地在不同受援国间分配援助资源，尽量减少援助的偏向性。另外，也应使援助能够真正惠及受援国的贫困人群，而不是仅使富人受益。援助减贫的公平性其实质就是要将援助聚焦于贫困和穷人，使援助资源分配更加公平公正。

效率就是要提高援助的减贫效果。在有限的援助资源约束下，要尽可能最大化减贫效果，迫切需要提高援助效率。提高援助效率至少可在这些方面有所作为：第一，科学制定有效的援助政策，确实保障援助效率；第二，减少援助的负面效应，减少援助浪费、腐败和援助依赖等；第三，加强援助国间、援助国与受援国间、国际援助组织间、南北援助体系之间的相互合作和协调。

二、加强援助合作与融合

现有的援助体系，有援助主体多元化、援助项目碎片化、援助管理复杂化的风险。要减少援助浪费和提升援助效果，需要加强援助模式间、利益相关方的合作与融合。比如，促进不同援助模式的交流与合作，增强各援助主体的协调与合作，增强国际援助与国际贸易、国际投资在减贫上的合力等。

（一）促进传统与新兴援助模式的合作与融合

当前的援助体系形成了以传统援助模式为主、新兴援助模式为辅的格局。传统援助模式是指西方发达国家对发展中国家的援助，也称"南北援助"。新兴援助模式是指新兴市场国家对发展中国家的援助，其援助方主要包括金砖国家、阿拉伯石油输出国家以及其他新兴市场国家，也称"南南合作"。

传统援助方具有雄厚的资金、丰富的援助经验、完备的监管体系、成熟的项目管理等优势，其主导的南北援助模式更强调援助过程的有效性，表现为附加一定的政治条件，偏好对社会部门、民主、良治的关注。而新兴援助方具有与受援国相近的发展阶段、更容易了解受援方的需要、有可供借鉴的发展经验等优势，其倡导的南南合作强调发展结果的有效性，强调援助的互利合作，表现为不附加政治条件，偏好对发展部门、大型工程和基础设施等的关注。实际上两种援助模式都有其优势和缺点,应相互学习借鉴,加强合作。发达国家应确实理顺发展权与人权、良治在受援方的优先顺序,减少附加不必要的政治条件,提高援助的执行效率。新兴援助方在增加对社会部门的援助时,应吸收发达国家所积累的宝贵经验教训。援助在保障发展有效性的同时,应该增强对过程的监管,以减少浪费和腐败等。

显然,中国的对外援助属于南南合作的范畴。中国的对外援助也应吸收传统援助模式的优点,当然也可提供自己的援助经验。经过前书(第三章和第四章)的分析,可以发现中国的援助与西方的援助主要不同是:西方强调对过程的监管,在社会领域经验丰富,援助时间早、起点高;而中国强调发展,援助执行效率高,不附加任何政治条件,强调援助与贸易和投资相结合,并具有丰富的国内减贫经验。中国国内的扶贫经验表明,应集中使用资源,使一部分人先脱贫致富,先富带动后富。此外,中国在招商引资、建立经济特区和工业园区、加工贸易等领域具有丰富的经验可供受援国参考。当然,中国也需要吸收西方的援助优点,比如援助透明化、加强援助监管、加大对社会领域的关注等等。

此外,西方应抛弃对中方的成见,以开放包容的态度接纳中国的援助模式。事实上对中国援助的非议由来已久,自20世纪90年代以来,对中国援助的责难就开始频繁出现在西方的媒体、官方报道和学术研究中。其中一度比较有影响的论调包括:资源掠夺论、新殖民论、不公平补贴论、抹杀民主与良治论、支持独裁论、破坏环境论、争夺势力范围论等。而实际上,中国的援助受到广大受援国的欢迎,部分西方学者也给予了客观的分析和驳斥(其中著名的学者有 Brautigam①)。当然,中国在对外援助中确实存在部分问题,比如破坏当地环境等,但绝大部分的指责源于西方对中国的不信任和意识形态差异。所以主导现行援助体系的西方,应该抛弃各种成见,与中方开展援助合作。当然,中国也应虚心向西方借鉴和学习其丰富的援助经验,提高援助的效果,树立良好的援助风范。

(二)增强各援助主体的协调与合作

增强各援助主体的协调与合作,可以从以下两个方面入手:一是加强援助方的协调;二是加强三方合作。

关于加强援助方的协调,国际社会早有关注。早在2005年的《巴黎宣言》

---

① 戴博拉·布罗蒂加姆,沈晓雷、高明秀译.龙的礼物——中国在非洲的真实故事 [M].北京:社会科学文献出版社,2012:256—298.

就提出协调各援助方的援助行动,以提升援助有效性。后来于 2008 年 9 月颁布的《阿克拉行动议程》,进一步强调了加强协调的重要性。2011 年的《釜山宣言》提出了要关注发展中国家的国际援助方式,要重视多样化援助主体的新合作伙伴关系。具体而言,对传统的西方发达国家,应做好各援助方的协调、搞好分工协作、减少援助成本和提高援助效率。对于传统援助方和新兴援助方之间,要挖掘和发挥各自的优势,以提升援助效率。发挥传统援助方在资金配置、执行机构、领域选择和战略方向比较成熟的优势。相对传统援助方,新兴援助方与受援方发展阶段更加相似,对发展、脱贫和援助需求有更深的理解,可提供更有针对性的援助。

　　加强三方合作,提升援助效率。对三方合作的界定,联合国经济及社会理事会[1]、联合国开发计划署[2]和发展援助委员会[3]都进行了各自的阐述,目前还没有统一的定义。不过,其基本要义是涉及北方援助国或国际组织、南南合作参与方以及受援国三方或三方以上的合作机制[4]。由于三方合作能够发挥各援助参与方的比较优势,并且对各参与方都具有独特的好处,正得到越来越广泛的关注。Ashoff(2010)认为三方合作能够为传统援助方降低成本、加强与发展中国家的合作,为新兴援助方动员额外资源、吸收发达国家的援助经验、促进地区合作和整合,对受援方而言可以增加资源来源、获得来自新兴援助方的发展经验。三方合作可促进援助合作,推动全球伙伴关系的建立。其中,"北—南—南合作"和"南—南—南合作"的三方合作方式是提高援助效率的重要手段(刘爱兰等,2011)。总之,三方合作将是提升援助合作的一个有效手段。

(三)提升援助与贸易和投资的合力

　　对于消除全球庞大的贫困人口,仅靠援助的力量是不够的。历史经验表明,贸易和投资对消除贫困更加有效。援助、贸易和投资都是建立全球伙伴关系、减少贫困的重要驱动力(崔文星,2014)。为消除贫困,援助需要与贸易和投资紧密结合起来。

---

① UN ECOSOC. Trends in South – South and Triangular Development Cooperation[R]. Background Study for Development Cooperation Forum, April 2008.

② Special Unit for South – South Co – operation (SU/SSC), UNDP. "Triangular Cooperation", Enhancing South – South and Triangular Cooperation[R],SU/SSC, UNDP, New York,2009.

③ OECD. Triangular Cooperation and Aid Effectiveness:Can Triangular Cooperation Make Aid More Effective? [R] OECD Development Co – operation Directorate,2009.

④ 黄梅波,唐露萍.三方合作:推进全球伙伴关系的可行路径[J].国际经济合作,2013,(8):56.

其实,千年发展目标中的目标 8 中的前 3 个子目标都涉及贸易和投资。总体看,千年发展目标中的前 7 个目标都是从不同方面来阐述人类发展问题,而目标 8 则是从全球合作角度阐述如何实现人类发展目标。虽然到目前为止,目标 8 的执行乏善可陈,但是它揭示了包括贸易和投资在内的全球合作对实现人类发展的重要性。

目前,援助国主要是通过关税优惠、市场准入等来促进受援国的出口。这些援助方式虽然可以帮助受援国进一步扩大出口,然而并不能全面提升受援国从事生产率更高的活动。源于重新聚焦于减贫,从 20 世纪 90 年代开始更多的援助资源开始投入社会部门,到近几年比重达到 40% 左右,而对社会部门的援助更多只是对贫困的托底。此外,对经济基础设施援助建设也更多集中在道路、桥梁、港口等方面,对产业转移、技术转移和产业结构调整等还无太多的帮助。仔细分析可以发现,当前对受援国在贸易、投资领域的援助对提升其生产率和贸易竞争力方面没有实质的帮助。

从援助国来讲,可以将援助与产业转移和全球采购等结合起来。鼓励本国企业到受援国投资,鼓励向受援国进口商品,鼓励输出技术和管理,帮助提升受援国竞争优势和增长动力。

从受援国的角度看,促进本国出口和吸引外国投资更多受市场力量的支配,国际援助的作用相对有限。因此,受援国应该充分结合自身的优势,利用国际援助的渠道,创造良好的投资环境,积极吸纳外来投资,承接全球产业转移,提升贸易竞争力,促进本国经济发展,推动减贫向纵深发展。

只有提升援助与贸易和投资活动的合力,将对贫困人群的救助和发展结合起来,才能从根本上快速消灭贫困。

第四节　改进现有援助政策的思考

本章前三节分别讨论了"后 2015"议程接续、援助筹资和援助减贫战略问题,本节将从具体的执行政策层面,讨论对现有援助政策的改进问题。

一、改进国际援助政策的几点建议

不同机构或国家的援助政策并不完全一致,但仍可就一些共性的问题提出改进措施。总体看,现有的援助机构或国家在制定和执行援助政策方面,既有一致的地方,也存在一些差异。比如,一些援助方则比较关注脆弱国家,另一些则更关注粮食安全与就业。发达国家强调对社会保障领域(尤其是现金转移支付)的关注,而新兴援助方则更关注发展问题。一些援助方对非贫困地区关注不够,一些对贫困聚焦不够,一些对弱势群体的关注不够系统等。

从提高援助有效性角度看,援助政策上还有许多改进的地方。一些研究机构和学者持续关注援助与减贫的政策,并提出了一些改进意见。其中,Shepherd and Scott 对现有援助政策做了一个系统的梳理,并提出一些政策建议(具体参见表6—7)。国际社会可以继续改进这些援助政策,以更好实现发展与减贫的目标。

本书的研究表明,虽然现有的援助体系,取得了部分减贫成绩,然而其效率还有待提高。本书的研究发现,国际社会可以在以下方面进行政策改进:

第一,抑制对援助的依赖性。在文献综述(见第一章)中发现,众多的文献研究表明,援助会使受援国产生援助依赖,援助依赖是减贫的重要障碍。本文的理论模型(见第二章)也表明援助会减少劳动时间,即援助会减少社会的勤奋度。对于一个经济不发达的经济体而言,未富先懒可不是一件好事。所以在进行援助时,要采取措施惩罚等、靠、要等恶习,鼓励勤奋、互助、自救等行为。

表6—7　援助减贫政策的部分改进总结

政策领域	政策内容
教育与医疗	1. 使"难以触及的人群"获得援助服务 2. 提供中等教育和转诊服务 3. 实施普遍的全民生殖健康服务
社会保障	1. 现金转移支付,包括:养老金、育儿补贴、残疾补贴、收入转移支付、就业保障和其他补贴

续表：

益贫式增长	1.应税增长,以推动经济和社会服务的提供 2.创造高质量的就业:提升就业弹性、改善劳动条件、增加对劳动待遇的关注 3.通过相关政策和项目,在资本积累/保障和市场/价值链发展之间形成合力 4.聚焦年轻人和长期贫困地区
建立"良好社会"的社会政策	1.反歧视,保障最贫困人群的权利,包括继承权、婚姻法及其实践等 2.体面工作 3.性别平等,尤其要保障妇女的合法权益

资料来源：Shepherd,A., Scott, L.,et al. Tackling Chronic Poverty:The Policy Implications of Research on Chronic Poverty and Poverty Dynamics[R]. Manchester: Chronic Poverty Research Centre,2011: 37 - 48.

第二,增加援助与受援国技术进步的协调性。根据本文的动态模拟(见第二章),当受援国存在较大的技术进步时,增加援助会减少产出;当技术进步停滞时,增加援助能够增加产出。这一结论具有强烈的政策含义:当受援国技术进步停滞,则应增加外部援助,而当技术进步迅速,则应该减少外部援助,两种政策都会促进受援国的经济增长。产生这一现象的原因,可能是援助的负面效应,比如致懒性、依赖性、腐败、资源的不稳定性等,这些负面效应反而会破坏一个处于正常增长状态的经济。

第三,减少援助中的附加条件,特别要减少试图通过援助硬性改变受援国政治、政策、社会治理等软环境的援助。在分析发达国家的援助效果时(见第三章),发现附加条件的援助影响了受援方的自主性,容易导致援助与需求脱钩,效果不佳。过多关注制度建设、民主和人权反而不利于聚焦于发展和减贫领域。通过对比分析发达国家与中国的援助(见第三章和第四章)的优缺点,认为应该将援助的结果有效与过程监管结合起来。

第四,加大对贫困人口基数大和中等收入国家的援助。在收集世界贫困数据时(见第三章和第五章),发现实际上由于部分人口大国陆续步入中等收入水平,世界上绝大部分的贫困人口位于中等收入国家,主要位于南亚、撒哈拉以南非洲、东亚和东南亚地区。从最大化减贫效率来讲,援助应使各受援国的边际减贫生产率相等,因此现有援助分配格局应向那些贫困人口基数大而受援较少的国家增加援助(Collier 和 Dollar,2002)。此外,本文的实证研究(见第五章)也表明,援助在基础条件较好的受援地区其减贫效果更好,而在最不发达国家的减贫效果更差。因此,要迅速减少贫困人口的绝对规模,在保障最不发达国家需要的同时,应加大对贫困人口基数大、经济基础较好国家的援助。

第五,增加多边援助份额,减少双边援助。或者使援助聚焦于经济动机,而不是聚焦于政治动机。现有的援助资源的 70% 左右都是双边援助(见第三章),而实证研究(见第五章)也表明双边援助的减贫效果不如多边援助。因此,可将更多资源集中于多边援助机构,通过其全球的分支机构合理分配援助资源,以提高援助效率。

第六,应着眼微观评价减贫效果,集中使用资源,科学推进减贫。通过本书的分析(见第三、四、五章),从不同的视角——宏观国家、微观家庭、典型案例、宏观实证等,发现援助的减贫效果存在较大差异。总之,援助在微观家庭、个人、项目层面的减贫效果更为明显。同时由于援助资源的有限性,往往集中于具体的受援地区、社区、村落、家庭等微小单位,因而很难仅从国家层面客观评价援助的减贫效果。因此从微观层面来分析援助的减贫效果更为合理。每年一千多亿美元的援助资金,对于全球十多亿的绝对贫困人口,平均每人只有100 多美元的资金,很难面面俱到。因而,从援助资源的相对稀缺性看,应该加强各援助参与方的协调,集中使用资源,以提高援助效果。

第七,调整援助融资模式,提高援助动力。本书讨论了现有的援助体系存在融资不合理(见第六章第二节),援助动力不足的弊端,认为有必要对此进行改革。现有筹资模式的不足主要是:援助方动力不足、资金责任分配不尽合理、波动性大,集中表现为不能满足发展与减贫的需要。认为(参见第六章第二节),至少可以按照人均收入的不同来履行不同的援助责任,而不是简单按照GNI 的 0.7% 的规模实行。如此,可以更加合理分配发达国家间、发达国家与新兴国家间的援助责任。另外,需要采取一个更加稳定的援助资金分配机制,减少援助资金的不稳定性给受援国所带来的破坏。再有,发达国家也可学习中国的援助模式,在强调援助的无偿性的同时,也可适当增加互利共赢的部分,以增加援助的动力源泉。

二、对中国援外政策的启示

中国作为新兴的援助提供方,对国际减贫也发挥着越来越大的作用。对中国而言,在开展援外工作中,应继续保持自身特色,比如:不附加政治条件,不干涉受援国内政,弘扬平等精神;发挥援助执行高效,程序简单的优势;现阶段应继续秉承南南合作的精神,发挥援助双方的互补优势,挖掘援助的合作共赢性;注重对基础设施和生产部门的援助,培养受援国的能力,将援助与贸易和投资相结合,拉动受援国的发展,从根本上解决减贫问题。当然,中国在援外工作中也应借鉴国际先进经验,以进一步提升援助效果。比如:建立公开透明的援助管理和效果评估体系;适当提高无偿援助的比重,加大对民生领域的援助力度;适当增加多边援助减少双边援助;加强援助项目的后续管理等。

此外,中国在开展对外援助,帮助受援国发展和减贫过程中也要特别重视以下问题:

第一,重视国内减贫问题。中国在开展对外援助的同时,应清醒地认识到国内的贫困问题。无论按照国际或国内的贫困标准,中国还有数以亿计的贫困人口,因此,中国对国际减贫的贡献应该主要来自内部,所以在未来比较长的时期内,中国在提供对外援助的同时要特别注意国内的扶贫减贫问题。另外,国内还有众多脆弱的人群,也极易滑入贫困行列。因此,我国在提供外援时要时刻牢记国内的贫困问题。只有在妥善帮助国内贫困人群的基础上,对外援助才能够得到国民的充分理解和支持。可以说,中国对国际减贫的贡献主要体现在国内减贫上。

第二,继续坚持南南合作,提供力所能及的援助。现阶段,中国还是发展中国家,虽然经济总量已位居世界第二,然而人均 GDP 刚刚突破 7000 美元(2014 年数据),尚处于世界平均水平以下。要达到 DAC 国家的收入水平,中国还有相当长的路要走。因此,在未来的 10 年至 20 年内,中国不可能按照西方发达国家的援助标准提供援助,而只能继续在南南合作的框架内提供力所能及的帮助。当然,由于中国经济总量较大,国际社会要求中国承担更多责任的呼声越来越高,完全按照人均收入水平来提供对外援助也不太现实。鉴于国内经济的实际发展状况,中国应该继续坚持"以己为主"的援助方针,不受外界干扰,积极稳妥地推进援外工作。

第三,增加援助透明度和过程监管。目前,中国对外援助受到西方的批评很多源于透明度不够。提高援助的透明度可以有力反击西方的质疑,同时也会获得国内民众的支持。只要不涉及国家安全以及敏感领域的援助,比如只涉及发展和减贫议题的援助,完全可以逐步公开化和透明化。另外,中国的对外援助在过程监管上不如发达国家,容易导致浪费和腐败,因而中国应增加对援助的过程监管,以提高援助资源的使用效率,增加援助决策的科学性。

第四,推广中国的减贫经验。改革开放以来,中国在减贫上取得了举世瞩目的成就,短短30余年,使约7.5亿[①]人口摆脱绝对贫困。从1981年至2011年,世界减贫成绩79%[②]以上由中国贡献。中国成功的减贫得益于经济的持续发展,其中某些经验值得发展中国家借鉴。中国在各领域的改革开放所积累的经验对广大发展中国家具有积极的借鉴意义。比如:在农业领域,推广联产承包责任制,调动农民积极性,并适时大力发展乡镇企业,推动农村经济发展升级,转移农村剩余劳动力;推广实用的农业技术,提高农业生产效率。在外贸领域,大力发展加工贸易,办好加工园区建设,以促进出口并拉动经济发展;集中力量办好经济特区,使其成为发展的示范窗口。在工业领域,大力吸引外国投资,并积极消化和吸收国外先进的管理和技术,带动国内企业的发展。对教育的重视,大力普及义务教育,发展职业教育,推进高等教育,为经济建设培养了大量的高素质劳动大军。重视基础设施建设,中国长期在交通、能源、通讯等领域投入巨额资金,为经济发展奠定了坚实的基础。维持稳定的政治环境,使经济发展能够平稳推进。中国在援外工作中,可以按照受援国的实际情况,提供自身的发展经验,促进受援国更快更好发展。

---

① 数据来自世界银行 PovcalNet 数据库。
② 根据世界银行 PovcalNet 数据库整理计算。

第七章　研究结论与展望

虽然前面各章都有相关的研究小结,但还是有必要从全局的角度来进行系统性的总结。

第一节　全书的中心结论

本书着眼于援助的减贫效果研究,分别从理论、实证和政策角度展开分析。首先,从理论上分析官方发展援助与减贫的联系。其次,从国际援助实证角度,分别从发达国家援助实践、中国的对外援助实践,以及利用计量实证方法来检验援助对减贫的影响。最后,从如何提高援助减贫效果的角度分析如何改进援助政策。主要回答两个问题:一是援助能否减少贫困? 二是如何提高援助的减贫效果? 下面分别围绕这两个问题来归纳全文的中心结论。

一、援助能否减少贫困

援助是否能够减少贫困? 这一直是国际援助领域最为核心的问题,这也是本书最为关注的问题。简单地用有效或无效来回答都是武断的,因为援助对减贫的影响是复杂的。要回答该问题必须从理论、实践和实证的角度进行解读。

1. 首先从理论上看,认为援助有利于减少贫困,但其机理也是复杂的

第一,援助可作为促进减贫的一种外部手段,其可通过社会救助和发展(增长)两条路径促进减贫。援助和国际贸易、国际投资、国际融资一道成为促进受援国减贫的外部手段,对于那些不能良好运用国际贸易等市场力量来实现减贫的国家,获取国际援助是一个重要的工具。社会救助和促进经济增长是援

助促进减贫的两条主要路径,社会救助路径就是通过直接对贫困者的救助来实现减贫,而发展(增长)路径是通过促进经济增长从而带动减贫。援助对减贫的作用既可以是经济上的减贫,也可以是能力上的减贫或是社会排斥上的减贫。

第二,援助有助于资本形成,但不必然会实现有利于穷人的增长。外部援助资源的输入,确实能够提升受援国资本的形成和积累水平,但由于经济增长条件的复杂性,即便援助有利于部分资本的形成,但不一定会促进经济增长。此外,由于社会可能存在不公平、收入分配差异、偏向性增长等社会和经济问题,即便援助整体上能够促进增长,但有些增长未必能够惠及穷人。众多的研究也表明,只有利贫性、包容性的增长才可能惠及包括穷人在内的全体社会成员。

第三,援助可以直接缓贫,但长效的减贫依赖内生的增长。援助并不一定需要通过提高穷人的收入水平来促进减贫。援助可以通过直接资助穷人,使其获得必需的生活物资、医疗保健、教育培训等,从而可以改善他们的生存条件和福利水平,以实现利贫、缓贫和减贫功能。不过,长久看,长效减贫依赖于经济稳定且持续的增长。虽然援助能够直接提高穷人的福利水平、帮助提升发展能力、赋予参与社会的权利,但是这种减贫方式是外生的,一旦援助停止或其他负面冲击的影响,可能出现返贫现象。由于援助规模的有限性,以及援助动力不足等原因,不可能依赖长期的援助来实现对贫困的长期救济。因此,从根本上说,援助必须能够促进穷人融入经济社会发展,通过经济社会的发展来带动长效的减贫。

第四,援助对减贫的负面效应客观存在。比如,援助容易滋生腐败、援助容易导致援助依赖、援助所引致的偏向性增长、援助所附加的条件、援助的波动性等对受援国减贫的负面影响不容忽视。

总之,从理论讲,即便援助存在各种负面效应,援助也能够直接纾缓贫困,不过长效的减贫依赖受援国内部持续的增长。

2. 从国际援助实践视角看,国际援助能够减少贫困,但其效率有待提高

第一,西方发达国家付出了巨大的援助资源,然而其效果差强人意。从宏观区域或国家视角看,西方提供的援助在不同历史时期和不同地区表现出很大的差异。其中,从二战后到 20 世纪末期,援助的减贫效果远未达到预期,不过自从千年发展目标以后,减贫的步伐有所加快。从不同地区看,东亚的减贫效

果最好,而撒哈拉以南非洲地区的表现最差。从微观的家庭角度看,援助在满足穷人基本需要方面功不可没,不过援助在不同情景下对减贫的作用存在显著的差异。

第二,中国的对外援助虽然规模有限,但也能够帮助减贫。中国的援助,本质上还属于南南合作的范畴,即便与西方的援助存在本质的差别,然而中国所提供的援助也实实在在地帮助受援国减贫。这主要体现在:第一,中国所提供的大量医疗、紧急人道主义援助惠及众多的穷人。第二,中国提供的农业技术、教育培训、成套项目、经济基础设施等援助有利于受援国能力建设。第三,中国通过优惠贷款所开展的援助与经贸合作,有利于受援国的投资和贸易,进而有利于当地的减贫。

总之,从国际援助实践来看,援助能够纾缓贫困,但是其效率还未充分挖掘出来。如果没有援助,因贫困导致的人道主义灾难可能更多。

3. 从计量实证角度看,援助的减贫效果也是复杂的

第一,援助发挥减贫的作用需要花费时间,而不是立竿见影的。从实证结果看,当期援助与滞后期援助的减贫效果不同,更多的证据表明滞后期援助的减贫效果更好。可能原因是援助转化为减贫效果需要时间。

第二,援助对于不同收入组国家而言,减贫的效果也存在较大差异。对于那些人均收入较高,具有较好经济基础的国家而言,减贫的效果会更好,而对收入较低的脆弱国家而言,援助的减贫效果往往差强人意。

第三,援助的方式和具体形式也会影响援助的减贫效果。实证检验表明多边援助要好于双边援助,而赠与援助与贷款援助的减贫效果孰好孰劣并不明确。

第四,援助促进减贫的"宏—微观差异"可能客观存在。由于缺乏微观层面数据,本文关于援助减贫效果的计量实证研究,只能观察援助在国家层面的减贫效果,而无法观察到微观个人或家庭的减贫效果。但是诸多的微观案例表明,援助在微观家庭或个人层面对贫困的舒缓却是比较显著的。实际上,各受援国接受的援助额相对规模是有限的,援助更多集中投入局部贫困地区,因此有理由相信在微观层面上援助的减贫效果可能更好。

二、如何提高援助减贫效果

在有限的援助资源下,要提升援助的减贫效果,必须重新审视和改进现有

援助政策。笔者认为基于以往的援助实践经验,着眼提高未来的援助减贫效果,需要科学接续"后 2015"议程、探索援助资金筹集的新模式、制定正确的援助战略以及修正现有政策等。

第一,通过科学接续"后 2015"议程,为今后的国际发展和减贫工作提供目标。为此,应该分利用已有共识、弥合分歧、勇于面对各种挑战,使国际援助减贫事业向前推进。在接续"后 2015"议程中,应科学设置"后 2015"议程的内容和领域,充分借鉴千年发展目标的经验教训,提升援助的政治意愿,使议程目标尽量明确化和合理化,限制不平等对减贫的危害。

第二,探索更加科学的援助资金筹集方式。援助资金的有效供给是帮助受援国实现减贫的基础,为此应着眼资金来源的多元化和合理化。为此,本文认为基于人均收入来分配援助责任是一个更合理的选择。因此,应保障援助资金的稳定性和增长性,为保障援助的减贫效果奠定基础。

第三,制定科学的援助减贫战略。包括树立正确的指导思想、促进援助合作与融合。首先,树立正确的援助指导思想,才能确保制定出科学的援助政策。要树立援助能够缓解贫困的信心,坚持输血与造血相结合、托底保障与抑制返贫相结合、公平援助与提高效率相结合。其次,加强援助合作和融合,提升援助效果。现有的援助体系过于复杂和碎片化,浪费较大。应推进不同援助模式的交流与合作,增强各援助主体的协调等。

第四,修正现有的援助减贫政策。比如:

(1)增加对贫困人口基数大、收入较高国家的援助比例。由于贫困人口主要集中在人口基数大的国家,并且发现在收入较高国家其援助的减贫效果更加显著,因此,单从提高援助减贫效果角度看,应加大对贫困人口基数大和中等收入国家的援助。

(2)增加多边援助比重,降低双边援助比重。由于多边援助和双边援助的援助动机存在很大不同,证据表明多边援助好于双边援助,因此国际社会应该适当增加多边援助比重,减少双边援助比重。

(3)减少援助中不合理的附加条件。援助中过多附加各种不合理条件,容易导致援助流的不确定性,引发援助与需求脱节,造成援助资金的错配,束缚受援国的自主性而必然降低援助的有效性。例如,附加政治条件往往破坏受援国发展的自主性,而且附加的政治条件不一定符合受援国的实际发展需要,因此应减少援助中附加的政治条件。援助所附加的经济条件也易损坏援助效率,也应减少。

（4）扭转援助的复杂化倾向。现有的援助体系有复杂化和分散化倾向,援助中的管理、执行和监测的难度不断加大,导致援助资源浪费和效率的下降。因此,应该建立更加简洁的援助体系,使资源更加直接投入需要的地方,以提升援助的效果。

（5）减少援助的负面效应。加强援助监管,减少腐败现象发生,避免援助导致的偏向性增长的危害,避免产生援助依赖等。

（6）增加对教育、医疗等社会部门的援助投入。推动益贫式增长,使援助能够惠及更多穷人。

（7）对于中国而言,借鉴发达国家经验,坚持南南合作,增加对援助过程的监管,推广国内的减贫经验。

第二节　研究不足与展望

由于笔者能力有限以及其他客观原因,本研究还存在较多的不足。同时,笔者认为还存在较多需要后续深入研究的地方。

研究不足:

第一,在论证中,在某些方面的分析还不够深入或合理,还有待继续挖掘。比如,在理论分析部分,在建立数理模型的分析框架时,应使模型更加符合国际援助的现实特征,比如可引入开放部门、国家和家庭的异质性、政府的效用等进行深入研究。同时,由于没有相关数据,没能进行相应的实证计量检验。在计量实证部分,对不同援助的减贫效果的区分还不够全面,只区分双边与多边援助、赠与与贷款援助、受援国收入差异,而对于不同地区受援国的减贫差异、不同援助投向领域的减贫差异、援助来源国差异等都没有考察。

第二,由于资料可获得性不强,资料或数据的不足几乎贯穿整个研究,具体表现在许多方面。比如,受援国的经济数据难以收集完整,导致实证研究中的样本减少;实证中贫困数据比较单一,缺失多维贫困数据,不能展开相应的研究分析;中国对外援助资料相对匮乏;来自个人、家庭的微观援助减贫资料相当不足等。资料的缺乏使得一些研究无法深入,因此,这方面也可以进行持续的挖掘。比如,收集更完整的受援国数据、收集多维贫困数据、收集不同援助项目减贫影响资料等,在具备相应资料后,进行深入认证和研究。

后续研究展望:

第一,从微观角度研究援助减贫的效果。现有关于援助减贫的研究,主要集中在国家宏观层面。而对微观家庭、个人、社区的援助减贫的研究十分单薄,往往只能以案例形式进行分析。随着将来微观数据的积累,从微观角度研究援助与减贫的关系将是一个很好的方向。从微观角度的研究也有助于解答援助的"宏微观之谜"的问题。

第二,研究新兴市场国家的援助减贫效果。到目前为止,对援助有效性的研究集中在南北援助上,即主要研究发达国家提供援助的减贫效果。将来随着新兴市场国家提供援助的影响增大,以及考虑到发达国家与新兴市场国家援助的差异性,对新兴市场国家的南南合作的援助减贫的研究将是一个不可缺少的领域。当中,对于中国学者而言,对中国的对外援助的研究将是十分必要的。

第三,研究援助政策变动对减贫的影响。已有的文献还很缺乏对具体援助政策变动对减贫的影响。比如,减少对经济部门的援助,转而增加对社会部门的援助,将带来哪些变化。增加对贫困人口基数大的国家的援助,减少对贫困人口基数少的国家的援助,将如何影响不同受援国的减贫。减少援助的波动性将如何影响贫困变化。增加多边援助,减少双边援助,将如何影响援助分配,进而对不同受援国有何影响。总之,研究援助政策动态的变化所带来的影响,可以为国际社会制定更合理的政策提供有价值的参考。

为了更好研究援助对受援国减贫的影响,还可拓展相应的研究边界。笔者认为,拓展的方向至少有:一是,研究援助与不平等和减贫的关系。由于援助、不平等和减贫三者间存在紧密联系,因此,可拓展研究它们间的关系。二是,从受援国角度进行援助效果的比较研究。由于受援国间的异质性,援助的效果客观上存在差异,因此可比较研究不同受援国的援助效果,找出差异原因,为往后的援助提供参考。三是,比较研究投资、贸易和援助在减贫方面的差异。由于援助在规模上相对有限,对于受援国的发展和减贫而言,吸引投资和开展国际贸易是必要的。因此有必要对三者的减贫效应进行比较分析。

当然,可研究的领域远非上述几点,不过笔者认为以上列举的内容可能是比较急需解答的问题。

附　录

附表　2012 年 DAC 官方发展援助受援对象名单

最不发达国家	其他低收入国家（2010 年人均国民收入 ≦ 1005 美元）	中低收入国家或地区（2010 年人均国民收入 1006—3975 美元）	中高收入国家或地区（2010 年人均国民收入 3976—12275 美元）
阿富汗	肯尼亚	亚美尼亚	阿尔巴尼亚
安哥拉	朝鲜	伯利兹	阿尔及利亚
孟加拉国	吉尔吉斯斯坦	玻利维亚	*安圭拉岛
贝林	南苏丹	喀麦隆	安提瓜和巴布达
不丹	塔吉克斯坦	佛得角	阿根廷
布基纳法索	津巴布韦	刚果共和国	阿塞拜疆
布隆迪		科特迪瓦	白俄罗斯
柬埔寨		埃及	波黑
中非共和国		萨尔瓦多	博茨瓦纳
乍得		斐济	巴西
科摩罗		格鲁吉亚	智利
刚果民主共和国		加纳	中国
吉布提		危地马拉	哥伦比亚
赤道几内亚		圭亚那	库克群岛
厄立特里亚		洪都拉斯	哥斯达黎加
埃塞俄比亚		印度	古巴
冈比亚		印度尼西亚	多米尼加岛
几内亚		伊拉克	多米尼加共和国
几内亚比绍		科索沃	厄瓜多尔
海地		马绍尔群岛	马其顿
基里巴斯		密克罗尼西亚	加蓬

续表：

最不发达国家	其他低收入国家（2010 年人均国民收入 ≦ 1005 美元）	中低收入国家或地区（2010 年人均国民收入 1006—3975 美元）	中高收入国家或地区（2010 年人均国民收入 3976—12275 美元）
老挝		摩尔多瓦	格林纳达
莱索托		蒙古	伊朗
利比里亚		摩洛哥	牙买加
马达加斯加		尼加拉瓜	约旦
马拉维		尼日利亚	哈萨克斯坦
马里		巴基斯坦	黎巴嫩
毛里塔尼亚		巴布亚新几内亚	利比亚
莫桑比克		巴拉圭	马来西亚
缅甸		菲律宾	马尔代夫
尼泊尔		斯里兰卡	毛里求斯
尼日尔		斯威士兰	墨西哥
卢旺达		叙利亚	黑山共和国
萨摩亚		*托克劳群岛	*蒙特塞拉特岛
圣多美和普林西比		汤加	纳米比亚
塞内加尔		土库曼斯坦	瑙鲁
塞拉利昂		乌克兰	纽埃
所罗门群岛		乌兹别克斯坦	帕劳
索马里		越南	巴拿马
苏丹		约旦河西岸和加沙地带	秘鲁
坦桑尼亚			塞尔维亚
东帝汶			塞舌尔
多哥			南非
图瓦卢			*圣赫勒拿
乌干达			圣基茨和尼维斯
瓦努阿图			圣卢西亚
也门			圣文森特和格林纳丁斯
赞比亚			苏里南
			泰国
			突尼斯
			土耳其

续表：

最不发达国家	其他低收入国家（2010年人均国民收入≤1005美元）	中低收入国家或地区（2010年人均国民收入1006—3975美元）	中高收入国家或地区（2010年人均国民收入3976—12275美元）
			乌拉圭
			委内瑞拉
			*瓦利斯和富图纳群岛

资料来源：OECD/DAC[1]。

备注：*代表地区。

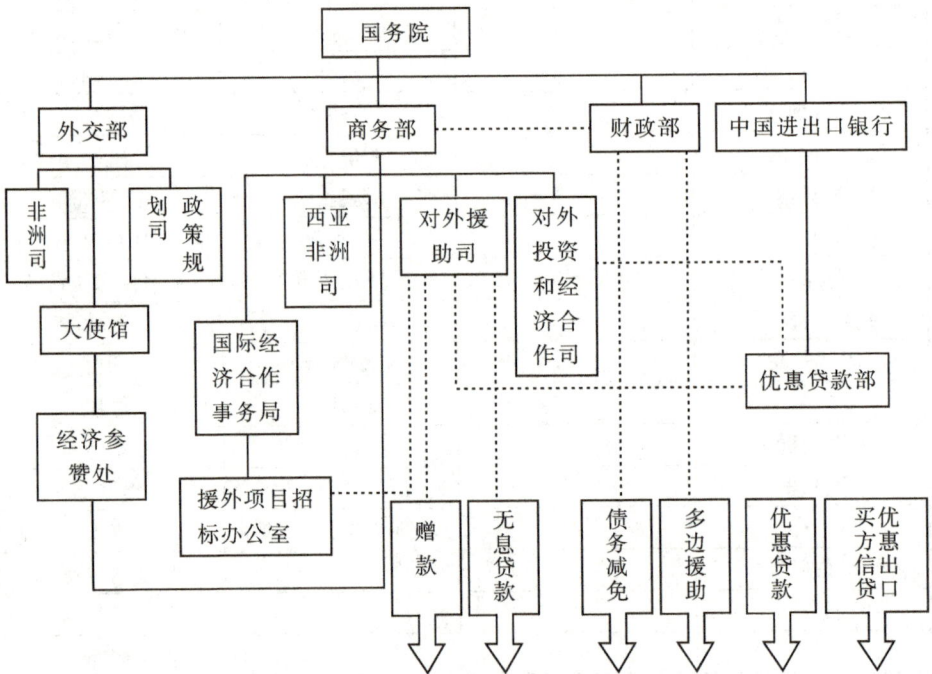

附图　中国对外援助管理体系

资料来源：戴博拉. 布罗蒂加姆（2012[2]）。

①　OECD/DAC. The DAC List of ODA Recipients[EB/OL]. http://www.oecd.org/development/stats/49483614.pdf,2014 - 12 - 16.

②　戴博拉. 布罗蒂加姆(Deborah Brautigam)，沈晓雷、高明秀翻译. 龙的礼物——中国在非洲的真实故事[M].北京：社会科学文献出版社,2012:86.

图表索引

参考文献

[1] 阿尔伯特·赫希曼. 经济发展战略[M]. 北京:经济科学出版社,1991.

[2] 阿克塞尔·冯·托森伯格,罗西奥·卡斯特罗. 发展融资体系概览[J]. 国际展望,2012,(5):85-97.

[3] 阿马蒂亚·森著,王宇等译. 贫困与饥荒:论权利与剥夺[M]. 北京:商务印书馆,2001.

[4] 安春英. 非洲的贫困与反贫困问题研究[M]. 北京:中国社会科学出版社,2010.

[5] 保罗·A. 萨缪尔森,威廉 D 诺德豪斯著,高鸿业等译. 经济学(第12版)[M]. 北京:中国发展出版社,1992.

[6] 保罗·科利尔著,王涛译. 最底层的 10 亿人[M]. 北京:中信出版社,2008.

[7] 储祥银编著. 国际经济合作实务[M]. 北京:对外经济经贸大学出版社,2001.

[8] 崔文星. 未来全球发展伙伴关系的驱动力——基于 2015 年后的援助、贸易与投资、迁徙分析[R]. 现代经济探讨,2014,(3):69-73.

[9] 戴博拉·布罗蒂加姆,沈晓雷、高明秀译. 龙的礼物——中国在非洲的真实故事[M]. 北京:社会科学文献出版社,2012.

[10] 戴维·S. 兰德斯著,门洪华译. 国富国穷[M]. 北京:新华出版社,2007.

[11] 丹比萨·莫约著,王涛等译. 援助死亡[M]. 北京:世界知识出版社,2010.

[12] 邓红英. 国外对外援助理论研究述评[J]. 国外社会科学,2009,(5):

82 – 89.

[13] 丁韶彬. 大国对外援助——社会交换论的视角 [M]. 北京:社会科学文献出版社,2010.

[14] 龚六堂,邹恒甫. 财政政策、货币政策与国外经济援助[J]. 经济研究, 2001,(3):29 – 39.

[15] 冈纳·缪尔达尔著,顾朝阳等译. 世界贫困的挑战——世界反贫困大纲[M]. 北京:北京经济学院出版社,1991.

[16] 国务院新闻办公室. 中国的对外援助(2011)白皮书[M]. 北京:人民出版社,2011.

[17] 国务院新闻办公室. 中国的对外援助(2014)白皮书[EB/OL]. http://www. gov. cn/xinwen/2014 – 07/10/content __2715302. htm.

[18] 贺文萍. 中非合作互利共赢的实证分析[J]. 亚非纵横,2009,(6):45 – 52.

[19] 贺文萍. 从"援助有效性"到"发展有效性":援助理念的演变及中国经验的作用[J]. 西亚非洲,2011,(9):120 – 135.

[20] 胡建梅,黄梅波. 中国对外援助管理体系的现状与改革[J]. 国际经济合作,2012,(10):55 – 58.

[21] 黄梅波,刘爱兰. 中国对外援助中的经济动机和经济利益 [J]. 国际经济合作,2013,(4):62 – 67.

[22] 黄梅波,唐露萍. 南南合作与中国对外援助[J]. 国际经济合作,2013, (5):66 – 71.

[23] 黄梅波,王璐,李菲瑜. 当前国际援助体系的特点及发展趋势 [J]. 国际经济合作,2007,(4):45 – 51.

[24] 黄梅波,熊青龙. 2012 联合国可持续大会与国际发展援助[J]. 国际经济合作,2013,(2):71 – 75.

[25] 黄梅波,熊青龙. 千年宣言以来国际发展议程的定位、联系和发展方向[J],国际论坛,2014,(1):1 – 7.

[26] 黄梅波,熊青龙. 从人均收入视角看中国对外援助义务的履行[J]. 国际经济合作,2014,(6):55 – 61.

[27] 杰弗里·萨克斯著,邹光译. 贫穷的总结——我们时代的经济可能[M]. 上海:上海人民出版社,2007.

[28]金玲. 对非援助:中国与欧盟能否经验共享[J]. 国际问题研究,2010,(1):55 - 60.

[29]肯尼思·金,许亮. 中国与非洲的伙伴关系[J]. 国际政治研究,2006,(4):10 - 20.

[30]郎建燕. 援助有效性、发展有效性与国际发展援助管理体系的发展方向[D]. 厦门大学博士学位论文,2013.

[31]李浩,胡永刚和马知遥. 国际贸易与中国的实际经济周期:基于封闭与开放经济的 RBC 模型比较分析[J]. 经济研究,2007,(5):17 - 27.

[32]李小云,齐顾波,徐秀丽编著. 普通发展学[M]. 北京:社会科学文献出版社,2012.

[33]李小云,唐丽霞,武晋编著. 国际发展援助概论[M]. 北京:社会科学文献出版社,2009.

[34]李小云,武晋. 中国对非援助的实践经验与面临的挑战[J]. 中国农业大学学报(社会科学版),2009,(12):45 - 53.

[35]联合国. 2010 年人类发展报告[R]. 2010.

[36]联合国. 2013 年人类发展报告[R]. 2013.

[37]联合国. 2014 年人类发展报告(中文版)[R]. 2014.

[38]联合国. 2013 年千年发展目标报告(中文版)[R]. 2013.

[39]廖兰,刘靖. 西方视野中的中国对外援助研究[J]. 中国农业大学学报(社会科学版),2012,(4):93 - 101.

[40]林毅夫著,苏剑译. 新结构经济学[M]. 北京:北京大学出版社,2012.

[41]刘爱兰,黄梅波. 非 DAC 援助国与国际援助体系:影响及比较[J]. 国际经济合作,2011,(11):72 - 76.

[42]刘博. 脱贫经济理论研究[D],吉林大学博士学位论文,2011.

[43]刘斌. 我国 DSGE 模型的开发及在货币政策分析中的应用[J]. 金融研究,2008,(10):1 - 21.

[44]刘鸿武,黄梅波等. 中国对外援助与国际责任的战略研究[M]. 北京:中国社会科学出版社,2013.

[45]刘鸿武,罗建波. 中非发展合作理论、战略与政策研究[M]. 北京:中国社会科学出版社,2011.

[46]刘青建,李源正.中国与安哥拉经济合作特点探析[J].现代国际关系,2011,(7):31-38.

[47]罗斯托著,国际关系研究所编辑室译.经济成长的阶段:非共产党宣言[M].北京:商务印书馆,1962.

[48]吕朝凤,黄梅波.习惯形成、借贷约束与中国经济周期特征——基于RBC模型的实证分析[J].金融研究,2011,(9):1-13.

[49]马丁·戴维斯,曹大松.中国对非洲的援助政策及评价[J].世界经济与政治,2008,(9):38-44.

[50]马尔萨斯著,郭大力译.人口论[M].北京:北京大学出版社,2008.

[51]门镜,本杰明·巴顿主编,李靖堃译.中国、欧盟在非洲——欧中关系中的非洲因素[M].北京:社会科学文献出版社,2011.

[52]石林 主编.当代中国的对外经济合作[M].北京:中国社会科学出版社,1989.

[53]舒剑超,黄大熹.从援助效应看中非经贸合作区建设[J].浙江师范大学学报(社会科学版),2011,(4):21-25.

[54]汪淳玉,王伊欢.国际发展援助效果研究综述[J].中国农业大学学报(社会科学版),2010,(9):102-116.

[55]王小林,刘倩倩.中非合作:提高发展有效性的新方式[J].国际问题研究,2012,(5):69-81.

[56]王小林,Sabina Alkire.中国多维贫困测量:估计和政策含义[J].中国农村经济,2009,(12):4-23.

[57]王新影.中国对非援助成果及面临的挑战[J].国际研究参考,2013,(7):23-28.

[58]魏沧波.冷战后日本对华政府开发援助政策的变化及趋势[J].北京大学学报(国内访问学者、进修教师论文专刊),2002,(S1):100-105.

[59]威廉·伊斯特利著,崔新钰译.白人的负担——为什么西方的援助收效甚微[M].北京:中信出版社,2008.

[60]谢琪.中国对外援助管理体系研究[D].厦门大学博士学位论文,2013.

[61]熊青龙,黄梅波.对外援助能促进国际贸易吗?[J].国际经贸探索,2014,(10):4-12.

[62]许滇庆,柯睿思,李昕. 总结贫穷之路——中国和印度发展战略比较[M]. 北京:机械工业出版社,2009.

[63]杨东升和刘岱. 国外经济援助与资本积累及国民福利[J]. 经济评论, 2006,(4):118 – 124.

[64]杨立华. 中国与非洲经贸合作发展总体战略研究[M]. 北京:中国社会科学出版社,2013.

[65]叶普万. 贫困经济学研究:一个文献综述[J]. 世界经济,2005,(9):70 – 79.

[66]章昌裕. 国际发展援助[M]. 北京:对外贸易教育出版社,1993.

[67]张春. 对中国参与"2015 年后国际发展议程"的思考[J]. 现代国际关系,2013,(12):1 – 8.

[68]张海冰. 发展引导型援助:中国对非洲援助模式探讨[J]. 世界经济研究,2012,(12):78 – 86.

[69]张永蓬. 中国为非洲做了什么[J]. 世界知识,2011,(13):21 – 23.

[70]张永蓬. 国际发展合作与非洲——中国与西方援助非洲比较研究[M]. 北京:社会科学文献出版社,2012.

[71]张郁慧. 中国对外援助研究(1950—2010)[M]. 北京:九州出版社,2012.

[72]张宇炎. 中国对"安哥拉模式"管理政策变化分析[J]. 国际观察,2012,(1):58 – 64.

[73]周宝根. 援外带动互利合作的六大效应[J]. 国际经济合作,2010,(9):51 – 54.

[74]周弘. 中国援外六十年的回顾与展望[J]. 外交评论,2010,(5):3 – 11.

[75]Abdiweli, M., Ali and Hodan, S. I. Foreign Aid and Free Trade and Their Effect on Income: A Panel Analysis[J]. The Journal of Developing Areas, 2007,41(1):127 – 142.

[76]Acemoglu, D., Johnson, S., Robinson, J. A and Thaicharoen ,Y. Institutional Causes, Macroeconomic Symptoms: Volatility Crises and Growth[J]. Journal of Monetary Economics, 2003,50(1): 49 – 123.

[77]Adam, C. S. and Bevan, D. L. Aid and the Supply Side: Public In-

vestment, Export Performance, and Dutch Disease in Low-Income Countries[J]. The World Bank Economic Review, 2006, 20(2):261 – 290.

[78] Adams, S. and Atsu, F. Aid Dependence and Economic Growth in Ghana [J]. Economic Analysis and Policy, 2014, 44(2):233 – 242.

[79] Adelman, I. and Chenery, H. B. The Foreign Aid and Economic Development: The Case of Greece[J]. The Review of Economics and Statistics, 1966, 48 (1): 1 – 19.

[80] Alex, E. and David, S. Beyond the Millennium Development Goals Agreeing to a Post-2015 Development Framework[R]. Managing Global Order Working Paper, 2012.

[81] Alvi, E. and Senbeta, A. Does Foreign Aid Reduce Poverty[J]. Journal of International Development, 2012, 24(8):955 – 976.

[82] Arvin, M. and Barillas, F. Foreign Aid, Poverty Reduction, and Democracy [J], Applied Economics, 2002, 34(17):2151 – 2156.

[83] Ashoff, G. Triangular Cooperation: Opportunities, Risks, and Conditions for Effectiveness[R]. World Bank Institute Development Outreach, October 2010.

[84] Askarov, Z. and Doucouliagos, H. Development Aid and Growth in Transition Countries[J]. World Development, 2015, 66: 383 – 399.

[85] Bacha, E. L. A Three-Gap Model of Foreign Transfer and the GDP Growth in Developing Countries[J]. Journal of Development Economics, 1990, 32 (2):279 – 296.

[86] Besley, T. and Burgess, R. Halving Global Poverty[J]. The Journal of Economic Perspectives, 2003, 17(3): 3 – 22.

[87] Bigsten, A. and Tengstam, S. International Coordination and the Effectiveness of Aid[J]. World Development, 2015, 69: 75 – 85.

[88] Boone, P. Politics and the Effectiveness of Foreign Aid[J]. European Economic Review, 1996, 40(2): 289 – 329.

[89] Bourguignon, F. and Leipziger, D. Aid, Growth and Poverty Reduction—Toward a New Partnership Model[R]. The World Bank, 2006.

[90] Bourguignon, F. and Sundberg, M. Aid Effectiveness: Opening the Black Box[J], The American Economic Review, 2007, 97(2):316 – 321.

[91]Bruton ,H. J. The Two Gap Approach to Aid and Development: A Comment[J]. The American Economic Review, 1969, 59(3) : 439 - 446.

[92]Bulir, A. and Hamann ,J. Aid Volatility: An Empirical Assessment [R]. IMF Staff Papers,2003, 50(1), 64 - 89.

[93]Bulir, A. and Hamann, J. Volatility of Development Aid: From the Frying Pan into the Fire? [J]. World Development,2008,36(10): 2048 - 2066.

[94]Burnside, C. and Dollar, D. Aid, the Incentive Regime and Poverty Reduction[R]. Policy Research Working Paper 1937,World Bank,1998.

[95]Burnside, C. and Dollar, D. Aid, Policies, and Growth[J]. The American Economic Review, 2000,90(4):847 - 868.

[96]Burnside, C. and Dollar, D. Aid, Policies, and Growth: Revisiting the Evidence[R]. World Bank Policy Research Paper Number O - 2834,2004.

[97]Chenery, H. B and Strout, A. M. Foreign Assistance and Economic Development[J]. American Economic Review, 1966,56(4): 679 - 733.

[98]Chong, A. , Gradstein, M. and Calderon, C. Can Foreign Aid Reduce Income Inequality and Poverty? [J]. Public Choice,2009,(140):59 - 84.

[99]Clemens, M. A , Radelet, S. , Bhavnan, R. R and Bazzi, S. Counting Chickens When They Hatch: Timing and the Effects of Aid on Growth[J]. The Economic Journal , 2012,122(561):590 - 617.

[100]Clemens, M. A and Moss ,T. J. The Ghost of 0. 7 Per Cent: Origins and Relevance of the International Aid Target[J]. International Journal of Development Issues,2007,(1): 3 - 25.

[101] Clemens, M. A, Kenny, C. and Moss ,T. J. The Trouble with the MDGs: Confronting Expectations of Aid and Development Success[J]. World Development, 2007,35(5): 735 - 751.

[102]Cobbinah, P. B. , Black, R. and Thwaites, R. Dynamics of Poverty in Developing Countries: Review of Poverty Reduction Approaches[J]. Journal of Sustainable Development, 2013,6(9):25 - 36.

[103]Collier, P. and Dollar, D. Can the World Cut Poverty Inhalf? How Policy Reform and Effective Aid Can Meet International Development Goals[J]. World Development, 2001,29(11):1787 - 1802.

[104]Collier, P. and Dollar, D. Aid Allocation and Poverty Reduction[J]. European Economic Review,2002,46(8):1475 – 1500.

[105]Cornelis, P. A. , Bartels and Amsterdam. Impact of Foreign Capital Inflow on Domestic Savings in developing Countries[J]. Journal of Economics,1975, 35(1/2):161 – 176.

[106]Dalgaard, C. J. , Hansen, H. and Tarp ,F. On the Empirics of Foreign and Growth[J]. The Economic Journal,2004,114(496): F191 – F216.

[107]Devarajan ,S. , Miller, M. and Swanson, E. V. Goals for Development: History, Prospects and Costs[R]. Policy Research Working Paper 2819, World Bank, Washington, DC. ,2002.

[108]Djankov, S. , Montalvo, J. G. and Reynal – Querol, M. The Curse of Aid[J]. Journal of Economic Growth ,2008, 13(3):169 – 194.

[109]Dollar,D. and Kraay, A. Growth is Good for the Poor. Journal of Economic Growth,2002,7(3): 195 – 225.

[110]Dollar, D. and Kraay, A. Trade, Growth, and Poverty. The Economic Journal ,2004, 114(493): 22 – 49.

[111]Domar, E. D. Capital Expansion, Rate of Growth, and Employment [J]. Econometrica, 1946,14(2):137 – 147.

[112]Doucouliagos, H. and Paldam, M. Aid Effectiveness on Accumulation: A Meta Study[J]. Kyklos, 2006,59(2):227 – 254.

[113]Doucouliagos, H. and Paldam, M. Aid Effectiveness on Growth: A Meta Study[J]. European Journal of Political Economy, 2008,24(1):1 – 24.

[114]Doucouliagos, H. and Paldam, M. Aid Effectiveness on Growth: A Meta Study[J]. European Journal of Political Economy, 2008,24(1):1 – 24.

[115]Dreher, A. and Fuchs, A. Rogue Aid? the Determinants of China's Aid Allocation[R]. CESifo Working Paper Series No. 3581,September 2011.

[116]Easterly, W. How Much do Distortions Affect Growth? [J]. Journal of Monetary Economics,1993,32(2) : 187 – 212.

[117] Easterly, W . The Ghost of Financing Gap-How the Harrod-Domar Growth Model Still Haunts Development Economics[R]. World Bank Policy Research Working Paper 1807, World Bank, Washington DC,1997.

［118］Easterly, W. ,Levine, R. and Roodman, D. New Data, New Doubts: a Comment on Burnside and Dollar's "Aid, policies and growth (2000)" ［R］. NBER Working Paper 9846, 2003.

［119］Easterly, W. , Levine, R. and Roodman, D. Aid, Policies, and Growth: Comment［J］. The American Economic Review, 2004,94(3):774 - 780.

［120］Economides, G. , Kalyvitis, S. and Philippopoulos, A . Does Foreign Aid Distort Incentives and Hurt Growth? Theory and Evidence from 75 Aid - recipient Countries［J］. Public Choice ,2008, 134: 463 - 488.

［121］Elbadawi, I. A. External Aid:Help or Hindrance to Export Orientation in Africa? ［J］. Journal of African Economies,1999,8(4):578 - 616.

［122］European Commission . Towards a Post-2015 Development Framework ［EB/OL］. http://ec. europa. eu/europeaid/how/public-consultations/towards ＿ post-2015-development-framework ＿en. htm,2012 - 3 - 27.

［123］Gong Liutang and Zou Hengfu. Foreign Aid Reduces Labor Supply and Capital Accumulation［J］. Review of Development Economics, 2001, 5 (1): 105 -118.

［124］Gottschalk, R . Growth and Poverty Reduction in Developing Countries: How Much External Financing Will be Needed in the New Century? ［R］. Working Paper, Institute of Development Studies, University of Sussex, Sussex,2000.

［125］Griffin, K. B. and Enos, J. L. Foreign Assistance: Objectives and Consequences［J］. Economic Development and Cultural Change, 1970,18(3):313 -327.

［126］Grimm, S. ,Rank, R. ,Schickerling, E. and McDonalds, M. Transparency of Chinese Aid—an Analysis of the Published Information on Chinese External Financial Flows［R］. Center for Chinese Studies,University of Stellenbosch. August 2011.

［127］Gupta, K. L and Islam, M. A. Foreign Capital, Savings and Growth - An International Cross-Section Study［M］. Reidel Publishing Company: Dordrecht, 1983.

［128］Hansen, H. and Tarp, F. Aid Effectiveness Disputed［J］. Journal of International Development ,2000,12(3):375 - 398.

[129]Hansen, H. and Tarp, F. Aid and Growth Regressions[J]. Journal of Development Economics ,2001,64(2): 547 –570.

[130]Harrod, R. F. An Essay in Dynamic Theory [J]. The Economic Journal,1939,49(193) :14 –33.

[131]Headey , D. Geopolitics and the Effect of Foreign Aid on Economic Growth: 1970—2001[J]. Journal of International Development, 2008,20(2): 161 –180.

[132] Hoekman, B. Aid for Trade: Helping Developing Countries Benefit from Trade Opportunities [M]. Cambridge, Cambridge University Press, 2007.

[133]Hoynes,H. W. , Page,M. E. and Stevens,A. H. Poverty in America: Trends and Explanations[J]. Journal of Economic Perspectives, 2006,20(1): 47 –68.

[134]Huff, S. A. Climbing out of Poverty, Falling back in: Measuring the Persistence of Poverty over Multiple Spells. [J] Journal of Human Resources, 1999, 34(3): 557 –588.

[135]Jeffrey,D. S. From Millennium Development Goals to Sustainable Development Goals[R]. Lancet , 2012,(379): 2206 –2211.

[136] Jin, S. ,Hiroaki, S. ,Takaaki, K. and Hisahiro, K. How do "Emerging" Donors Differ from"Traditional"Donors? —an Institutional Analysis of Foreign Aid in Cambodia[R]. Paper Prepared for the 12th Annual Conference of GDN in Bogota,Columbia,January 15,2011.

[137]Kalyvitis, S. and Vlachaki, I. When Does More Aid Imply Less Democracy? An Empirical Examination[J]. European Journal of Political Economy ,2012, 28 (1): 132 –146.

[138] Kanbur, R. ,Sandler, T. and Morrison, K. M. The Future of Development Assistance:Common Pool and International Public Goods[R], Washington, D. C. ,Overseas Development Council,1999.

[139] Knack, S. Aid Dependence and the Quality of Governance: Cross-Country Empirical Tests[J]. Southern Economic Journal, 2001,68 (2): 310 –329.

[140]Knack, S . Does Foreign Aid Promote Democracy? [J]. International

Studies Quarterly, 2004,48(1):251-266.

[141]Kosack ,S. Effective Aid: How Democracy Allows Development Aid to Improve the Quality of Life[J]. World Development,2003,31(1):1-22.

[142] Lancaster, C. The Chinese Aid System[R]. Center for Global Development Essay. Washington,USA,2007.

[143]Levy,V. Aid and Growth in Sub-Saharan Africa: The Recent Experience [J]. European Economic Review,1988,32(9):1777-1795.

[144]Lewis, W. A. Economic Development with Unlimited Supplies of Labour. The Manchester School ,1954,22(2): 139-191.

[145]Lloyd, T. , McGillivray, M. ,Morrissey, O. and Osei, R. Investigating the Relationship between Aid and Trade Flows[R]. CREDIT Working Paper No. 98/10,1998.

[146]Lloyd ,T. , McGillivray ,M. ,Morrissey, O. and Osei, R. Does Aid Create Trade? —An Investigation for European Donors and African Recipients[J]. The European Journal of Development Research, 2000,12(1):107-123.

[147]Manning, R. Will"Emerging"Donors Challenge the Face of International Co-operation? [J] . Development Policy Review,2006, 24(4) : 371-383.

[148] Masahiro, K. External Shocks and High Volatility in Consumption in Low-Income Countries[J]. The Developing Economies ,2013,51(3): 278-302.

[149]Masud ,N. and Yontcheva, B. Does Foreign Aid Reduce Poverty? Empirical Evidence from Nongovernmental and Bilateral Aid[R]. IMF Working Paper, 05/100,2005.

[150]Matteis ,A. D. Relevance of Poverty and Governance for Aid Allocation [J]. Review of Development Finance,2013,3(2):51-60.

[151]Mekasha ,T. J. and Tarp, F. Aid and Growth: What Meta-Analysis Reveals[J]. Journal of Development Studies, 2013,49(4): 564-583.

[152]Minoiu, C. and Reddy, S. G. Development Aid and Economic Growth: A Positive Long-Run Relation[J]. The Quarterly Review of Economics and Finance,2010,50(1):27-39.

[153]Mohsen, B.O. and Oyolola, M. Poverty Reduction and Aid: Cross-country Evidence[J]. The International Journal of Sociology and Social Policy,

2009,29(5/6): 264 - 273.

[154]Mosley, P. Aid, Savings and Growth Revisited[J]. Oxford Bulletin of Economics and Statistics,1980,42(2):79 - 95.

[155]Mosley, P. , Hudson, J. and Horrell, S. Aid, the Public Sector and the Market in Less Developed Countries[J]. The Economic Journal,1987,97(387): 616 - 641.

[156] Mosely, P. , Hudson, J. and Verschoor, A. Aid,Poverty Reduction and the 'New Conditionality'[J]. The Economic Journal, 2004,114(496):217 - 243.

[157] Mosley, P. and Suleiman, A. Aid, Agriculture and Poverty in Developing Countries[J]. Review of Development Economics, 2007,11(1):139 - 158.

[158] Moises, N. Rogue Aid[J]. Foreign Policy. 2007,(159): 95 - 96.

[159] Nelson, R. R . A Theory of the Low - Level Equilibrium Trap in Underdeveloped Economies[J]. The American Economic Review, 1956,46(5): 894 - 908.

[160]Nicole, B. E. , Barry, C. , Min, H. L. , Wonhyuk, L. and Mukesh, K. Post - 2015 Development Agenda: Goals Targets and Indicators Special Report [R]. 2012:24 - 27.

[161]Nilsson, L. EU and Donor Exports: The Case of the EU Countries, ch. 3 in Essays on North - South Trade[M]. Lund, Lund University Department of Economics,1997.

[162]Nussbaum, M. and Amartya, S. The Quality of Life[M]. Oxford: Clarendon Press, 2003 .

[163]Oduor, J. and Khainga, D. Effectiveness of Foreign Aid on Poverty Reduction in Kenya[R]. Global Development Network Working Paper Series, Working Paper No. 34, 2009.

[164]OECD. Rome Declaration on Harmonisation[EB/OL],2003.
http://www. oecd. org/dac/effectiveness/31451637. pdf,2014 - 10 - 28.

[165] OECD. Triangular Cooperation and Aid Effectiveness: Can Triangular Cooperation Make Aid More Effective? [R] OECD Development Co - operation Directorate,2009.

[166]Olofin, O. P. Foreign Aid and Poverty Level in West African Countries: New Evidence Using a Heterogeneous Panel Analysis[J]. Australian Journal of Business and Management Research,2013,3(4):9－18.

[167]Osei, R. ,Morrissey ,O. and Lloyd, T. The Nature of Aid and Trade Relationships[J]. The European Journal of Development Research, 2004,16(2): 354－374.

[168]Oyolola, M. Poverty Reduction, and Economic Freedom[D]. PhD Dissertation, University of Wisconsin, Milwaukee, May 2007.

[169]Papanek, G. F. The Effect of Aid and Other Resource Transfers on Savings and Growth in Less Developed Countries[J]. The Economic Journal,1972 , 82(327): 934－950.

[170]Papanek, G. F. Aid, Foreign Private Investment,Savings ,and Growth in Less Developed Countries[J]. Journal of Political Economy,1973,81(1), 120 －130.

[171]Paulo, S. and Reisen, H. Eastern Donors and Western Soft Law. Towards a DAC Donor Peer Review of China and India? [J]. Development Policy Review,2010,28(5) : 535－552.

[172]Raffer and Kunibert. ODA and Global Public Goods: A Trend Analysis of Past and Present Spending Patterns[R]. ODS Background Papers, New York: Office of Development Studies, United Nations, 1999.

[173] Rahman, M. A. Foreign Capital and Domestic Savings: A Test of Haavelmo's Hypothesis with Cross－country Data[J]. Review of Economics and Statistics,1968,(1): 137－138.

[174]Rajan ,R. G. and Subramanian ,A. What Undermines Aid's Impact on Growth? [R]. Working Paper ,05/126, IMF, Washington D. C. ,2005.

[175]Rajan, R. G. Aid and Growth: The Policy Challenge[J]. Finance and Development,2005, 42(4): 53－55.

[176]Rajan, R. and Subramanian, A. Does Aid Affect Governance? [J]. The American Economic Review,2007,97(2):322－327.

[177]Rajan, R. G. and Subramanian, A. Aid and Growth: What does the Cross－country Evidence Really Show? [J]. The Review of Economics and Statis-

tics, 2008,90(4): 643 –665.

[178]Rajan, R. G. and Subramanian, A. Aid, Dutch Disease, and Manufacturing Growth[J]. Journal of Development Economics,2009,94(1):106 –118.

[179] Rana, P. B. and Dowling, J. M. The Impact of Foreign Capital on Growth:Evidences from Asian Developing Countries[J]. The Developing Economies,1988 26(1):3 –11.

[180]Ranaweera, T. Foreign Aid, Conditionality and Ghost of the Financing Gap:A Forgotten Aspect of the Aid Debate[R]. World Bank Policy Research Paper 3019, World Bank, Washington DC,2003.

[181]Ravallion, M. , Datt, G. and Walle, D. V. Quantifying Absolute Poverty in the Developing World[J]. The Review of Income and Wealth,1991,37(4): 345 –361.

[182]Ravallion, M. and Chen, S. H. What can New Survey Data Tell Us about Recent Changes in Distribution and Poverty? [J]. The World Bank Economic Review, 1997,11(2): 357 –382.

[183]Ravallion, M. ,Chen, S. H. and Sangraula, P. Dollar A Day Revisited [R]. Policy Research Working Paper,No. 4620,World Bank,2008.

[184]Ravallion, M. Evaluation in the Practice of Development[J]. The World Bank Research Observer, 2009,(1):29 –53.

[185]Reisen, H. Is China Actually Helping Improve Debt Sustainability in Africa? [R]. G –24 Policy Brief No. 9,Paris: International Conference "Emerging Powers in Global Governance". 6—7 July, 2007.

[186] Rosenstein – Rodan P. Problems of Industrialization of Eastern and Southeastern Europe[J]. The Economic Journal,1943,(210/211):202 –211.

[187] Rosenstein – Rodan P. International Aid for Undeveloped Countries [J]. Review of Economics and Statistics, 1961,(2): 107 –138.

[188] Rostow, W. W. The Take-off Into Self-sustained Growth[J]. The Economic Journal, 1956,66(261): 25 –48.

[189] Rostow, W. W. The Stages of Economic Growth[J]. The Economic History Review,1959,12(1): 1 –16.

[190]Schabbel ,C. The Value Chain of Foreign Aid[M]. Heidelberg: Physi-

ca—Verlag, 2007.

[191]Schultz ,T. W. Investment in Human Capital[J]. The American Economic Review,1961,51(1):1 – 17.

[192]Schultz, T. W. Nobel Lecture: The Economics of Being Poor[J]. Journal of Political Economy, 1980,88(4):639 – 651.

[193]Seers ,D. The Meaning of Development[R]. Institute of Development Studies Communication 44, 1969.

[194]Shepherd, A. , Scott, L. ,et al. Tackling Chronic Poverty:The Policy Implications of Research on Chronic Poverty and Poverty Dynamics[R]. Manchester: Chronic Poverty Research Centre,2011: 37 – 48.

[195]Simon, M. The Meaning and Measurement of Poverty[R]. Overseas Development Institute Poverty Briefing, 1999,(3):1 – 4.

[196]Stevens, A. H. Climbing Out of Poverty, Falling Back in: Measuring the Persistence of Poverty over Multiple Spells[J]. Journal of Human Resources, 1999,34(3): 557 – 588.

[197]Suwa,E. ,Akiko and Verdier, T. Aid and Trade[J]. Oxford Review of Economic Policy, 2007,23(3):481 – 507.

[198]Svensson, J. Foreign Aid and Rent – seeking[J]. Journal of International Economics,2000, 51 (2): 437 – 461.

[199]Tjonneland, E. N. China in Africa—Implications for Norwegian Foreign and Development Policies[R]. Chr. Michelsen Institute CMI Report,2006: 15.

[200]United Nations. United Nations Millennium Declaration[R]. United Nations,2000.

[201]United Nation. Monterrey Consensus of the International Conference on Financing for Development[R]. United Nation,2002.

[202]United Nation. Paris Declaration on Aid Effectiveness (2005)[R]. 2005.

[203]UN ECOSOC. Trends in South-South and Triangular Development Cooperation[R]. Background Study for Development Cooperation Forum, April 2008.

[204]United Nation. Doha Declaration on Financing for Development[R] United Nation,2009.

[205]United Nations. The Future We Want[R]. United Nation, 2012.

[206] United Nations. Millennium Development Goals and Beyond 2015 [EB/OL]. http://www. un. org/millenniumgoals/,2013 – 10 – 16.

[207] United Nations Development Program. Human Development Report 1990 [R]. New York Oxford, Oxford University Press,1990.

[208] Wagner, D. Aid and Trade—An Empirical Study [J]. Journal of The Japanese International Economies, 2003,17(2):153 – 173.

[209] Weisskopf, T. E. The Impact of Foreign Capital Inflows on Domestic Savings in Underdeveloped Countries [J]. Journal of International Economics , 1972,2(1): 25 – 38.

[210] Weston, J. ,Campbell, C. and Koleski, K. China's Foreign Assistance in Review: Implications for the United States [R]. US-China Economic and Security Review Commission Staff Research Backgrounder,2011.

[211] White, H. The Macroeconomic Impact of Development Aid: A Critical Survey[J]. Journal of Development Studies, 1992,28(2):163 – 240.

[212] Wolfgang, F. and Homi, K. E. Delivering Aid Differently : Lessons from the Field[R]. The Brookings Institution,Washington. DC,2010.

[213] Woods, N. Whose Aid? Whose Influence? China,Emerging Donors and the Silent Revolution in Development Assistance[J]. International Affairs,2008,84 (6) : 1205 – 1221.

[214] World Bank. World Development Report 2000/2001 [R]. Oxford University Press,2000.

[215] World Bank and the International Monetary Fund. Global Monitoring Report 2013[R].2013.

[216] Young, A. T. and Sheehan, K. M. Foreign Aid, Institutional Quality, and Growth[J]. European Journal of Political Economy,2014,36:195 – 208.

后　记

　　时间飞逝,转眼博士毕业来南昌工作已经两个年头。经过大半年的努力,书稿即将成书。在这金秋时节,回顾自己的半辈人生,感慨无限。从22年前中专毕业参加工作那一刻起,从无想到自己能够出书立著。感慨万千之余,细细回想自己走到现在得益于众人的帮助,而腼腆和内敛的性格使自己不习惯当面感谢,虽然也知道帮助我的人中很少有人会看到这里的文字,还是要借此机会记载下心中的感谢和致敬。

　　本书的主题是关于贫困和减贫的研究,该研究主题的选择与自己成长的环境历程紧密相关。我深深懂得处于社会底层贫困人群的难处,作为一本学术型的论著,希望一定程度上能够唤起社会各界对减贫的重新认识,并能伸出援助之手。

　　此书是基于我的博士论文修改而成。对部分内容做了一定的删减,也重新校对了全文。由于该书的主体部分完成于3年以前,数据和资料的实时性存在诸多不足。此外,由于自己水平有限,书中存在的错误和不足在所难免,恳请读者批评指正。

　　该书的完成,直接得益于多人的帮助,在此表示感谢!

　　首先感谢我的博士导师黄梅波教授。在此书的写作中,黄老师倾注了大量心血,为我拟定框架,提供资料,调整结构,督促进展。黄老师悉心指出写作中的不足,并提供建设性的修改意见,这些指导和建议对本书的写作提供了坚实的动力。

　　感谢江西科技师范大学的资助,如果没有学校的资助,该书的出版是不可能这么快完成的。感谢出版社的工作人员,特别感谢万莲花在此书出版阶段的悉心审稿和建议。

同时也感谢我的家人,此书直接源于我的博士论文。如果没有父母、妻子和孩子的理解和支持,我也不可能去攻读博士学位,也不可能有该书的出版。

　　最后,感谢那些一直给我默默关心和帮助的人。

熊青龙

2017 年 9 月于南昌寓所